本书由"江西省社会科学研究规划'十三五'一般项目"
（编号19JY26）资助出版

# 人际信任的建立、违背与修复：
# 道歉及补偿的作用机制

何志芳　著

中央编译出版社
Central Compilation & Translation Press

**图书在版编目（CIP）数据**

人际信任的建立、违背与修复：道歉及补偿的作用
机制 / 何志芳著 . —北京：中央编译出版社，2022.2
ISBN 978-7-5117-4073-1

I. ①人… II. ①何 III. ①人际关系—研究 IV.
① C912.11

中国版本图书馆 CIP 数据核字（2021）第 248053 号

人际信任的建立、违背与修复：道歉及补偿的作用机制

| | | |
|---|---|---|
| **责任编辑** | 李媛媛 | |
| **特约编辑** | 王丽芳 | |
| **责任印制** | 刘　慧 | |
| **出版发行** | 中央编译出版社 | |
| **地　　址** | 北京市海淀区北四环西路 69 号（100080） | |
| **电　　话** | （010）55627391（总编室） | （010）55627319（编辑室） |
| | （010）55627320（发行部） | （010）55627377（新技术部） |
| **经　　销** | 全国新华书店 | |
| **印　　刷** | 北京楠萍印刷有限公司 | |
| **开　　本** | 710 毫米 × 1000 毫米　1/16 | |
| **字　　数** | 220 千字 | |
| **印　　张** | 15 | |
| **版　　次** | 2022 年 2 月第 1 版 | |
| **印　　次** | 2022 年 2 月第 1 次印刷 | |
| **定　　价** | 68.00 元 | |

**新浪微博：** @ 中央编译出版社　　　**微　　信：** 中央编译出版社（ID：cctphome）
**淘宝店铺：** 中央编译出版社直销店（http://shop108367160.taobao.com）（010）55627331

**本社常年法律顾问：北京市吴栾赵阎律师事务所律师　闫军　梁勤**
凡有印装质量问题，本社负责调换，电话：（010）55626985

# 前　　言

人际信任是社会诚信体系中最重要的基石，在组织和人际交往中占有重要地位。由于人际交往的情境因素复杂而多变，信任关系和信任水平常常处于动态变化中。人际交往中一旦出现失信等信任违背行为，会引起个体的消极情绪、引发报复、降低组织承诺，导致组织层面的彻底失败。如果把人际信任看作是把众多合作关系联系在一起的粘合剂，那么人际信任修复则是利用这种粘合剂去实现"破镜重圆"的过程。

信任修复是指违背者在发生信任违背事件后对受害者实施的旨在修复其信任意愿和信任信念的积极行为。信任违背是指违背者的行为及行为结果未达到受害者的积极预期而产生的信任受损现象。常见的两种信任违背类型是正直型违背和能力型违背。正直型违背是指违背者因违反了道德准则而未完成双方约定的事，从而导致的信任破坏；能力型违背是指违背者因能力不足的原因未能完成双方约定的事，从而导致的信任破坏。

现有研究认为，信任修复是一种复杂现象，但其作用机制尚未得到一致的结论。而且，现有研究主要集中于信任修复领域的言语策略研究，实质性修复策略及组合修复策略的成效研究还未形成统一的定论。此外，信任修复的研究多集中在信任修复策略方面，而对信任培养策略的研究也较少。因此，信任培养和修复策略的效果以及不同修复策略在不同情境下的作用机制的研究是一个重要且急待解决的问题。

本研究运用经济行为学的博弈实验法和问卷调查法等研究方法，探索了不同信任培养方法的效果，以及在不同情境下的信任修复策略的效果及作用机制。研究一的实验1和实验2采用两人信任博弈和六人公共品博弈实验范式，探讨了替代强化、直接强化和无强化等方法对建立和培养信任关系的影响，探索了替代强化建立信任关系的可能性；研究二的实验3和实验4同样采用两人信任博弈和六人公共品博弈实验范式，探索了道歉、完全补偿、两倍补偿、道歉+完全补偿和道歉+两倍补偿这五种信任修复策略在正直型违背和能力型违背条件下的修复效果，并进一步形成道歉与补偿的最佳修复策略；研究三的实验5和实验6也采用了这两种不同的博弈范式，研究在不同的违背类型和道歉方式的条件下受害者对违背者违背行为的宽恕程度，以及在有条件原谅的前提下受害者所需的最低补偿金额的临界值。研究最后探讨了不同违背类型下道歉与补偿的作用机制问题。

　　研究主要形成以下结论：

　　1. 探索了信任培养的新方法——替代强化法。研究发现，直接强化组的培养效果好于替代强化组，替代强化组的培养效果又好于对照组。另外，在信任培养阶段，两人信任博弈和六人公共品博弈两种实验范式存在实验范式效应，即两人信任博弈范式下的信任培养效果优于六人公共品博弈。而且，替代强化组的信任培养效果具有跨实验情境的一致性，不受实验范式的影响。但直接强化组的信任培养效果会因实验情境不同而改变，不如替代强化组的信任效果稳定。因此根据班杜拉的社会学习理论，在信任的培养中，相比于直接强化的培养模式容易受到时空的限制和实验效应的影响，观察学习等替代强化的模式更是一种简洁、经济、长效的信任培养模式。

　　2. 不同修复策略在不同实验范式、不同信任违背条件下的修复效果不尽相同。第一，从实验范式的比较结果来看，不同修复策略在能力型违背条件下的修复效果比在正直型违背条件下更好。根据韦纳的归因理论，受害者会根据信任违背产生的原因，从控制点、可控性和稳定性三个方面进行归因。在正直型违背条件下，信任者把违背者的违背原因归咎于诚实、道德等与个人人品有关的稳定原因时，会降低修复策略的有效性和对违背者的信任水平。在能力型违背条件下，信任者把违背者的原因归咎于能力、经验等与个人人品无关的原因时，则可能会产生宽恕行为，从而促进信任的修复。第二，在正直型违背条件和能力型违背条件下，经济补偿和道歉的组合策略都优于单独策略的修复效果。在两人信任博弈范式的正直型违背条件下，道歉+完全补偿和道歉+两倍补偿策略的修复效果优于道歉策略，道歉与其他策略的修复效果无差异；在能力型违背条件下，最佳修复策略是：道歉+两倍补偿；在六人公共品博弈范式的正直型违背条件下，最佳修复策略是：道歉+两倍补偿；在能力型违背条件下，最佳修复策略是：道歉+完全补偿。由于信任博弈可能同时损害了受害者的认知信任和情感信任，而公共品博弈可能只损害了受害者的认知信任，因此，人际信任修复要充分考虑认知信任和情感信任两种因素对信任修复效果的影响。只有当受害者的认知信任和情感信任同时得到了修复，违背者的信任修复策略才有可能发挥最大的功效。第三，即便采取了多种信任修复策略，受害者在信任违背后的信任水平只能得到部分修复，不能完全恢复到初始信任水平。这说明信任修复问题的复杂性和艰巨性。

3. 受害者的宽恕程度和补偿金额临界值会因违背者的违背类型、道歉方式和实验范式的不同而不同。第一，在信任博弈范式下，受害者的宽恕程度主要受违背类型影响，正直型违背的宽恕程度低于能力型违背。因为正直型违背行为折射的是违背者稳定的个性和正直性可能存在问题，这可能威胁到受害者对自己的判断和对个体自我效能感的信心。而能力型违背行为只表明违背者完成此次任务的能力与经验不足，但这种不足可以通过学习和训练加以弥补。第二，道歉方式的有效性主要体现在正直型违背的无效道歉的宽恕程度低于正直型违背的有效道歉方面。根据广义的康德思想，正直型违背是对受害者的不尊重和冒犯，而有效道歉则是对这种不当行为进行弥补与平衡，因而能导致宽恕。但无效道歉则没有这种功能。第三，无论何种道歉方式，能力型违背条件下的补偿金额临界值均低于正直型违背条件下的临界值。补偿金额临界值会受到违背类型的影响，但不受道歉方式的影响。受害者可能会因为违背者的违背类型而改变所需的补偿金额临界值，但不会因为道歉方式的不同而改变所需的补偿金额临界值。在有条件原谅的前提下，能力型违背条件下的有效道歉临界值中位数为70，无效道歉临界值中位数为100；正直型违背条件下的有效道歉临界值中位数为100，无效道歉临界值中位数为110。由于所有临界值都在100左右，说明受害者对违背者经济补偿的要求一般以自身损失为参照，弥补了所受的损失即可。

4. 在信任的建立、违背与修复阶段均存在不同的实验范式效应。在信任培养和信任修复阶段，六人公共品博弈范式下的信任水平均低于两人信任博弈范式下的信任水平。这种实验范式效应主要是因为在两人博弈中，双方责权利较为明确，而在六人博弈中，参与者众多且责权利不明晰，容易产生搭便车的现象，因而其信任水平普遍偏低。但在两种实验范式中，道歉方式与违背类型对宽恕程度的影响也不同。在两人信任博弈范式中，近六成受害者选择不宽恕违背者；而在六人公共品博弈范式中，有六成多受害者在弥补了自身损失的前提下选择宽恕违背者。一方面，这可能与两种实验范式的责任明确性不同有关，另一方面，信任博弈损害的可能是受害者的经济和情感双重权益，而公共品博弈只损害了受害者的经济利益。

研究意义：

理论意义：（1）拓展了信任修复领域中信任建立和培养方式的研究，探讨了以替代强化的方式建立和培养信任的有效性及可推广性。（2）丰富了信任修复领域中道歉与补偿的组合策略在不同信任违背条件下的效果研究，探讨了道歉与补偿策略在不同情境下的作用机制。（3）探明了在信任的培养与修复阶段，两人信任博弈和六人公共品博弈实验存在不同的实验范式效应。

实践意义：（1）为组织和部门在治理社会信任危机和提高社会信任水平提供治理策略的研究依据。组织和部门可以通过树立诚信榜样和道德模范的方式来提升社会的诚信水平。（2）为组织和部门改善员工人际关系、提高管理效率提供研究依据。从管理效率角度而言，组织和部门要使员工分工合理、责权利明确，否则容易导致员工的信任水平和生产效率低下。（3）为人际交往领域人际关系的建立及修复策略提供研究依据。在人际信任违背条件下，违背者应该根据不同情境调整修复策略，充分利用言语性修复策略（如道歉）和实质性修复策略（如经济补偿），从情感和认知两方面去修复受害者受损的信任关系。人们只有掌握最优的信任修复策略和方法，才能在人际交往中应对自如、有的放矢。

# 目　　录

# 第一章　文献综述

人际信任是人类社会交往的基石，也是维系社会稳定的基础。有研究者认为，社会信任体系中最重要的是人际信任（彭寅，2015）。在各种领域的研究中，社会信任指的就是人际信任（杨明等，2011；白锐、罗龙鼠，2014；王绍光、刘欣，2002）。信任产生于大多数关系之中，对个人和组织具有重大影响（Dirks and Ferrin，2002；Dirks et al.，2009；Mayer et al.，1995；Urquhart，2001；Webber et al.，2012）。信任可以给一个组织带来各种好处，包括更积极的态度、更多的合作和卓越的业绩（Dirks，Kim，Cooper & Ferrin，2005）。无论是组织领域还是个人层面，信任在建立和维持各种关系、提升工作效率方面都起着重要作用。然而，违反信任现象屡见不鲜。前人研究表明，如果违背信任，将会损害合作和谈判的结果（Croson et al. 2009，Lount et al. 2008）、降低组织承诺（Robinson，1996）、引发报复（Bies & Tripp，1996）、激发负性情感（Bies & Tripp，1996）、降低政党之间的合作（Bottom et al.，2002），甚至导致组织层面的彻底失败（Gillespie & Dietz，2009）。这就需要违反信任的人采取一些补偿措施调和关系。无论何种关系的信任被打破，对信任违背者和受害者都有重大影响。从受害人的角度来看，违背信任会明显损害受害人和违背者之间的关系。从违背者的角度来看，机会主义的违规行为可能会增加其随后违规的频率。如果把信任看作是"把大多数合作关系联系在一起的粘合剂"（Lewicki & Bunker，1995），那么，当一段破裂的关系有可能恢复到一个富有成效（或富有成果）的状态时，很有必要运用这种粘合剂去实现"破镜重圆"。

# 一 信任

以往研究者（McKnight & Chervany，2001）认为，信任有许多不同的定义。比如，信任是基于对他人意图或行为的积极预期并自愿让自身处于易受攻击的倾向（Rousseau et al.，1998）；信任是一个人对另一个人的言语、行动和决定有信心并愿意采取行动的程度（McAllister，1995）。长期的研究表明，信任具有认知、情感和行为成分（McAllister，1995；Rousseau et al.，1998）。认知成分主要指的是信念和期望，情感成分是指委托人与受托人之间的情绪关系，行为成分是委托人与受托人之间的外显行为（例如，实际行为）。但是从定义来看，信任是一个相互作用的过程，也是其他团体在建立联系的过程中必须建立的关系。完整的信任决策是委托人作出信任决策的评估与受托人的品质之间较为复杂的相互作用的产物。因此，信任决策可能是相互作用的（如一方的行为会影响对方的判断和行为）（Kim et al.，2009），而且信任关系是一种较为复杂和具有一定风险性的关系。综上所述，研究者认为信任是指个体在对他人积极预期的基础上愿意与对方在某种风险活动中实施互惠的信念和意愿。

## （一）信任的相关理论

信任研究的本质问题是"人们在何时会选择信任或不信任?为什么?"。目前信任研究领域存在四种主要的理论，用来解释和阐述信任的本质问题。第一，背叛厌恶理论（Betrayal Aversion Theory）。这一理论认为，无论是朋友还是陌生人的背叛都会导致信任者的物质损失，并伴随着相应的消极情绪的产生（Bohnet & Zeckhauser，2004）。因此，人们用不信任行为来抵御对背叛行为的厌恶，从而可能回避因背叛而导致的消极情绪体验（Aimone & Houser，2012）。Bohnet和Zeckhauser（2004）最早开展人类可能普遍存在的信任背叛厌恶的实证研究，他们用最低可接受率（Minimum Accepted Probability，MAP）等指标，来证实信任背叛厌恶可能在人类社会中普遍存在。第二，社会规范理论（Social Norm Theory）。这一理论主要从人际互惠的原则来解释人们的信任现象。互惠原则，就是人们常说的"善有善报、恶有恶报"，指人们通常认为善意的行为会得到好的回报，而背叛的行为会遭到一定的报复。互惠的形式主要包括直接互惠、间接互惠和强互惠三种（张蔚等，2016）。多数人根据互惠原则认为，人们在一般情况下都会遵守这种原则，以提高在人际交往中的可信度（他人对自己的信任程度），因此信任行为一般是能得到回报的（Evans & Krueger，2009；Krueger，Massey & Di Donato，2008）。有研究表明，在行为经济学实验中，代理人返还的金额可作为对信任者信任水平的回报，这是一种被广泛接纳的社会规范。第三，道德规范理论（Moral Norm Theory）。该理论认为人们的信任行为主要从尊重他人的道德规范角度考虑，是个体内在的道德约束自己应该做出信任行为。个体从尊重他人的角度出发，即使当时他不愿意这么做，但是考虑到道德规范也会表现出较高的信任行为（Dunning，Anderson，Schlösser，Ehlebracht & Fetchenhauer，2014）。Dunning等人的（2014）研究表明，即使超出个体的风险忍受性，他们依然会选择相信陌生人，甚至做出过分信任行为。因为从某种角度而言，他们会认为自己应该这么做，如果不信任他人就会产生道德规范焦虑、内疚等情绪，也就是说尊重等道德规范驱使着人们与他人维持信任关系。第四，默认行为模型（Default Mode of Behavior）。该模型认为个体在信任困境下，选择信任他人是一种默认行为，而个体大脑中的杏仁核对来自外界刺激的评价能够调节这种默认行为模式（Koscik & Tranel，2011）。该模型有两条路径，一条是杏仁核对输入社会刺激的评价路径，另一条则是信任他人的默认行为路径。评价路径中的正负性与信任行为成正比：外界刺激被评价路径评为正性或是积极刺激时，个体产生信任行为的可能性会变大；而被评价路径评为消极或是负性刺激时，个体产生信任行为的可能性会变小。如果一个人的杏仁核受损，默认行为路径认为个体会默认选择信任行为（Baumgartner et al.，2008；Kirsch et al.，2005）。

## （二）信任的影响因素

信任受到很多因素的影响，比如声誉、面部特征、交流以及经验等，分析信任的影响因素有利于更好地对行为经济学中的信任进行理解。

### 1. 声誉

声誉会影响人们在信任博弈中的信任水平。研究者认为当自己选择是否信任他人时，会考量受托人的声誉情况。若对方是一个值得信赖的人，那么在接下来的博弈实验中被试则会出现更高的信任行为；而如果受托人的个人声誉不好，那么个体更不会做出信任行为，也就是说人们的信任水平会受到对方声誉水平高低的影响（Bracht，Feltovich，2009；Di Cagno，Sciubba，2010）。Boero，Bravo，Castellani和Squazzoni（2009）提出了不同的观点，他们认为人们信任水平的提高是因为被试在博弈中处于"被评价的状态"，而不受声誉的影响，此观点表明声誉并非是影响信任水平的唯一因素。

### 2. 面部特征

面部特征是非常重要的信息差异来源，特别是在推测他人的社会意图时。同样，在信任博弈中，面部特征也会影响个体对他人的信任程度。比如，Van't Wout和Sanfey（2008）的研究让被试与79名面部表情不同的人进行博弈实验，问被试愿意信任哪些受托人，结果发现被试更愿意相信那些看起来拥有值得信赖的面孔的人。Lis，Schönwetter等人（2011）发现，人们更愿意相信那些面部表情积极（比如微笑）的人，也就是说面部表情越积极，人们投资比例也相应增加。Lis等人（2013）对注意力不集中症的成年患者的研究，以及Guido和Peluso（2009）对比娃娃脸与成熟脸所引起消费者增强购买力的研究都证明了面部特征会影响个体的信任行为。

### 3. 交流

在信任博弈中，如果允许被试间进行交流，那么能够显著地增强个体的经济信任水平（Ben-Ner et al.，2011），其中，交流包括面对面的言语交流、数字或者文本形式交流。Ben-Ner等人进行了3种不同实验处理发现，投资者与受托人之间有进行交流时，被试的信任水平会有所提高，此研究结果与Sheremeta和Zhang（2014）的研究结果一致。但是，Bracht和Feltovich（2009）的研究结果与之不同，他们认为投资者与受托人交流闲谈没用，当投资者对受托人之前的行为进行观察时才会提高被试的信任水平。

综上可知，研究者关于交流对经济信任水平的影响尚未得出一致的结论。因此，未来的研究应进一步探讨何种形式的交流更有助于提高经济信任水平。

4. 经验

我们每个人在生活中都会积累一些经验，随着这些经验的累积，当类似情况再次出现时，我们会从以前的经验中迅速想到解决这种类似问题的方法。在经济决策中也是一样，Chang（2010）等人研究了重复博弈实验，基于经验的信任（在博弈试验中，重复多次，博弈双方就会从中找到规律，形成某种经验）与初始信任（博弈双方第一次博弈时的信任水平）两者对经济信任的影响。结果发现两种信任同时影响被试的信任水平，即刚开始博弈，双方以初始信任为准，多次博弈之后，就会凭借在之前博弈中的经验，给出下几次的投资，从而影响了博弈者的信任水平。

影响信任的因素众多，除了以上因素以外，还有年龄（Fett et al., 2014）、性别（Eto et al., 2012）、种族（Stanley et al. 2011）、相似的经验（Di Cagno & Sciubba，2010）和代理人的意图（Lacour，2012）等。

## 二　信任修复

### （一）信任修复的定义

信任水平一直处于不断变化的过程中。在一段信任关系开始时，信任水平通常很高（Robinson，1996）；人们倾向于认为他人具有一定的可信度（McKnight et al.，1998），具体情况见图1-1。而当一个组织的行为方式破坏了其员工、客户或其他利益相关者的信任时，信任可能会受到损害，因此可能需要修复。

信任修复有各种形式的定义。Kim等人（2004）将信任修复定义为"旨在使委托人的信任信念，即对他人的正直或能力的信仰和信任意图发现信任违背行为后更积极的行为"。Tomlinson和Mayer（2009）认为信任修复是"在意愿下降后，部分或完全修复信任另一方的意愿"。信任修复还可以被视为关系修复的一种特殊形式。研究者Lockey（2017）主张，在某些情况下，"关系"可以被"信任"所取代。综上所述，本研究认为，信任修复是指被信任者（也称违背者、代理人）在发生信任违背事件后对信任者（也称受害者、委托人）实施的旨在修复其信任意愿和信任信念的积极行为。

信任修复具有重要的作用，当一个组织失去信任时会给组织带来不利的结果。首先，员工可能不太倾向于展示信任行为或执行高效组织运作所需的信任告知行动（Dirks & Ferrin，2002）。事实上，他们可能从事妨碍或叛逆行为（Bies & Tripp，1996），或者可能完全退出组织（Robinson，1996）。其次，更广泛的利益相关者群体也会在他们认为组织已经失败时做出消极反应；由于产品故障导致的交易问题和负面宣传会导致消费者失去对组织的信任，并在未来购买意向方面不再支持组织（Lin，Chen，Chiu & Lee，2011；Xie & Peng，2009）。第三，监管机构对渎职公司采取惩罚性措施（Gillespie，Dietz & Lockey，2014），系统性组织失败的社会影响可能很严重，2008年的全球金融危机就是这样。总之，无论是微观还是宏观层面，组织信任的违反和失败都会产生深远的负面后果。然而，有证据表明，损害的信任有时是可以修复的。

## （二）信任修复的周期

研究者根据信任所处的时期把信任修复的过程分为四个阶段（Dirks et al. 2009），具体如图1-1所示：（1）委托人和代理人之间的初始信任水平。在大多数的短期信任修复的研究中，虽然都假定在信任违背前存在初始的信任水平（第一阶段），但对这一水平进行测量的研究却很少（David，2010；Lewicki & Brinsfield，2012；Pieter T.M. Desmet，2011）。（2）代理人的信任违背所导致的信任水平的变化及委托人对信任水平的重新评估；如上所述。众多研究认为被违背的信任水平各不相同（第二阶段）。（3）代理人在信任违背后迅速做出的修复努力，以及委托人对这些举措的反应。研究同样总结了大量关于代理人（违规者）在信任违背后的短期行为反应（第三阶段）的文献。（4）即使信任在一定程度上被修复，在某种意义上说，还需要长期的修复努力。尽管这种信任违背和修复的循环具有较为普遍的意义，但对这一循环的研究更多地集中在长期的修复信任问题（第四阶段）。虽然这些方法不是在信任修复的准则下进行研究的，但他们是针对解决冲突、加强未来合作和加强信任的有效方法。然而，与第一阶段一样，其结果水平很少被测量。

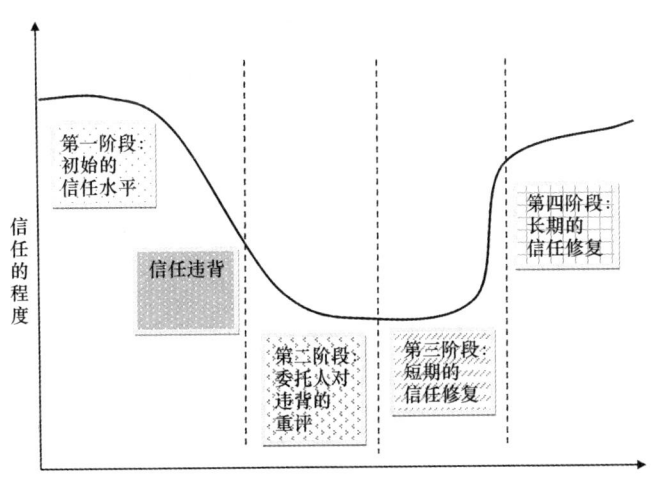

图 1-1　信任违背和修复的阶段图

## （三）信任修复的相关理论

### 1. 归因理论

归因理论（Attribution Theory）最早来自于Heider的著作，归因理论认为人们通过评估他人的动机和意图来判断他人行为的原因（Heider，1958），通常用于研究信任修复（Dirks et al.，2009）。归因理论关注人们如何通过认知过程来理解周围的世界，然后利用由此产生的信息来对事件进行因果解释。信任修复研究人员（Kim et al.，2004；2006；Tomlinson & Mayer，2009）关于信任修复的研究大都建立在韦纳（Weiner，1985）的归因理论基础上。韦纳认为，一个人在完成一项任务后会经历一种愉悦或不快的普遍情绪，这取决于它是成功还是失败。如果结果出乎意料，他或她会找出原因，这一过程被称为因果归因。一旦确定了因果归因，个体就沿着三个主要的、连续的归因维度来评估原因，这些维度包括：（a）因果关系的轨迹，无论原因是在内部还是外部，导致结果的责任在哪里？（b）可控性，个体的意志控制程度与结果；和（c）稳定性，因果关系的稳定程度或可变程度，表明在类似情况下，人们在未来可以期待什么。

Fiske & Taylor（1991）认为，归因理论能解释信任发展和变化的过程，如信任是如何建立、增长、损害和修复的。Lewicki & Bunker（1996）则提出了一个受害者在遭受信任违背事件后其信任水平如何动态变化的模型。该模型认为，在遭受了信任违背事件以后，受害方对违背者的认知会发生重新评价。此外，还有研究者认为，信任之所以能够增长是因为其可归因的属性和内在的驱动作用，而不是外在情境的驱动作用（Malhotra & Mumighan，2002）。Tomlinson（2004，2009）在借鉴和运用韦纳的动机和情绪归因理论基础上，建立了信任修复的归因机制模型。此模型提出了在信任违背事件中进行归因的三个重要维度是控制点归因、稳定性归因和可控性归因。另外，Tomlinson（2009）根据不同的信任违背类型，主张在信任违背事件发生后，信任者（受害者）对违背者的信任会受到损害，从而产生消极情绪，如恐惧、愤怒、惊讶等。这些消极情绪是导致信任者对违背者进行负性归因的重要影响因素。

尽管归因理论可能有助于理解信任修复的内在认知成分，但它不太适合解释信任违背行为后受损的人际关系（Dirks et al.，2009）。同样，在组织层级，谁违背信任并为行为负责的归属可能会有所不同、存在争议，并受到外部因素的影响。因此，并非所有利益相关者都会以同样的方式理解信任违背行为（Bachmann，Gillespie & Priem，2015）。

## 2. 社会角色理论

归因理论提供了强有力的理论基础，但性别角色期望的缺失可能导致我们的理解不完整。社会角色理论（Social Role Theory）是归因理论的补充。社会角色理论提出了一个概念模型来考察信任修复中的性别差异。社会角色理论为研究开辟了有意义的途径，并可能在组织内外产生更公平的结果（Shayna Frawley，Jennifer A. Harrison，2016）。

Schoorman等人（2007）注意到文化可以影响信任，因为文化影响人们对"能力、善心和正直"重要性的认知。"阳性"文化可能更强调能力，"阴性"文化可能更强调善心。这种观察可能直接适用于性别，因为刻板印象和认知捷径会破坏归因（Silvester and Chapman，1996）。社会角色理论表明，女性应该表现出人类共同的特质（乐于助人、善良），而男性应该表现出代理人的特质（自信、独立）（Eagly，1987）。违反刻板印象的性别角色会产生"反冲效应"（Rudman，1998；Rudman and Phelan，2008）：一种是打破信任，另一种是挑战刻板印象。与能力相关的信任违背可能对男性造成更大的伤害，而与正直和善心相关的信任违背可能对女性造成更大的伤害。因为承担责任与代理人角色是一致的，用内部归因和道歉对男人来说可能是最有效的，外部归因可能对女性更有效。在性别不一致的职业和性别差异较大的文化中，性别不一致违背的行为可能会产生更大的反作用。例如，女性代理人被认为更能干，但更具敌意（Heilman et al.，2004；Heilman and Wallen，2010），不讨人喜欢（Heilman et al.，2004；Heilman and Wallen，2010；Rudman，1998；Rudman and Glick，1999，2001），值得雇佣（Rudman，1998；Rudman and Glick，1999，2001）和擅长社交（Rudman and Glick，1999，2001）。女性经理面临的反冲较少（Heilman and Okimoto，2007）。职业和性别不一致的男性可能被认为效率较低且不值得尊重（Heilman and Wallen，2010），谦虚的男性被认为不讨人喜欢（Moss-Racusin et al.，2010），申请入门级职位的老年男性容易被消极评价（Ruggs et al.，2014）。客观上，人们对从事与自身性别不一致且难度较大的职业人的评价更为严格（Karakowsky et al.，2004）。

社会角色理论表明，男性的行为方式应该是有主见的、注重表现的，而女性的行为方式应该是公共的、关心他人的、注重他人的（Eagly，1987）。那些在信任违背中表现出低能力的男人，可能同时也会遇到挑战角色期望的反冲。善行涉及对他人福祉的关注，并与公共角色保持一致（Eagly，1987；Eagly et al.，2003；Eagly and Karau，2002）。例如，领导关系发展（真诚关注、礼貌和关心）与信任的善心维度相关（Caldwell and Hayes，2007）。在善心违背中表现出低善意的女人，她们可能会因违反公共角色期望而招致更强烈的反冲。

正直并不像能力或善心那样，有着明确的性别角色。但对道德决策的研究表明，"当发现两性差异时，女性被认为更具有道德性"（O'Fallon and Butterfield，2005）。女性通常在正直测试中获得更高的得分（Ones and Viswesvaran，1998），具有更强的道德态度，更有可能做出道德判断（Borkowski and Ugras，1998；Franke et al.，1997），也许是因为适合和认真与正直重叠（Ones and Viswesvaran，2001）。运用社会角色理论，Nguyen等人（2008）认为，男人要想成功，要顶着更大的社会期望的压力，这可能会导致他们对道德问题的感知在质量上不同于女性。表现出低正直性的自利行为，可能更符合以绩效为中心的代理角色。正直可能更符合以人与人之间为中心的社会角色，因为正直的人不会把自我利益放在他人之上。男性可能会发现，在基于能力型的违背行为之后，修复信任更具挑战性；而女性可能会发现，在基于正直和善心的违背行为之后，修复信任更具挑战性。因为这些违背行为也违背了性别角色的期望。

### 3. 社会均衡理论

社会均衡理论（Social Equilibrium）是结构功能主义的一种观点，主要来源于英国斯宾塞的社会有机体论。该理论认为社会本身是一个保持结构体内自动平衡的自我调节系统，任何社会系统总是趋向于一种和谐的、均衡的状态。社会系统内部具有一套维系、保持、调适和修复这种均衡状态的整合机制，一旦某部分出现失调现象，其他部分就会自动调节并纠正失调，使社会系统重新回复到均衡状态。

这一概念反映了当时社会科学家的两种愿望：①试图建构社会现象之间相互关系的模型；②试图描绘最理想、最和谐的社会状态。Ren & Gray（2009）沿用这一概念，并把重心放在对社会系统平衡问题的探讨上，从而逐渐形成了社会均衡论的观点。此外，根据Goffman（1974）的研究，Ren & Gray认为，不公平行为和信任违背行为会对相关各方的相对地位产生质疑，并在关系和社会背景中造成不平衡，前提是各方希望在规范和社会关系中保持平衡。通过修复各缔约方的相对立场，重申通过各种社会仪式来管理各缔约方的规范，可以实现重新建立平衡。例如道歉、忏悔和惩罚。Ren & Gray（2009）指出，社会均衡方法对于减少负面影响和修复正面交流特别有用。然而，这种方法的一个问题是，它受环境的约束，因此，融合不同文化的跨国组织可能难以通过这种机制修复信任关系（Bachmann et al.，2015）。一个相关的观点是，这种机制不能通过信任关系及其所属性质的背景来考虑环境机制、内在结构和控制问题（Dirks et al.，2009）。这给我们提供了从信任修复的内在结构去修复信任的视角和方法。

### 4. 结构机制

归因过程的视角侧重于通过对受害方的认知来修复信任；社会均衡过程则侧重于社会、人际关系层面的平衡；而结构机制（Structural Mechanisms）则规定必须改变与信任违背行为有关的环境因素，鼓励积极交流，以阻止未来违规行为的发生。Sitkin和Roth（1993）从信任修复的角度提出了这种方法的几个概念。研究者将这种结构方法称为"法律补救"，包括监测、监管以及实施控制和制裁，以提高未来行为的可靠性。Gillespie和Dietz（2009）把这种方法称为不信任的监管机制。结构方法限制了一方违反信任的可能性，因此，该方法的重点在于修复积极的交换，而不是修复信任或减少负面影响。而且，与归因和社会均衡方法一样，仅仅将结构机制作为修复信任的一种手段是有其局限性的。首先，这种方法产生了一个悖论。尽管对某些员工而言，结构控制可能会促进信任（Weibel，den Hartog，Gillespie，Searle & Skinner，2011），过硬的结构机制也可能会限制理想的组织实践，如创新和创造力。此外，虽然组织流程的重组可能增加外部利益相关者的信任，但可能会对内部利益相关者造成负面影响，使其更难有效地开展工作（Eberl，Geiger & Aßländer，2015）。

### 5. 双向信任修复模型

信任违背一旦发生，想要重新修复信任关系是信任者与违背方双方相互作用和相互博弈的结果，信任修复过程不仅需要违背方采取正确的修复策略，更需要信任者从认知和情感两方面做出调整，重新接受违背方的修复策略并做出相应的行为反应（周悦，2018）。因此，Kim等人（2009）提出了双向信任修复模型（Bi-lateral Model of Trust Repair，即BTR），该模型提出了三个假设：（1）经历信任违背事件后，信任者会重新审视与违背方的关系，并可能导致信任关系的破裂；（2）违背方会主动采取适合的修复策略改善信任者对自身的认知和信任；（3）两方力量进行相互博弈，其结果决定信任修复是否成功，可能的结果有：规避修复、修复成功、修复不成功。

双向信任修复模型还提出了信任修复的三层结构。第一层次是信任违背发生的初期，违背方应该努力通过无形（如言语解释）或有形（如实际的证据）的方式证明自己是无过错的，虽然信任者在此层级中可能会坚持认为违背方是不可信的，但是如果违背方的修复力量超过信任者的抵制力量，那么信任会得到很好的修复。但是，如果违背方确实做出了违背信任的行为，却伪造证据证明自己是清白的，一旦被信任者识破，那双方的信任关系将受到更严重的打击且更加难以修复。在第二层次中，如果违背方的确是作出了失信行为，虽然不能否认信任违背的事实，但是他可能通过外归因的方式，将失信的责任归咎于外在环境，这样也会减小或消除失信事件对双方信任关系的影响。在第三层次中，如果违背方做出的信任违背行为确实是内归因，那他可以将失信责任归因为努力情况等内在不稳定的因素，并表明自己以后会努力避免不让此类违背行为再次发生，一定程度上实现对双方信任关系的修复。

## （四）信任修复的研究范式

信任修复领域的研究范式，国内外研究者常用的是情境模拟法（韩平、宁吉，2013）、问卷调查法和博弈实验法。研究者关注的重点是不同信任违背条件下，不同的修复策略对信任关系修复的效果问题。从研究的可操作性来看，情景模拟法结合问卷调查法实施简单、容易操作、形式便捷，但缺乏一定的生态效度和外部效度，如果被试不能很快地进入情境角色，获得的数据可能存在污染的问题。而博弈实验法（主要包括信任博弈、囚徒困境博弈、独裁者博弈和公共品博弈等）由于涉及具体金额的投资与返还，与被试自身的收益或损失紧密相联，因此能较真实地反应被试与对手间的人际关系变化的状况，因而广泛运用于公平、信任和合作领域的研究。

### 1. 情境模拟法结合问卷调查法

情境模拟法一般是要求被试阅读一段简短的情境问卷或观看相关的情境视频，让被试临时进入一个指定的角色，并且根据该角色的职责和定位，进行问卷测试，回答一些与情境或视频有关的问题（张睿琪，2018）。这种研究方法的优点在于研究者可以方便、灵活地设置各种实验情境和实验变量。一般来说，研究者会对被试进入实验情境的前后以及信任修复之后的信任水平各测量一次，详细掌握被试在不同实验阶段信任水平的动态变化情况，以获取被试对信任违背方的信任程度以及信任违背后的信任水平的修复程度。如田仕芸（2018）采用情景模拟法结合问卷调查的方式，让被试假设自己和被信任者一起投资一个项目，后来被信任者突然决定不投资了，原因是被信任者的经济状况出了问题导致无钱投资（能力型违背）或者被信任者有钱但不愿意投资（正直型违背）。用问卷法测量被试对被信任者信任水平的变化，以探索感恩情绪在不同人际关系和信任违背类型的情境下对信任修复的影响问题。值得一提的是，情境模拟法让被试假设成某种特定的角色，这种虚拟性降低了实验的生态效度和外部效度，被试在虚拟情境中的回答与现实情境中的决策有多大的差距难以衡量而且某研究的实验结果也难以和其他的实验情境相比较。

### 2. 博弈实验法

实验经济学中的博弈实验法以博弈论为理论指导，通过一系列的行为博弈实验对信任和信任违背的影响因素和内在机制进行研究（陈欣，2009）。行为博弈视野下的信任及信任修复的研究具有实施简便、易重复操作和真实感强等特点。常见的博弈实验主要有：信任博弈、囚徒困境博弈、独裁者博弈和公共品博弈等。

### （1）信任博弈

在人际信任的经济决策研究中，信任博弈实验（Trust Game，TG）是运用得最多的一种实验范式（Evans & Krueger，2009；Krueger, Grafman, & McCabe，2008；Fulmer & Gelfand，2015）。信任博弈一般包含标准信任博弈和简化信任博弈两种形式（张蔚等，2016）。标准信任博弈一般由两名匿名玩家共同完成，双方分别拥有系统派发的一定数额的金钱S，要求信任者（也称受害者、委托人）把一部分金钱 Y（0≤Y≤S）交给被信任者（也称违背者、代理人），系统为了奖励被信任者，把金额Y翻3倍给被信任者，于是被信任者获得3Y的金钱，他可以决定返还一定的金额X（0≤X≤3Y）给信任者，最终信任者的收益为S-Y+X，被信任者收益为S+3Y-X（见图1-2）。简化信任博弈是研究者根据实际研究的需要，把标准信任博弈的形式进行简化。如实验中的两名匿名玩家分别拥有10元钱，首先由信任者选择是否将10元钱全部交给被信任者？如果信任者不信任对手，他将选择不将10元钱交给对方，则游戏结束且双方各获得10元钱；如果信任者选择将10元钱交给被信任者，则被信任者获得30元并决定是否返还金额给信任者（见图1-2）。以往研究显示，标准信任博弈和简化信任博弈两种形式均得到众多研究者的认可和广泛运用。这两种任务除度量尺度在定量方面存在差异外，其他均符合信任的概念内涵。而且这种任务均能把被试内隐的信任水平转变为外部可度量的信任水平，因而能够在信任和信任修复领域广泛运用（Riedl & Javor，2012；Rousseau et al.，1998）。

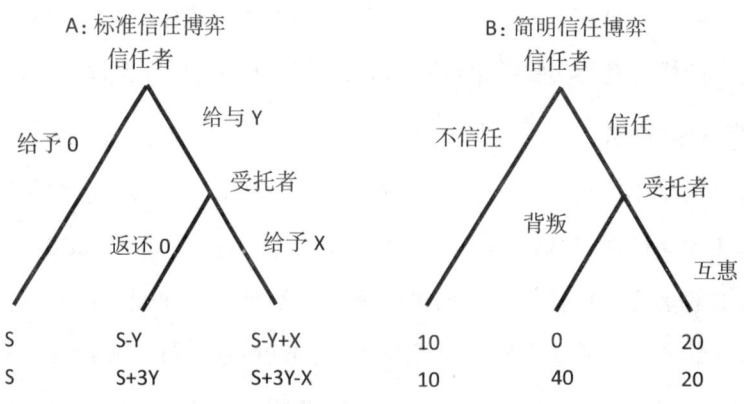

图1-2　信任博弈和简化信任博弈流程图（注：下方数字代表受托者的收益）

（2）囚徒困境博弈

囚徒困境设置的实验情景为：A、B两名囚徒因抢劫银行而被警察逮捕。由于在他们身上被发现持有手枪，警察认为他们肯定是有违法行为，但却证据不足。为了使他们招供，警察对这两名囚徒实行分开审讯，并且承诺：如果他坦白而另一名囚犯拒绝坦白或者保持沉默，他将得到释放，另一名囚犯则被罚关押10年；如果A和B都保持沉默，那么他们只会被关押1年；如果两人都供认不讳，则分别会被关押5年。A、B两名囚徒的可能选择及相应的结果，可以参见图1-3。图1-3也是A、B两名囚徒博弈的矩阵式表述。从理性经济人理论而言，对于囚徒A，不论B选择什么样的决策，坦白会比沉默让自己处于更有利的地位。同样的道理，B的处境也和A类似，B的最佳选择也是坦白。这样，在利己的选择下，A和B两名囚徒都会选择坦白，也将面临着彼此都要被关5年。但这样的结局不如他们都选择沉默而被关一年的结果。所以，在囚徒困境的情形下，A和B都选择沉默会比他们各自采取自利决策（即选择坦白）时的结局要好（见图1-3）。

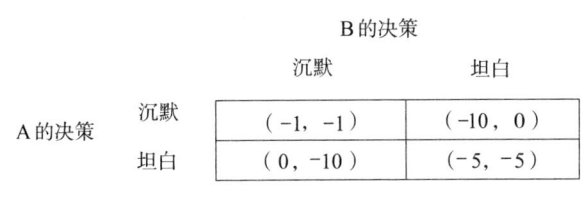

图 1-3 囚徒困境示意图

（3）独裁者博弈

独裁者博弈（Dictator Game，DG），Forsytheetal于1984年首次提出。此博弈实验的基本范式是提议者（proposer）和接受者（recipient），提议者提出任何一种分配方案，接受者都只能接受此分配方案，没有任何提出异议的权利。研究者认为提议者（proposer）分配给接受者（recipient）的方案中，只要方案大于零，那么这能说明分配者的公平偏好，也说明分配者的公平偏好对人们进行决策所产生的影响。DG也可以用来分析提议者在最后通牒博弈（Ultimatum Game，UG）中提出大于零或是比较公平的分配方案的原因，无论是DG中提议者的分配方案还是UG中的大于零以及较公平的分配方案，都能体现出两种范式中提议者的公平偏好。在最后通牒博弈中，提议者担心对方拒绝自己的分配方案或者提议者站在利他主义的角度进行资源差异来源分配。如果提议者出价大于零，一方面可能是提议者本身就有公平意识，愿意给出公平的分配方案；另一方面，提议者也会猜测接受者的想法，自己较低的出价有可能会遭到接受者的拒绝，这样的话双方都无任收益；当然也有一部分提议者两者原因都存在。在DG中，在接受者被剥夺了拒绝的权利这种情况下，若是提议者仍然愿意给接受者一个较为公平的出价，也就是说提议者没有将自己的利益最大化，则说明他在UG中慷慨或者公平的分配，离不开提议者自身的利他主义因素（梁福成、王睁，2016）。Desmet等人（2011）采用DG范式和信任博弈范式这两种范式进行实验，研究表明相对于恰好补偿以及部分补偿而言，超额补偿会产生更高的信任修复效果（Desmet et al.，2011）。

（4）公共品博弈范式

公共物品博弈（Public Goods Game，PGG），经常通过"给—游戏（give-game）"的方式来考察个体在公共物品困境中所表现出的合作水平（Parks et al.，2013）。在这种博弈范式中，参与者需要向一个公共账户捐献自己想给的数额，此博弈范式自愿捐献，并不要求所有参与者都进行捐献。当所有参与者自愿提供一些数额且达到一定程度的量时，就会产生公共物品，最后所有成员都可平均获得这些公共物品。行为实验者大多数情况下会使用PGG的变式，即实验参与者在实验中分得同样多的代用币，然后所有成员向一个公共账户投入代用币，投到账户后的代用币会增值，增值之后再平均分给每一个参与者。那么这就意味着参与者投入的越多，公共账户增值也越高，如果大家都不投，那公共账户的利益大家就都得不到（窦凯，2016）。在PGG范式中，我们可以了解到那些不投或少投代用币的参与者，他们在这一实验中获取的收益明显比那些贡献更多代用币的人多。由此也可以看出，个体在PGG范式中的捐献数额与其在公共物品困境中所表现出的合作水平成正相关（陈欣等，2014）。

## （五）信任修复的影响因素

违反信任的行为可能因违背信任的类型、与另一方关系的性质、违反事件的严重性、发生频率和修复的及时性、分析的水平和信任者的人格特点而有所不同。信任冲突事件的性质和信任者的人格特点如何影响信任修复，请参见表1-1。

表1-1　信任违背的性质和信任者人格特点对信任修复的影响

| 信任违背的性质和信任者的人格特点 | 解　释 |
|---|---|
| 以缺乏能力为基础的 | 道歉在修复基于能力的信任违背是有效的。未来的能力提升将有助于修复信任。 |
| 以缺少正直/诚信为基础的 | 在这种类型的信任违背之后修复信任要困难得多。道歉不太可能有效。因为涉及的是重要的声誉问题。行为的诚信或虚伪具有较大的破坏性，难以修复。拒绝或沉默有时可能是修复信任的最佳策略（取决于证据）。结构化的解决方案（如合同、监控），尤其是在代理人自愿的情况下是有用的。 |
| 信任违背的严重性和频率 | 修复策略的有效性通常随着违规严重程度的增加而降低。当决定在严重违规后和解时，人们主要看彼此关系的发展历史。更频繁的信任违背行为越来越多地证明违规行为是代理人的一般行为。 |
| 感知到的意图 | 如果一个信任违背行为被认为是故意的，那么它将对被感知到的可信度（尤其是正直性维度）产生更为负面的影响，并使信任修复变得更加困难。 |
| 信任违背的时间 | 早期信任可能更脆弱，而且在关系早期发生的违规行为可能更有害。在关系的后期阶段，严重的信任违规行为会因感情上的投入和更大的背叛感而造成特别的损害。 |
| 信任者人格特点 | 不同社会价值取向、不同的信息解释水平和建构风格的人对他人的信任程度可能存在差异，也可能会受到违背行为类型的影响。 |

### 1. 可信度维度

对信任违背的充分理解还需要对可信度的类型进行解释。Mayer等人（1995）提出了公认的可信度的定义，认为信任决策是基于另一方已证明的能力、仁慈和正直。能力是指受害者对行为人履行期望和履行承诺的能力的判断；仁慈是指这个人有多"好"以及他对我们有多好；正直反映的是此人是否在讲真话，信守承诺，而且有一些基本的道德或伦理原则和标准。

认知成分可能与对他人能力的判断有关，而情感成分可能与对他人是否仁慈的判断有关。对他人正直性的判断可能包含认知和情感评估。对信任违背和修复过程的研究主要集中在基于能力或正直的信任违背的不同影响上，并对基于能力和正直的信任违背如何影响信任以及前者如何比后者更容易修复信任等问题（Kim et al.，2004，2006）。

### 2. 违背行为的严重性

以往研究对信任违背的严重性（例如，伤害的程度、经验的强度、发生的频率、后果的不可逆性、意图的归因、个性化）关注不够。Lewitki & Bunk（1996）讨论了一个侵犯的严重程度，即"违背行为动摇了关系的基础或者说造成了非常严重的后果"。然而，有关于信任修复的研究中鲜有研究专门测量违背严重性的影响。Tomlinson（2004）等人在一项关于受害者在别人违背承诺后愿意调和同事关系的研究中，发现相对于不严重的违背行为，严重的违背行为中，过去的良好关系、未来违规的可能性与调和意愿更具有正相关关系。尽管他们没有发现道歉或道歉的时间有效性会随着违背行为的严重程度的增加而减少。但其他研究发现，随着违背行为的严重程度的增加，修复策略的有效性会降低（Bennett & Earwaker，1994）。

### 3. 信任违背的频率

研究者们已经认可了违背行为的频率越高会导致信任修复越困难（Tomlinson et al.，2004）。随着信任违背事件的频繁发生，越来越多的证据表明，信任违背行为是代理人的正常行为而非异常行为（Tomlinson & Mayer，2009）。当这种情况发生时，修复信任的策略可能变得不那么有效，因为信任者可能认为修复尝试不那么真诚（Tomlinson et al.，2004）。例如，Gunderson & Ferrari（2008）在研究浪漫关系中的不忠和宽恕时，操纵了不忠的频率，发现当不忠是一个偶然的事件时宽恕最有可能发生。此外，与社会学习理论（Bandura，1971）的观点一致的是，当人们在他们的生活领域中经历更多的信任违规时，他们学会了不信任，变得更加谨慎，不愿意或在违规后不愿意重建信任（Ferguson & Peterson，2015）。

### 4. 感知到的意图

是否将信任违背行为视为故意或非故意，对于认定的违背行为的性质和严重性以及随后的信任修复具有重要影响。一般来说，如果被害人认为背叛是故意的，通常对违背者的可信度（尤其是正直性维度）产生更多的负性情感，使得信任修复更加困难（Klackl et al.，2013）。例如，Morris & Moberg（1994）提出，当受害者发现信任违背是一种故意性行为而不是由外在的情景因素导致时，更容易产生背叛感。类似的，Tomlinson & Mayer（2009）利用韦纳归因理论（1986）得出结论，认为当信任违背的原因是外在的、不可控的及不稳定时（例如，类似的情景不太可能重复出现），信任修复变得更容易。

### 5. 信任违背的时间

信任违背的性质会因其处在关系发展中的不同阶段而有所不同，这对信任修复而言具有重要的意义（Kramer & Lewicki，2010）。这可能是由于关系的性质不同和关系早晚期的差异所致（Robinson et al.，2004）。

在解释关系的早期阶段发生的违背行为的破坏性影响时，一些研究表明，许多人"假定地"信任另一个人，即使没有互动的历史。这是因为一个人的信任倾向，情感依赖性，一种相信非个人结构（如规章和法律）支持一个人的在特定情况下取得成功的能力，以及声誉、团队成员和刻板印象产生的认知线索（McKnight et al.，1998；Meyerson et al.，1996）。因此，早期信任可能相对脆弱，因为这些先例具有试探性和假设性（Kim et al.，2009）。而另一些研究表明，在关系的后期发生的信任违背可能比早期更具有破坏性。Lewicki & Wiethoff（2000）指出，随着时间的推移和关系的发展，人们对关系投入更多情感。在这些更为亲密的关系中，信任违背行为可能对一个人的身份和价值带来更大的威胁（Lewicki & Bunker，1995；Lind & Tyler，1988）。同样，关于背叛的研究表明，在后期阶段的信任违背可能会特别具有破坏性，因为这会破坏一种持续的富有意义的关系，因为在这种关系中，合作伙伴可能投入了更多的物质和情感资源差异来源和更多的信任期望（Fitness，2001）。此外，由于信任期望与信任违背之间存在的差距，在已建立的关系中发展的信任可能会增加信任违背的经验（Robinson et al.，2004）。

关于信任违背的时间安排的不同观点表明，如果违背发生在关系的早期阶段，则修复工作可能需要更加注重认知。如果违反发生在后期，那么修复工作需要更多地关注关系的情感方面。大多数研究都是以经验的方式来检验违反信任的影响，重点关注的是在关系的早期阶段发生的违背行为。受控实验室和模拟研究的实用性考虑使得在实验室中创建和研究"早期关系"变得更容易，而在同一背景下研究成熟关系则更困难（即更难找到具有丰富历史的参与者）。在调查的其他领域的研究，如对亲密关系、背叛和宽恕的研究，更关注的是在关系的后期阶段违反信任的后果。

### （六）信任修复的策略

#### 1. 信任修复的短期策略

Lockey（2017）认为，短期信任修复的四种主要方法：口头陈述、道歉、赔偿和拒绝（见表1-2）。口头陈述是指用言语来弥补违反信任的行为，包括解释、描述、借口和道歉。道歉是言语策略的一种形式，由于有大量专门针对道歉的文献，故将其单列为第二种方法。第三种方法是赔偿受害人因信任违背所受到的损害（不考虑任何言语状态）。第四种方法是否认或尽量减少违反行为的发生。

表1-2　短期信任修复策略

| 策略类型 | 基本方法的解释 |
| --- | --- |
| 言语状态 | 陈述、借口、解释、道歉，努力口头解决信任违背的行为并迁移到关系的发展中；在具体程度和措辞上可能有所不同。 |
| 道歉 | 一种特殊的口头陈述，可以解释违规行为，也可以添加"情感内容"，如违背后的意图、后悔和改变行为的承诺。 |
| 补偿 | 作为违背行为的代价，直接向受害人提供有形赔偿，有或没有语言的陈述。 |
| 拒绝 | 违背者否认违反行为或其因果关系；如果违背行为对违背者的个人正直性（诚实、品格）产生影响或无法证明违背行为的原因，则该行为有效。 |

（1）口头陈述

可能对信任修复最广泛的探索是通过理解违反行为后的各种口头陈述。这些包括叙述、借口、解释、道歉，甚至否认违背者为了解决违背行为而对受害人所说的所有口头陈述，使关系能够"继续"下去。叙述和解释大致相似，因为它们提供了处理人际关系中修复损害的机制。（每一个都被用来承认一个违规行为的发生，通常是违反信任或公平之一，并对违背行为承担所有权和责任。）

Bies & Shapiro（1987）、Shapiro（1991）和Shaw et al.（2003）提供了详细的解释的评估方法、作用和功能。例如，Shapiro et al.（1994）发现，对违背情况更具体和详细的解释被认为比那些不那么具体但以更真诚的方式提供的解释更有效。Van Laer和De Ruyter（2010）的研究表明，讲故事给予语境和道歉，再加上让参与者参与引人入胜的叙述性解释，对于在基于正直型违背行为之后修复信任是有效的。让错误的一方自己解释比公关部门的解释被认为是更有效的修复信任方式。

（2）道歉

对道歉的研究非常广泛，而且发展迅速，特别是在过去的十年里。此外，道歉一直是语言学、社会学、危机沟通和社会心理学等几个不同学科的研究重点。危机沟通学者最感兴趣的是个人和组织如何利用话语来修复他们的公共形象。Tomlinson等人（2004）整理了20年的文献数据资料，为道歉在信任和关系修复中的重要性提供了实证支持。他们的研究结果证实，道歉在以下情形中更为有效：（a）与信任违背后没有道歉相比；（b）被认为是真诚的；（c）道歉者对造成违背行为承担个人责任；（d）违背信任后不久就表达道歉；（e）当违背事件被视为孤立事件时；以及（f）双方已经建立了一个牢固、积极的关系。

在过去的十年中，出现了多个研究流派来详细阐述和完善这些发现。这里只简要介绍三条信息流：（a）违背信任的类型如何影响修复策略的感知有效性，Ferrin（2007）和Kim（2004，2006）等人的一系列开创性研究，研究了道歉与其他口头回应对信任修复的影响，发现道歉的有效性很大程度上取决于信任违背的类型（能力、善心或正直）。（b）受害者如何解释道歉，Fehr & Gelfand（2010）指出，道歉是否有效的主要决定因素之一是接受者如何感知、加工和处理这些信息。Fehr & Gelfand提出，任何修复信任的行动的有效性将取决于受害者的自我建构倾向。具体来说，对于那些独立型自我建构倾向的人来说，对于信任违背而造成的损失，任何形式的道歉都不如赔偿有效；对于关系型自我建构倾向的人来说，表达同情心是最有效的；对于群体型自我建构倾向的人来说，承认违背了规则以及该如何对待群体（例如，种族、族群或性别的歧视性评论）将是最有效的。以及（c）道歉本身的结构如何影响其感知有效性，道歉的语言结构本身会对其有效性产生重大影响。例如，Schlenker & Darby（1981）确定了道歉的五种成分：声明意图，表达悔恨、悲伤或尴尬，提议帮助受害方，对违反行为的自我惩罚声明，以及努力获得受害方的宽恕。研究者建议道歉的"必需"部分的数量根据违背行为的严重程度而不同；违背后果最轻的事件可能只需要"敷衍式道歉"，即"对不起"。而更严重的违反则需要更多数量的部分。心理学和传播学领域的几项研究对道歉关键成分的定义和区别进行了辩论和阐述，同时对实验室研究和实际公开道歉的内容进行分析。（Lewicki & Polin，2012；Scher & Darley，1997）（见表1-3）。

表1-3　道歉有效性的影响因素

| 影响因素 | 解　释 |
| --- | --- |
| 信任违背的类型 | 道歉在能力型信任违背中的有效性比正直型信任违背中的有效性更好。 |
| 受害者对道歉的理解 | 当道歉者以个人的身份而不是以团体中的一部分的身份时，道歉更为有效。 |
| 道歉的结构 | 当道歉包含更多的关键成分时会更有效：表示遗憾、对违反行为的解释、承认责任、宣布悔改、提供修复信息和请求宽恕。 |

（3）补偿

与口头陈述、解释或道歉不同，信任修复的另一种方法是为被害人提供某种直接的、有形的补偿，以补偿由于信任违背造成的任何损害。事实上，一些研究人员（Farrell & Rabin，1996）认为，解释和道歉只不过是"廉价的谈话"，只有直接的赔偿才能有效。Bottom 等人（2002）表示，在修复长期合作方面，赔偿显然比道歉更重要。

研究表明，道歉和补偿的联合作用比任何一个的单独作用都大。例如，De Cremer（2010）经实验证明，当受害人遭受直接经济损失时，经济补偿更为重要；而当受害人损失的不仅仅是钱，可能还包括名誉等面子问题，则道歉更为有效。Haesevoets 等人（2013）发现，道歉"增加"了赔偿金，赔偿直接用于偿还违规行为造成的有形损失，而道歉的重点是通过处理情感损害来"保护关系"。他们发现，有形赔偿只有在充分弥补受害人遭受的损害时才有效。道歉在关系修复中也可能有效，即使有形赔偿可能不足以弥补有形损害。

（4）否认

否认被定义为"指出其中一项指控不真实的声明（即该声明不承认任何责任，因此不后悔）"（Kim et al.，2004）。否认不同于其他类型的语言修复策略。从理论上讲，否认与其他口头陈述的工作方式大致相同，也就是说，改变受害者对违背者的作用归因。在很大程度上，其改变归因的有效性取决于违背行为的性质和针对违背者的证据的清晰性。

否认和信任修复的研究中被引用的最广泛一个发现是，当信任违背是正直型时，否认比道歉更有效；相反，当违背行为是基于能力时，道歉比否认更有效。否认和道歉的差异效应只有在罪行尚未明确时才会出现。如果罪行已经被证明，那么否认会适得其反（Kim et al.，2004）。这项研究的一个重要说明是，它发生在面对面的互动中。在线环境中的信任修复研究表明，拒绝对能力或正直型违背是无效的（Matzat & Snijders，2012；Utz et al.，2009）。研究者将这些发现解释为可能是因为网络上的人不太愿意相信否认，因此这种情况被视为有罪已经确立。重要的是要注意，这些研究发生在电子商务在线环境中（如 eBay）。目前尚不清楚这些发现是否适用于同事之间的合作。实际上，在这种合作中，双方的利益和关系更为紧密。

（5）忏悔

最近，针对采取行动限制未来违规可能性的结果进行了研究。许多人表明，在违反信任之后，忏悔可能会引发未来的合作，而不是口头行动。实验研究中测试的两个实质性策略是忏悔和自我调节的意愿。

Nakayatchi和Watabe（2006）在他们关于"自愿抵押"（hostage posting）的研究中发现，通过自愿引入监控系统并同意在未来发生类似违法行为时惩罚自己的方法，使信任违背的组织可以提高其在消费者眼中的可信度。在他们关于忏悔和监管对信任修复的影响的实验中，Dirks等人（2011）发现这两项实质性努力在修复信任方面都有效，但仅限于受害者认为违背者已为其行为感到后悔的程度。

综上所述，似乎违背者为修复信任所做的努力越多，就越有可能成功。研究表明，实体策略比单独的非实体策略更能有效地修复信任。最后，从事某种形式的信任修复活动似乎比沉默寡言或什么都不做要好。

（6）其他短期策略

这些变量不属于任何其他类别。沉默和不行动是相似的，但并不相同。沉默涉及一方既不确认也不否认指控的真实性（Ferrin et al.，2007），根据Elangovan和其同事的研究（2015），不作为包括不从事任何信任修复活动。Ferrin及其同事（2007）的研究表明，在能力和正直性的信任违背方面，分别与否认和道歉相比较，沉默是一种次优反应。Elangovan等人（2015）获得的结果表明，采取某种形式的信任修复行为（无论是道歉、解释或忏悔）在减少信任的消极影响方面比什么都不做更有效。

Schniter等人（2013）认为违背者应该道歉，对未来的合作行为作出承诺，并愿意做出对受害方的经济赔偿（即赎罪）。Schweitzer等人（2006）还发现承诺可以帮助修复信任，它们可以显著加快进程。然而，先前的欺骗否定了承诺的效力。

2. 信任修复的长期策略

尽管口头陈述和赔偿等短期修复策略在信任修复的文献中受到了最大的关

注，而长期的信任修复策略则受到较少的关注。其中包括：（a）约束、控制和监控未来互动的结构安排；（b）重新安排事件，使对事件或情绪反应及其后果的不良感知最小化；（c）帮助受害者宽恕他人；以及（d）沉默在解决违规问题时的作用。

表 1-4　信任修复的长期策略

| 长期策略 | 对信任修复的影响 |
|---|---|
| 结构安排（如政策、程序、合同、监控、抵押品公布） | 限制后续违规的可能性；<br>如果由代理人自愿进行，则更有效；<br>与价值一致性相比，更擅长处理具体任务的可靠性；<br>可能有降低信任的意外效果，因为随后的行为不能归因于；<br>代理人的真实感受；<br>减少不信任可能比修复信任更好。 |
| 重新建构（例如，试图转移责任，解释清楚，尽量减少对损害的感知） | 能够形成委托人对违反行为和所造成的损害的解释；<br>可以重塑对代理人意图的看法；<br>可以影响委托人重新调整他们的期望；<br>有助于委托人认识制约或影响代理人行为的因素。 |
| 宽恕（即对违背者的感情和思想从消极到积极的转变） | 宽恕意味着愿意保持关系和修复信任；<br>伴随着积极思想和情感的转变，积极地影响着被感知的可信度；<br>表达悔恨、内疚、羞耻和承认伤害可以促进宽恕。 |
| 沉默 | 对基于能力的信任违背，道歉的有效性不高；<br>否认在正直型违背中有效性较高（取决于证据的无可辩驳性）；<br>从代理人的角度来看，可以用来维护一个人的利益，直到所有的证据都被知道为止；<br>可为代理人提供编造不在场证明、隐藏证据、重构互动等的机会。 |

（1）结构安排

一个长期的信任修复策略是在各方之间创建新的和不同的结构安排，以便各方约束并限制其未来可能发生的后续违规行为。他们的目的是首先修改导致信任违背的情况。这些策略可能包括：分离当事人；控制当事人之间的互动方式；订立合同、条约或其他文件，规定未来违规行为的确切后果，以尽量减少违规行为发生的可能性；甚至在违规者重复违规行为时，提出自罚。然而，结构安排是一把双刃剑。也就是说，尽管它们有时有助于修复信任（Dirks et al.,

2009），在其他时候，它们可能会阻碍信任的修复（Malhotra & Murnighan，2002），因为它们的存在制造了边界，这种边界限制了人们的直接互动，而这种直接互动是有利于信任修复的。

结构安排已从信任和关系修复文献中的各种角度进行了研究。Sitkin和Roth（1993）将"法律救济"称为使用各种控制措施（例如，政策、程序、合同、监控）以提高未来行为的可靠性，从而修复信任。Sitkin和Roth区分了信任的两个维度：具体任务的可靠性和价值一致性。他们主张，法律救济解决了特定任务的可靠性（例如，基于能力的可信度），但不涉及价值一致性的问题（例如，基于正直的可信度）。因此，这些类型的补救措施在修复基于正直性的违规行为的有效性方面往往受到限制。

（2）重构

正如前面一些工具所建议的，例如在合作机制中解释、说明和结构参数的框架中的作用，重构信任违背的过程可以是一种有效的修复策略。违背行为发生后，违背者的交流可以构建和塑造受害人对信任违背行为的解释（Goffman，1971），帮助受害人进行认知感知（Heider，1958），并通过提供独家信息（Tomlinson & Mayer，2009）去塑造他们对违背者意图的感知（Weiner et al.，1987）。违背信任通常是基于未满足的期望。重构可以影响受害者回顾性地重新调整他们的期望，可能会减轻对已经发生的违规行为的认知。重构可能涉及重构违背者和被害人的期望、关系、背景或行为以及因果归因（Dewulf et al.，2009）。

Dewulf等人（2009）区分了认知框架和交互框架，这两种框架都有助于修复受损的信任。这一观点以认知框架在冲突和争议过程以及决策启发中的作用为例（Neale & Bazerman，1985）。例如，信任违背者可以试图重构被害人对所遭受的损失感知，将其描述为某种感知收益（例如，试图说服同事接受他们所期望的海外任务的理由是他们不必离开家人）。交互框架是关于如何理解正在进行交互的线索指示（Goffman，1974）。它代表了对现实的重新调整或"共同建构"，现实是由互动过程中吸收的众多元素构成的（Gonos，

1977）。

（3）宽恕

宽恕的过程和结果最近开始引起人们对信任修复文献的兴趣，尽管宽恕对临床心理学家和关系学者的兴趣已经持续很久了（McCullough et al.，1997；Rusbult et al.，1991）。宽恕似乎是信任修复过程中的一个重要因素，因为通过宽恕，被害人承认发生了某种类型的违规行为，并愿意修复与违规者的关系。而且违规者也表现出遗憾，并承诺不重复违法行为（Kramer & Lewicki，2010）。

许多宽恕的前因和结果，经证实与信任修复相似。能够促进宽恕的一个关键因素是道歉（Lewicki et al.，2016；McCullough et al.，1997）。被理解为受羞耻或内疚驱使的道歉似乎会增加宽恕，而那些受怜悯驱使的道歉则会减少宽恕（Hareli & Eisikovits，2006）。同样地，悔恨的表达减少了重复犯罪的可能性，从而增加了宽恕的可能性（Gold & Weiner，2000）。宽恕的几种模式都将移情作为宽恕过程中的关键因素（Enright & Fitzgibbons，2000）。其他促进宽恕的因素包括违规者有能力认识到受害人受到的伤害以及双方维护关系的承诺力度（Hodgson & Wertheim，2007）。

显然，对宽恕的研究是一个快速发展的科学研究领域。然而，它在信任修复中的确切作用还不清楚。需要在这方面做更多的工作来确定诸如不同的信任维度或形式（例如，交易信任与关系信任），甚至不信任与宽恕之间的关系等基本问题。宽恕更可能是信任修复的前因或结果吗？宽恕对短期和长期信任修复有不同的影响吗？宽恕对于在特定情况下（如密切的人际关系）的信任修复是否比在其他情况下（如交易性工作关系）更重要？这些领域需要更多的信任学者的关注。

（4）沉默

在信任违背行为发生后，作为修复信任的策略，受托人保持沉默，几乎没有受到任何研究关注。然而，在轶事中，沉默似乎是一种常见的策略。例如，当演员比尔·科斯比被指控多次性侵犯事件时，他甚至在头几个月拒绝处理这些指控（Folkenflik & Deggans，2014）。

Ferrin等人（2007）发现含蓄（沉默）作为一种修复信任的策略，不如最佳反应（即，正直型违背中的否认或者能力型违背中的道歉）。他们还发现，沉默与低劣的反应（即能力型违背中的否认或者正直型违背中的道歉）没有显著区别。这些发现提供了丰富的信息，但仅限于从中得出的结论。有些情况下，从代理人的角度来看，沉默是最有意义的，即使它不被认为是从委托人的角度来看最有效的（在特定时间点）。例如，违背信任后，犯罪者的沉默可以用来保护自己。也就是说，违规者知道自己违反了信任，但他们可能既不想通过口头或补偿性的回应来证实这一点，也不想面对后果，也不想否认这一点，然后在以后会发现他们的否认是一个谎言（这可能导致比原来的违规行为更严重的后果）。信息不对称往往起着作用，只有违规者可能知道他们是否确实犯了违规行为；然而，违规者可能不知道受害人掌握了什么信息。因此，在受害人透露证据内容之前保持沉默是有意义的。

## 3. 信任修复策略的实验研究综述

本研究在Lockey（2017）关于信任修复策略实验研究一览表的基础上，进一步整理和添加了我国信任修复策略的相关实验研究，归纳整理的结果见表1-5。纳入表中的研究共有32项，其中言语性修复策略主要列举了道歉、否认、解释和其他策略，而实质性修复策略主要列举了补偿和监管策略。道歉在言语生修复策略中占的比例最多，为69%；否认策略其次，为25%；解释策略和其他策略（承诺、沉默）各占16%。补偿在实质性修复策略中占的比例最多，为47%；监管策略占8%。违背类型主要包括了正直型违背和能力型违背，除了1项研究未标明违背类型外，其余研究均涉及正直型违背和能力型违背两种类型。与"个人相关"表示是经济行为学领域的博弈实验，因为博弈实验结果涉及到个人的收益问题。经济博弈实验范式的研究比例为66%，是信任修复实验研究中的主要研究范式。非经济博弈的实验范式比例为34%。

表 1-5 实验研究中采用的信任修复策略

| 作者/年份 | 言语性修复策略 | | | | 实质性修复策略 | | 违背类型/是否与个人相关? |
|---|---|---|---|---|---|---|---|
| | 道歉 | 否认 | 解释 | 其他 | 补偿 | 监管 | |
| Shapiro (1991) | | | √ | | | | 正直型—否 |
| Botom et al (2002) | √ | √ | √ | | √ | | 正直型—是 |
| Kim et al. (2004) | √ | √ | | | | | 能力型/正直型—否 |
| Nakayatchi and Watabe (2005) | | | | | √ | | 能力型/正直型—否 |
| Kim et al. (2006) | √ | | | | | | 能力型/正直型—否 |
| Schweitzer et al. (2006) | √ | | | √-承诺 | | | 正直型—是 |
| 韩铮 (2006) | √ | √ | | | | | 能力型/正直型—是 |
| Ferrin et al. (2007) | √ | √ | | √-沉默 | | | 能力型/正直型—否 |
| De Cremer and Schouten (2008) | √ | | | | | | 正直型—是 |
| Van Laer and de Ruyter (2010) | √ | √ | √ | | | | 能力型/正直型—否 |
| De Cremer (2010) | √ | | | | √ | | 正直型—是 |
| Desmet et al. (2011) | | | | | √ | | 正直型—是 |
| Dirks et al. (2011) | | | | | √ | √ | 能力型/正直型—否 |
| Schniter et al. (2011) | √ | | | √-承诺 | √ | | 正直型—是 |
| Kim et al. (2012) | √ | √ | | | | | 能力型/正直型—是 |
| Haesevoets et al. (2012) | √ | | | | √ | | 正直型—是 |
| 韩平，宁吉 (2013) | √ | √ | | √-承诺 | | | 能力型/正直型—是 |
| 何振芬 (2014) | √ | | | | | | 正直型—是 |
| 王小予 (2014) | | | | | √ | | 正直型—是 |

续表

| 作者/年份 | 言语性修复策略 | | | | 实质性修复策略 | | 违背类型/是否与个人相关？ |
|---|---|---|---|---|---|---|---|
| | 道歉 | 否认 | 解释 | 其他 | 补偿 | 监管 | |
| 姜华 (2015) | √ | | | | √ | | 能力型/正直型—是 |
| Elangovan et al. (2015) | √ | | √ | √-无行动 | √ | | 未说明—否 |
| Haesvoets et al. (2015) | | | | | √ | | 能力型/正直型—是 |
| 冯寰宇 (2015) | | | | | √ | | 能力型/正直型—是 |
| Lewicki & Lount (2016) | √ | | | | | | 能力型/正直型—否 |
| 吴玉洁 (2016) | √ | √ | | | | | 能力型/正直型—是 |
| 袁博，董悦，李伟强 (2017) | √ | | | | | | 能力型/正直型—否 |
| Locke，steven，John (2017) | √ | | √ | √ | √ | √ | 能力型/正直型—否 |
| Van Houwelingen, Van Dijke & De Cremer (2017) | √ | | | | | | 能力型/正直型—否 |
| 陈晨，袁博，李伟强 (2018) | √ | | | | | | 正直型—是 |
| 刘建勋 (2018) | √ | | | | | | 正直型—是 |
| 李辉，李想 (2018) | √ | | | | | | 正直型—否 |
| 吴雅君 (2018) | √ | | | | √ | | 正直型—是 |
| 谢庆红 (2018) | | | | | | √ | 正直型—是 |
| 张睿琪 (2018) | | | | | √ | | 能力型/正直型—是 |
| 郭钟泽 (2019) | | | √ | √ | | | 能力型/正直型/善心型—否 |

备注：违背类型是指论文中的信任违规刺激是能力型，善心型还是正直型。个人相关是指参与者面临的情景对他们个人是否有影响，答案为"是"的表示实验采用的是经济博弈实验。

# 第二章 问题提出与研究计划

## 一 问题提出

### （一）现有研究未涉及以替代强化的方式建立信任的可行性

替代强化是由著名的行为主义学派的代表人物班杜拉提出的社会学习理论中的一个重要概念。社会学习理论总体上强调个体的行为是其心理与环境交互作用的产物（陈琦、刘儒德，2007）。观察学习是一种间接学习的形式，人类的大多数行为是通过观察而习得的，这种学习过程也是替代强化的过程。个体依靠观察学习可以迅速掌握大量的行为模式（张大均，2015）。但现有对观察学习理论的研究主要集中在儿童和青少年的道德发展领域，在信任领域则较少。而且现有关于信任及信任修复的研究领域，大多采用重复博弈实验的范式研究直接强化对信任建立和发展的影响（Chang. 2010 & Yu M.，2014）。另外，在道德领域还普遍存在坏苹果效应（Gino et al.，2009；Mann et al.，2014；Wu et al.，2014），即人们在观察到其他人的不道德行为后，会导致自身的道德水平也跟着下降。研究者发现，在人际信任领域也同样存在坏苹果效应（刘国芳、辛自强、林崇德，2017）。那么，在人际信任领域是否也存在好榜样等示范效应呢？

本研究认为，用直接强化的方式建立和培养信任关系，可能存在诸多的限制条件，如容易受时空的限制、费时费力等。而替代强化无需人们参与活动和直接体验强化，只需通过观察他人的行为和行为的强化就能学会某种社会行为规范，因此为榜样示范和从众行为等社会效应提供了强大的理论基础（乐国安、汪新建，2009）。综上所述，本研究认为，如果能以观察学习等替代强化的方式建立和培养人际信任关系将有利于人际信任以及社会信任水平的提升。另一方面，由于诸如"杀鸡骇猴"等手段会对失信人员产生较大的威慑作用，因而能广泛抑制社会的不诚信行为。因此，研究以观察学习等替代强化的方式建立和培养信任关系，对解决当前我国突出的社会信任危机等社会问题具有较好的借鉴与指导作用。

## （二）现有研究未探索不同信任违背条件下道歉与补偿策略的效果

以往的相关研究主要集中于如何修复信任（Kim，Dirks & Cooper，2009；Tomlinson，Dineen & Lewicki，2004；Tomlinson & Mayer，2009；Wang，Craighead & Li，2014）以及改善违背者和受害者之间的关系。前人的研究中对于实质性修复策略，比如经济补偿等策略研究得较少（韩平、宁吉，2013；严瑜、吴霞，2016；袁博、董悦、李伟强，2017；陈晨、袁博、李伟强，2018；姚琦、徐宸璐、王婧妍，2018），而言语与实质性修复策略的组合研究则更少（黄雅君，2017）。同时，研究者将信任分为认知型信任和情感型信任（Weber & Carter，2003；Lewis & Weigert，2012）。但是，现在研究并未阐明认知型信任和情感型信任的相互关系及对信任修复的影响。有研究者认为，未来的研究应该关注信任修复过程中认知和情绪的互动作用机制（严瑜、吴霞，2016）。

已有研究发现道歉和补偿的联合作用比任何一个的单独作用都大（De Cremer，2010），研究证明了信任修复策略（经济补偿与道歉）的有效性以及如何制定分配决策（即损失或收益）的重要性。但该研究未探明经济补偿与道歉在修复信任过程中的具体作用及相互关系。Haesevoets等人（2013）发现道歉"增加"了赔偿金，换句话说，道歉在某种程度上起到了经济补偿的作用。经济补偿则直接弥补了违背行为造成的物质或经济损失。道歉通过处理情感损害来修复被损害的信任关系，但经济补偿只有在完全补偿了受害人遭受的损害时才有效。也就是说，Haesevoets等人认为，道歉可以部分替代经济补偿的作用，但是未涉及经济补偿能否替代道歉以及经济补偿的额度对信任修复的影响问题。比如，向受害者提供两倍的经济补偿策略是否可以替代道歉与完全经济补偿的组合策略的作用？这种策略的替代在任何信任违背的类型中都能起作用吗？黄雅君（2017）的研究显示，在能力型信任违背中，承诺和经济补偿这两种修复策略都有修复效果且没有显著差异；在正直型信任违背中，经济补偿的修复效果明显好于承诺的修复效果。但研究并未论证承诺与经济补偿对信任修复的效果是否显著优于承诺或经济补偿的单独效果。因此，现有研究尚未探明在不同信任违背类型的情境下，信任修复策略中言语修复策略和实质性修复策略之间的相互关系及对信任修复的作用机制问题。

## （三）现有研究未涉及不同信任违背和道歉方式对宽恕程度的影响

人们普遍认为信任是将人际关系和组织战略关系联系在一起的"粘合剂"，道歉被视为是从本质上解决这些问题的根源，成为恢复更有成效的沟通和协调过程的关键口头工具（Lewicki & Lount，2016）。以往研究（De Cremer，2010）表明，道歉只能作为经济补偿的"补充"才有效。例如，Haesevoets、Reinders Folmer、De Cremer和Van Hiel（2013）发现，补偿和道歉同时存在，道歉补偿比不道歉补偿更能"促进和保护关系"。Haesevoets等人（2013）认为，道歉在信任修复过程中可以部分替代经济补偿的作用。但是，以往研究并未涉及道歉在修复受损的信任关系、取得受害者宽恕时，可以在多大程度上替代经济补偿的作用。不同道歉方式能否影响道歉的总体效力，从而达到取得受害者宽恕、修复信任关系的目的，即道歉的有效性是否取决于道歉本身的成分和结构。在信任修复过程中，违背者的道歉可能只是简单的"对不起"，而另一些道歉则是内容丰富而详尽的。比如，Lewicki和Polin（2012）举例说明了一些知名人士和组织违反公众信任的公开道歉声明：职业高尔夫球手Tiger Woods；股票经纪人和投资顾问Bernard Madoff；全球石油和天然气能源公司巨头英国石油公司；以及捷蓝航空公司的管理。研究者指出，这些道歉以及来自企业、政府、宗教、体育和娱乐界人士的许多公开道歉在结构和成分上都有很大的不同，这些差异可能是人们认为道歉有效的原因以及在关系受损初期能修复信任的原因。

基于以上思考，研究认为，是否有些道歉的成分比其他道歉成分更有效？受不同的信任违背情境的影响，道歉方式所起的作用是否相同？道歉与多少补偿金额相结合，才能完全促进受害者的宽恕从而修复双方的信任关系？因此，研究三致力于研究不同信任违背条件下，不同道歉方式与经济补偿相结合的修复策略是否会对受害者的宽恕程度产生不同的影响。换句话说，道歉在多大程度上能代替经济补偿，从而提高受害者的信任水平、修复受损的信任关系；在不同道歉方式的情境下，让受害者宽恕违背者、修复信任水平的最低补偿金额临界值是多少；不同违背情境下的补偿金额临界值是否存在显著差异等。

## 二　研究计划

### （一）研究目的

研究目的1：通过运用信任博弈实验范式和公共品博弈实验范式，探索不同信任的培养方式（直接强化、替代强化）对信任建立和培养的影响。

研究目的2：通过创设正直型违背和能力型违背实验情境，探索道歉、完全补偿、两倍补偿、道歉+完全补偿、道歉+两倍补偿等修复策略对信任修复效果的影响，从而进一步考察两种实验范式对信任培养和信任修复的影响。

研究目的3：通过操纵有效道歉和无效道歉实验条件，探索不同信任违背情境下，道歉方式与经济补偿相结合影响宽恕程度的作用机制。进一步探明有条件原谅的前提下，受害者所需的最低补偿金额的临界值。

### （二）研究内容

研究内容1：实验1和实验2分别采用两人信任博弈实验范式和六人公共品博弈实验范式，探索（1）能否用替代强化的方式建立和培养信任关系；（2）直接强化、替代强化和无强化在信任培养效果上是否有差异；（3）信任培养是否具有实验范式效应，即不同的实验范式是否影响信任培养效果。

研究内容2：实验3和实验4分别采用两人信任博弈实验范式和六人公共品博弈实验范式，探索（1）信任违背的破坏程度；（2）道歉与补偿策略在两种不同信任违背条件下的效果；（3）信任修复的实验范式效应，即信任修复效果是否受实验范式的影响。

研究内容3：实验5和实验6分别采用两人信任博弈实验范式和六人公共品博弈实验范式，探索（1）不同信任违背类型、道歉方式对宽恕程度的影响；（2）有条件原谅的提前下，受害者所需的最低补偿金额的临界值；（3）宽恕程度的实验范式效应，即影响宽恕程度的道歉方式和违背类型是否受实验范式的影响。

## （三）研究框架

本研究的研究结构框架图如图1-2所示。研究运用信任博弈实验和公共品博弈实验范式探索信任关系的建立和培养条件，探讨直接强化、替代强化和无强化对信任建立和培养的影响。通过测量不同阶段的信任水平的变化，探明普遍信任和特殊信任在信任的建立和培养、违背与修复阶段的变化规律，并探索不同信任违背情境下的修复策略的效果。探讨不同道歉方式和违背类型对宽恕程度及经济补偿临界值的影响。实验1采用两人信任博弈实验范式，以信任培养方式为自变量，信任者的投资水平为因变量，探索信任博弈范式下投资者与代理人的信任关系是否是可以建立和培养的，以及直接强化和替代强化的培养方式能否有效地建立和培养信任关系。实验2采用六人公共品博弈实验范式，采用与实验1相同的实验设计，探索公共品博弈范式下投资者与代理人的信任关系是否是可以建立和培养的，以及直接强化和替代强化的培养方式能否有效地建立和培养信任关系。研究还探讨了信任建立的实验范式效应。实验3采用两人信任博弈实验范式，以信任违背类型和信任修复策略为自变量，投资者的信任水平为因变量，探索不同信任违背情境下不同的信任修复策略的效果。实验4采用六人公共品博弈实验范式，采用与实验3相同的实验设计，探索不同信任违背情境下不同信任修复策略的效果。研究还探讨了信任修复策略的实验范式效应。实验5

采用两人信任博弈实验范式，以信任违背类型和道歉方式为自变量，宽恕程度以及最低补偿金额为因变量，探索不同的信任违背情境下，不同的道歉方式和违背类型对宽恕程度的影响及有条件原谅所需的最低补偿金额临界值。实验6采用六人公共品博弈实验范式，采用与实验5相同的实验设计，探索不同的信任违背情境下，不同的道歉方式对宽恕程度的影响及有条件原谅所需的最低补偿金额临界值。研究还探讨了宽恕效应的实验范式效应。

　　研究一是信任的建立与培养阶段，是人际信任关系的起始阶段，旨在探讨信任建立与培养的不同方式对信任培养效果的影响；研究二和研究三都是信任的违背与修复阶段。研究二旨在探讨正直型违背和能力型违背条件下，道歉与经济补偿及其组合策略对信任修复效果的影响；研究三在研究二的基础上，进一步探索道歉与经济补偿策略相结合的组合策略中，道歉方式的有效性与违背类型对宽恕程度的影响，以及有条件原谅所需的经济补偿临界值。也就是说，探索在信任修复过程中，道歉与经济补偿策略的宽恕效应。本研究中的宽恕效

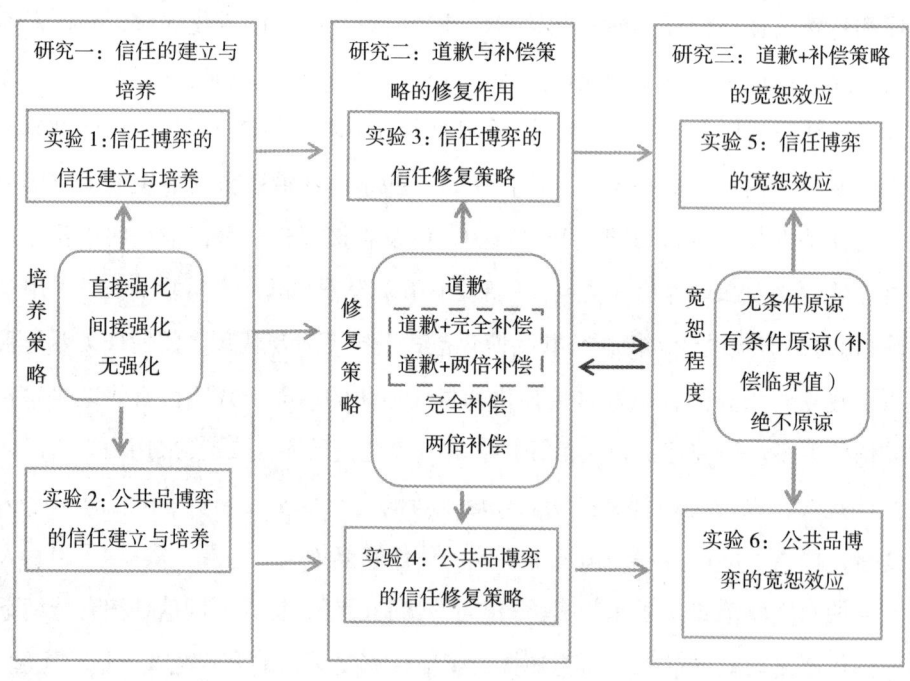

图 2-1　研究结构框架示意图

应是指受害者对违背者及其违背行为的宽恕和谅解。

## （四）研究重点

1、本研究重点研究了信任关系培养的策略、信任违背类型与信任修复策略对信任修复效果的影响。研究根据班杜拉的社会学习理论，设计了替代强化和直接强化两种信任培养策略，并考察其效果的差异问题。

2、在信任修复策略方面，选择了言语性修复策略和实质性修复策略中的道歉与经济补偿及其组合策略，综合探索道歉、完全补偿、两倍补偿和道歉+完全补偿、道歉+两倍补偿等五种修复策略在不同信任违背条件下的修复效果差异问题，并探索不同情境条件下的最佳修复策略。

3、道歉方式的操作性定义，选择三个有效的道歉成分：解释、承认责任和提出修复方法作为有效道歉，选择三个无效的道歉成分：表达歉意、申明悔改和请求宽恕作为无效道歉，探索道歉方式与违背类型对宽恕程度的影响，以及有条件原谅前提下所需的经济补偿临界值。

## （五）研究难点

本研究的难点有三个：

第一，如何通过实验操作分离普遍信任与特殊信任。

本文中普遍信任与初始信任为同一种信任，特殊信任与培养后信任为同一种信任，下文中不再区分。有研究者（Chang，2010；Yu，2014）运用重复测量信任博弈实验范式，发现当被信任者返回金额的行为较为稳定时，信任者后期的投资金额显著高于早期的投资金额。因为投资者（信任者）在经历了代理人（被信任者）若干次的高回报收益后，对被信任者的投资金额（信任水平）会显著增加。这样被试投资的金额越高，被信任者的收益也越多，因此被信任者返还给被试的金额也越高。两者在信任水平不断提升的情况下实现双赢。但是这样的研究可能存在以下几个问题：一方面，随着实验重复博弈次数的增多，被试可能会存在实验的练习效应和疲劳效应，会影响后期重复博弈信任水平的真实性；另一方面，后期重复博弈的信任水平中，被试的初始信任水平

（初始投资金额）和因信任代理人而产生的信任水平（增加的投资金额）的比例各是多少并不清楚，这样就无法探明对"生人"的普遍信任和对"熟人"的特殊信任在信任的发展、违背和修复等阶段的变化规律，以及不同损害类型下的修复策略的差异问题；第三，被信任者对信任者较为稳定的回报金额在本质上就是一种直接正强化，是导致信任者的信任水平快速提升的主要原因。但就实验的外部效度而言，直接强化方法的外部效度并不高，因为直接强化会受到时空等条件限制，而替代强化则不受具体条件的影响。比如，利用电视、互联网等媒体在全国范围进行道德模范的宣传，就无需考虑大众学习的时间和地点等因素，比现场汇报的宣传形式更便捷和高效。因此，替代强化的应用范围和推广程度比直接强化更大。

基于以上讨论，本研究在两个方面进行改进，以实现普遍信任与特殊信任的分离：第一，改变了以往重复测量博弈研究中对被试采用直接强化的方法，而采取替代强化即观察学习的方法培养被试（信任者）的信任感。如果被试在观察学习其他被试（信任者）在投资后能得到较为稳定的高回报收益之后，会显著增加自己的投资金额并且显著高于初始投资金额，这说明在替代强化的情境下也能建立和培养双方的信任关系。这样既能把被试的特殊信任从普遍信任中分离出来，又不会导致相应的练习效应和疲劳效应。第二，为了获取信任者的初始信任水平，研究一中的实验1和实验2均采用组间设计，每个实验中的被试分为三个组：直接强化组、替代强化组和对照组。研究认为，当信任者对被信任者的信任是建立在无互惠性行为基础上，那这种信任就是"普遍信任"；而当这种信任是建立在稳定的互惠性行为基础上（Mark，2005），这种信任就是"特殊信任"。因此，设置对照组的目的是为了获取"普遍信任"水平，用以和直接强化组、替代强化组的"特殊信任"水平相比较。如果普遍信任与特殊信任的信任水平存在显著差异，则可以认为实验研究成功分离了普遍信任与特殊信任；如果替代强化组与对照组的信任水平存在差异，则可以认为替代强化也能培养特殊信任。

第二，如何在有限的实验条件下探索信任修复策略的最佳效果。

　　在信任修复领域，Lewicki（2017）把修复策略分为短期修复策略和长期修复策略。在短期修复策略中，研究者普遍认为主要包括言语修复策略和实质性修复策略，前者主要包括叙述、借口、解释、道歉、承诺、否认等，后者主要包括经济补偿或惩罚等（袁博、董悦、李伟强，2017；陈晨、袁博、李伟强，2018；程晓菲，2016；严瑜、吴霞，2016；姜华，2015）。如此繁多的修复策略，按单一策略和两两组合策略来算（三种以上的组合策略暂且不计，其作用机制较为复杂），共有181448种修复策略。因此，一般的实验研究几乎不能穷尽所有的修复策略。这是本研究遇到的最大难题。

　　本研究综述部分借鉴了大多数调查研究都需要运用的抽样技术，在短期修复策略和长期修复策略中选择若干修复策略进行研究，这样得到的研究结论在一定程度上能代表两种修复策略及其组合策略的最佳修复效果。所谓管中窥豹、略见一斑指的就是抽样技术的有效性。而决定抽样技术成功与否的关键因素在于样本的代表性，判断样本具有代表性的标准就是样本必须与总体的特征具有相同的分布状况（John，2010）。本研究的总体指的是所有的信任修复策略，考虑到长期修复策略在经济行为实验中的博弈实验范式中难以开展，本研究实证研究部分只选取短期修复策略进行研究。而短期修复策略又分为言语性修复策略和实质性修复策略，因此，本研究从这两种策略当中各选择若干个修复策略进行研究。如果本研究在言语性修复策略和实质性修复策略中各选择2种修复策略，那么单一策略和两两组合策略共计为16种修复策略，这在一个研究中也无法一次性完成。所以，研究认为，只能在言语性修复策略和实质性修复策略中各选择1种最为有效的修复策略进行研究。

　　现有关于信任修复策略的研究发现，道歉在是信任修复领域研究得最多、最广泛的修复策略（Lewicki，2017）。Tomlinson等人（2004）回顾了近二十年的文献和数据，为道歉在信任和关系修复中的重要性提供了实证支持。此外，综合已有信任修复的实证研究来看（见表1-5），在纳入的32项实验研究中，道歉在言语修复策略中占的比例最多，为68%。在实质性修复策略中，经济补偿占的比例最多，为47%。以往研究中关于经济补偿额度是多少时才能完全弥补受害者的损失问题，至今尚无确切的结论（Desmet，2010）。但有研究发现，部分补偿无法完全修复被破坏的信任关系和合作关系（Bottom，2002；Desmet et al.，2011；Kim et al.，2004）。但高额补偿或过度补偿可能可以取得更好的修复效果或合作关系（Haesevotets et al.，2013；De Cremer & Van Knippenberg，2004）。另外，有研究者推测，在受害者因信任违背行为而造成的经济损失没有得到完全弥补的情况下，如果增加一些针对关系修复的情感策略（如道歉），可能有助于维护这种关系（Haesevotets et al.，2013）。因此，本研究认为，结合言语修复策略中最有效的道歉策略和实质性修复策略中的经济补偿策略，即道歉+补偿策略，可能是一个比较有效的修复策略。考虑到现有研究中并没有关于经济补偿策略的具体额度的定论，且已有研究证明部分补偿不能完全弥补受害者的损失，因此，本研究把经济补偿策略的额度定为完全补偿和两倍补偿两个水平，不考虑部分补偿水平，以减化研究的繁琐性。基于此，本研究确定的修复策略一共有五种：道歉、完全补偿、两倍补偿、道歉+完全补偿、道歉+两倍补偿。

第三，如何区分道歉方式的有效性及具体成分。

道歉的构成成分对道歉有效性的影响是比较大的，因为道歉的内容和表述方式都会渗透信任违背者的认知和意图（Van Laer & De Ruyter，2010）。而且研究以往案例中有效道歉中的成分，可能有助于了解何时道歉特别有效，以及如何优化构建有效的道歉。因此，随着道歉在信任修复领域的广泛应用，研究者们逐渐把研究的重点转移到对道歉有效成分的研究上来。例如，Schlenker和Darby（1981）强调道歉应包含五个方面：（1）道歉意图的陈述；（2）悔恨—悲伤—尴尬的表达；（3）提出帮助受害者或进行赔偿；（4）自我惩罚；（5）试图获得宽恕。Scher和Darley（1997）通过他们的话语分析，依赖跨文化言语行为实现项目（CCSARP），该项目对跨文化的各种请求和道歉的有效性进行了广泛的分析。根据Blumkulka和Olshtain（1984）的作品，Scher和Darley强调了"道歉演讲法"的五个组成部分：（1）非语言化的姿势；（2）解释违反原因；（3）承担违反行为的责任；（4）提出修复；（5）承诺悔改。De

Cremer（2010）在其信任修复研究中使用了两个组成部分（即承担责任和表示悔恨）；Lee和Chung（2012）在其研究中只使用了一个组成部分（即承担责任）；而多个研究只使用了"我想道歉"作为他们的道歉研究（Haesevoets et al.，2013；Leunissen，De Cremer & Reinders Folmer，2012）。Lewicki和Polin（2012）通过回顾有关道歉的经典文献并分析了名人和企业领袖的一系列具有较高效力的道歉方式，总结了最有效的道歉应包含的六种成分：（1）表达悔恨；（2）解释违规行为的原因；（3）承认责任；（4）声明悔改；（5）提议修复；（6）请求宽恕。此后，Lewicki、Polin和Lount（2016）对道歉的六种成分进行重复测量分析发现，三个最有效的道歉成分是解释、承认责任和提出修复方法，三个最无效的道歉成分是表达后悔、声明悔改和请求宽恕。研究显示，最有效的三种道歉成分和最无效的三种道歉成分也是最受欢迎和最不受欢迎的道歉方式。Benoit（2015）对早期提出的"形象修复理论"（image repair theory）当中的形象修复话语模型的内容及框架进行修改。同时，他参考了20年来所从事的其他案例研究，确定了可用于形象修复的主要口头"解释"策略：拒绝行为、逃避行为责任、降低对特定行为的感知攻击性、为未来提出纠正措施和"莫蒂菲卡"（mortification），指对违法行为表示遗憾的一些解释。袁博等人（2017）认为，以往研究虽然对于道歉的构成成分尚未达成一致，但较为认同的是基于跨文化言语行为的实现项目（CCSARP）中所提出的五种道歉成分，包括：表达后悔、解释、承担责任、承诺、补偿。杨安华（2019）运用加拿大克利费尔（John C. Kleefeld）提出的道歉4R模型对两个危机案例中的道歉进行比较研究，从表示后悔（remorse）、承担责任（responsibility）、承诺悔改（resolution）和进行修复（reparation）四个环节为如何在受损的人际关系中进行道歉提供一个具体可行的实施方法。

综上所述，本研究认为，有效道歉的成分不仅包括言语表达，用于补偿受损的情感，还包括实质性修复的承诺，用以补偿受害者的实际损失，并进一步提升受害者对违背者的信心和对未来保持亲密关系的希望。而无效道歉的成分主要包括逃避责任、寻找借口，以及口头申明、请求宽恕之类的无实质性内容的言语成分。因此，本研究把有效道歉的成分界定为解释原因、承担责任和提出修复方法，把无效道歉的成分界定为表达后悔、申明悔改和请求宽恕。

第四，实验程序的编写需要耗费大量的人力和时间。

为了让本研究顺利进行，研究者采用网页编程，利用JavaScript脚本编程实现对实验前端页面的控制，后台服务器程序用PHP编程实现数据实时收集。利用FTP服务器将实验程序上传到网络服务器。本研究的实验程序共计16170个字符数，其中前端页面有347行、12610个字符数；后台页面有109行、3560个字符数。实验程序的编写与修改需要耗费大量的人力和时间，这也是本研究的一个难点。由于网络实验可以更好地设置实验场景，所以能够让被试有更强烈的真实感。而且网络实验可以较为形象地模拟网络人际交往的真实情境。当今社会，网络已经成为社会生活领域的一种常用的人际交往平台，由于网络具有虚拟化、匿名性特点，可以使被试更易感到放松，因而更容易表现出自己的真实行为。因此，本实验研究具有较高的生态效度。

# 第三章 研究一：信任的建立与培养：直接强化与替代强化的影响

## 一 研究背景

作为社会资本的重要内容之一，信任在组织领域和人际交往领域占据重要地位。信任是社会资本不断积累的前提条件，为组织共同目标的实现提供可能性（窦凯，2016）。信任是人际合作的基础，个体只有通过相互信任和合作，才能实现共赢的局面。现有研究对于一般信任的理论研究相对成熟，但系统的实证研究还有待于进一步完善，特别是对经济学领域的信任问题还缺乏系统性探讨（史燕伟，2015）。

在人际信任领域中，有学者将人际信任分为普遍信任与特殊信任（韦伯，1995；卢曼，2005；胡荣，2011），两种信任无论在概念、作用还是影响因素方面均存在较大的不同（张建新，2000；埃里克，2006）。普遍信任也叫一般信任（胡安宁，2014），是指不依赖具体情景而指向他人（通常是陌生人）的信任（彭寅，2015）。特殊信任一般是指个体对与自己有着亲密关系或良好互动经验的他人的信任（彭寅，2015）。简而言之，普遍信任是针对"生人"的信任，而特殊信任是针对"熟人"的信任。因此，普遍信任与特殊信任在性质上可能存在不同。另外，有研究认为，个体的普遍信任水平显著低于特殊信任水平（王思琦，2013；胡荣、林本，2013；Yu，2014）。而且，Chang（2010）和Yu（2014）运用重复测量博弈实验范式发现，当被信任者返回金额可能性保持在较高概率（85%）时，信任者在以后的博弈投资额会显著高于初次博弈，被试在最后一轮的投资额主要取决于被信任者的行为。但当受信者以

85%的概率不返回金额时，信任者后期的投资并不会增加，而是维持初始信任水平（Yu，2014）。如果说信任者在重复博弈实验的后期增加投资额，从认知角度的视角来看，是因为被信任者稳定的高回报所导致的。从情感角度来看，则是因为信任者不再把被信任者当作是陌生人，而是熟人，即俗话所说的"一回生、二回熟"。因此，本研究认为，当信任者对被信任者的信任是建立在无互惠性行为基础上，那这种信任就是"普遍信任"；而当这种信任是建立在稳定的互惠性行为基础上（Mark，2005），这种信任就是"特殊信任"。

现有研究使用重复信任博弈实验范式的直接强化方法（Chang，2010；Yu，2014），实现对特殊信任和普遍信任的分离。Yu（2014）的研究发现，当被信任者以85%的概率返回资金给信任者的行为重复20次后，信任者的投资金额会显著提高，即信任者的信任水平会显著升高。这种使信任者直接受益的实验方式就是直接强化，换句话说，通过直接强化的方式能建立和培养信任者的信任感。但是，考虑到以直接强化的方式培养信任者的信任水平存在实验的练习效应、疲劳效果，另外，直接强化这种方式容易受时间、空间限制，本研究另辟蹊径，采用观察学习的替代强化方式对信任者的信任水平进行培养。替代强化是社会学习理论中观察学习理论的一个重要概念，是由著名的行为主义学派班杜拉提出的。替代强化是指观察者在模仿榜样行为时，以榜样行为作为自己强化的动力。而且班杜拉还认为，人类的大多数行为是通过观察而习得的（张大均，2015）。因此，本研究认为，相比于直接强化而言，以观察学习等替代强化的方式建立和培养人际信任，更具有应用价值和现实意义。比如通过树立和奖励社会诚信的榜样和模范并进行广泛宣传，对于提升整个社会的诚信水平、解决社会信任危机具有重要作用。另外，在道德领域存在的坏苹果效应，已被众多研究者所证实（Gino et al.，2009；Mann et al.，2014；Wu et al.，2014），即人们在观察到其他人的不道德行为后，会导致自身的道德水平也跟着下降。研究者发现，这一结果与基于信任博弈的传递链研究的发现是一致的，即在人际信任领域也存在坏苹果效应（刘国芳、辛自强、林崇德，2017）。本研究感兴趣的是，在人际信任领域是否还存在一个相反的效应呢?也就是说，当人们观察到其他个体在交往或交易的过程中彼此守信用，是否会提高个体自己的信任水平呢？

虽然替代强化在一定程度上能代替直接强化，两者都是特殊信任的建立和培养方式。但从理论和经验的角度来看，替代强化的卷入程度不如直接强化，因而其对信任的培养效果可能不如直接强化。由于现有研究未涉及替代强化对信任水平的影响，本研究只能从理论上假设替代强化对信任水平的影响不如直接强化。

根据Lewick和Bunker（1996）提出的人际信任的正向演变理论，人际信任一般经历计算型信任（calculus-based trust）、了解型信任（knowledge-based trust）和认同型信任（identification-based trust）三个过程，信任由最初对收益与风险的计算评估，到双方的逐渐了解，最后产生了情感的认同并提升信任水平。Chang（2010）和Yu（2014）的研究也发现，当被信任者以较高的概率返回资金给信任者的行为重复15-25次以后，信任者的投资金额会显著提高，即信任者的信任水平会因为被信任者的直接强化而显著提高。另外，结合已有研究结果，个体的普遍信任水平显著低于特殊信任水平（王思琦，2013；胡荣、林本，2013；Yu，2014）。那么，在本研究中的直接强化和替代强化组是否也存在这种变化规律呢？

现有研究中关于情绪影响个体公平感知及决策行为的结论并不完全一致。有研究认为不同效价（正、负）情绪会影响个体的认知加工进而影响个体决策行为，如积极情绪可能导致更积极的决策行为，而消极情绪则可能导致消极的决策行为，降低在人际交往中的人际信任水平（Dunn & Schweitzer，2005；Bless & Fiedler，2006），比如"心境一致性"效应（Winkielman，Knutson，Paulus & Trujillo，2007）。但相反的研究结论则认为，情绪对决策行为的影响是复杂的，情绪可能会受到认知加工过程的调节而得到改变，比如情感渗透模型（Forgas，1995）。该模型认为情绪对决策行为的影响是复杂的，心境一致性效应的出现需要一定的条件。袁博等人（2018）采用元分析方法探讨情绪对信任的影响，基本验证了心境一致性效应，但也有研究并没有发现此效应

（Lount，2010；郑信军、何佳娉，2011）。在研究一中，情绪是控制变量，对情绪将采用协方差分析的方式进行数据处理。

## 二　实验1：信任的建立与培养：来自信任博弈实验的证据

### （一）研究目的

实验1的实验范式为两人信任博弈。这种范式一般分为投资人和代理人两个角色，这两种角色分工不同、地位也不同。实验程序通常是实验系统会给投资人一定的原始资金，投资人会选择投资一定的金额给代理人。系统为了奖励投资人，会把投资人投资的金额翻三番再转到代理人帐户。而代理人为了表示感谢，也可能会（也可能不会）返还一定的金额给投资人。因此，在两人信任博弈中，代理人是占主动地位，而投资人处于被动地位。本实验把被试设为投资人的角色，这是因为研究二的实验3和实验4需要让代理人产生信任违背行为，因此不适合让被试充当代理人角色。为了统一研究范式，本研究所有的被试均为投资人角色。有研究者把信任博弈实验范式设定为：如果投资人不对代理人投资，则他持有的金额会减半，而且实验结束。考虑到这种设置方式可能会让被试产生被强迫投资的意识，而且本研究要研究的是信任的建立与培养，因此本实验没有设定投资人不投资其原始资金就要减半的规则。

实验1的研究目的是探讨在两人信任博弈实验范式下，直接强化和替代强化等方法能否有效建立和培养信任者（即投资人，下同）与被信任者（即代理人，下同）的信任关系，提升信任者对被信任者的信任水平。

### （二）实验假设

H1：信任关系能通过直接强化和替代强化的方式建立和培养起来。

H2：不同培养方式下培养的信任水平存在差异，直接强化组的信任水平高于替代强化组，替代强化组的信任水平又高于对照组。

H3：直接强化组和替代强化组的信任水平在信任培养前低于信任培养后，但对照组的信任水平没有变化。

（三）实验方法

1. 被试

通过张贴海报，从南昌市某高校公开、有偿地招募了120名被试，皆为在校本科生。要求是被试人员没有博弈实验经验，且专业为非心理学类专业。被试基本情况：男生56名，女生64名；长期在城镇生活的48名，长期在乡村生活的72名；独生子女44名，非独生子女76名。被试年龄为17岁-26岁之间，平均年龄20.58岁，标准差为2.12岁。被试月消费水平在500元-3500元之间，平均1470.83元/月，标准差为535.68元。118名被试为右利手，对2名左利手被试征求并尊重他们的意见，将鼠标左、右键功能对换。所有被试口头报告近两周内没有任何生理疾病，从未患过心理疾病，视力或矫正视力正常。实验研究被该校学术伦理委员会批准。开始实验前，由主试和实验助手统一向被试介绍实验过程、注意事项及实验报酬，并逐个确认被试是否知情。对不了解情况的被试进行详细解释。之后统一发放实验知情同意书，被试当场签署知情同意书。实验结束后，根据实验程序的反馈，研究者给予被试适当报酬。

2. 实验设计

采用单因素被试间设计。因变量为信任培养前后，信任者对被信任者投资的金额差异。自变量为培养策略，共三个水平，分别为直接强化、替代强化和无强化。本研究中，因变量即信任水平以信任者投资的网络币为单位。网络币是研究中虚拟的一种货币，是为了增强网络实验的真实性。实验中设定网络币与人民币的比值为1：1。根据前人的研究，情绪可能会对信任水平带来影响（Lewicki，2017；严瑜、吴霞，2016），因此，本研究中将情绪作为控制变量，在实验结束阶段予以测试。

3. 实验程序

预先对实验助手（即主持）进行统一培训。实验助手均为心理学专业研究生，对博弈实验程序进行了系统学习。主试对每位实验助手进行考核，以确认他们完全理解实验程序，能胜任实验的主持工作。被试在约定的时间来到实验室，由实验助手领到接待室。被试在接待室中阅读打印的实验过程说明。之后主试阅读实验指导语，告知被试将以投资人或代理人的身份进行一项投资活动。具体的角色取决于电脑随机抽样的结果。事实上所有被试均为投资人角色，代理人均为通过实验程序虚拟。同时告知被试有权获得实验报酬并在感到不适的情况下可随时退出实验，但希望被试能尽量完成实验。确认被试均知情之后，发放知情同意书，请被试知晓其权利和义务后填写知情同意书。所有被试签署知情同决书后统一由实验助手收集保管。实验助手安排被试统一抽签决定自己的实验室号码和实验场次，轮到的被试由实验助手领到对应的实验室。实验助手宣布实验纪律，告知被试如果有问题可以求助于实验助手。开始博弈实验后，实验助手主持实验并解答或解决问题。实验结束后，根据实验程序反馈的报酬结果，实验助手给予被试适当报酬。实验中的所有程序均接受学校学术伦理委员会的审查并获得通过。

研究者事先购买了网络虚拟服务器并将实验程序上传。经过程序测试和预实验，对实验设计中的不足进行完善后正式开放。实验使用"网络币"作为被试与对手交易的代币工具，目的是增加被试的真实感。实验结束后，系统会自动计算被试个人帐户的"网络币"并以1：1的比例兑现成人民币奖给被试，另外，每位被试还能获得10元的基本实验费。

（1）预实验

为确保实验程序准确无误，同时检查实验过程是否有疏漏，研究在正式实验前招聘了26名被试进行预实验，实验过程和正式实验一致。

通过预实验，研究对实验程序进行了修改：（1）对指导语进行修订，为被试建立临时账户并增设"昵称"环节，增强网络实验的真实感。（2）实验统一使用实验室的电脑，不得使用手机，而且实验时手机必须关机并交给实验助手保管。（3）网络实验的界面颜色设置不美观，影响部分被试完成实验的速度。为此研究讨论了两个修改方案，一是在招聘被试时要求被试不是全色盲。

二是请教美术专业人士的意见，对实验界面的色彩搭配进行了调整，修改了部分页面的背景色。

（2）正式实验

本实验的实验流程见图3-1。

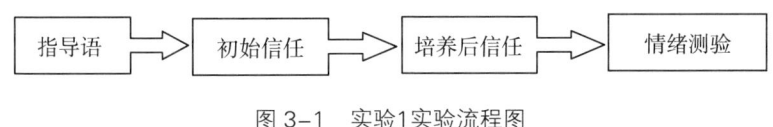

图 3-1　实验1实验流程图

第一步：呈现指导语。指导语介绍了实验的规则与流程，并为每个被试建立了一个账户，也是被试的实验代号，如A123，以增强实验的匿名性。博弈实验结束后，将根据被试帐户中的网络币以1∶1的比例兑换成人民币发给被试。

第二步：填写个人信息。收集的信息包括性别、长期居住地（城镇或乡村）、年龄、每月消费水平、是否独生子女，并填写实验昵称。

第三步：测试初始信任水平。此步骤中博弈实验的主要实验程序如下：①被试完成个人信息的填写后进入博弈实验的练习阶段，熟悉实验程序和规则。②被试被告之，他们被网络程序系统两两配对组成一组，并被随机指定为投资人或代理人。博弈过程中，投资人将获得系统分配的网络币。系统分配给投资人10个网络币。③博弈过程分两个步骤：先由投资人决定将投资多少给代理人（假设为x个网络币）。当投资人完成决策后，系统将投资额乘3倍，然后交到代理人手中。然后，代理人决定返还给投资人多少个网络币（假设返还y个）。一轮博弈结束时，投资人获得（10－x＋y）个网络币，而代理人获得（3x－y）个网络币。

被试正确完成以下练习后方能进入正式博弈，测试初始信任水平。如果被试没有正确完成练习，系统会呈现错误提示信息。同时要求被试继续完成练习，直到被试正确完成练习之后才能进入正式博弈实验。练习时，被试若有疑问可以向实验助手提问。

屏幕呈现实验练习：假设投资人获得8个网络币，若投资人投资3个网络币，则代理人获利后拥有（　　）个网络币。若代理人返还给投资人4个网络币，则投资人最终将持有（　　）个网络币，代理人最终获得（　　）个网络币？

初始信任水平测试题为：系统分配给您10个网络币，您准备投资（　　）个网络币给代理人？

第四步：实施实验处理。120名被试被随机分配为三组，每组40人，被试的身份均是投资人。

（1）直接强化组：①被试接受初始信任测试阶段的代理人返还金额的信息反馈，包括本轮投资金额、返还金额和帐户余额信息；②被试继续参加5轮博弈，每轮博弈的前一轮博弈结果会反馈给被试，做为强化物。每次代理人返还的金额都是被试投资额的1.5-2倍。此阶段为直接强化阶段，不测量被试的投资金额。

屏幕呈现实验指导语：请继续参与投资博弈，共进行5轮博弈。您的投资收益会直接记入您的账户中，投资损失也会从您的账户中直接扣除相应的资金。(1)系统分配给您10个网络币，您准备投资（　　）个网络币给代理人？如果投资额不是0，屏幕呈现：恭喜您，本轮投资您的账户共增加了【A】个网络币。此处A为投资额的1.5-2倍。若投资额为0，则屏幕呈现：本轮投资您的收益为0。

另4轮投资与此类似，不再赘述。

（2）替代强化组：被试观看"直接强化组"5轮博弈实验过程和结果。每轮实验均先呈现上一轮实验结果反馈，再进行本轮博弈实验。本部分实验材料是用屏幕录制软件事先录制好"直接强化组"的5轮博弈实验过程和结果，在实验时插入到实验程序中并播放给被试看。实验中，每次代理人返还的金额都是投资人投资金额的1.5-2倍。此阶段为替代强化阶段，不测量投资金额。

屏幕呈现实验指导语：下面请您先观看网络系统随机从博弈实验中抽取的1个已经完成的实验——代号为"A102"的投资者的博弈实验过程和结果。先看程序操作说明：A102原有网络币10个。投资人向代理人投资6个网络币并得到代理人返还的11个网络币。屏幕呈现A102本轮投资结束后，账户增加了5个网络币，帐户总共15个网络币。

其余4轮替代强化的实验程序相同，不再赘述。

（3）对照组：①被试学习博弈实验规则并做练习，程序给出对错信息的反馈，共练习5轮，此阶段为练习阶段，不测量投资金额；②对照组代理人返还的金额由系统通过随机函数生成。为使所有被试返还金额的倍数相同，使用相同随机数种子。不同被试的倍数出现顺序不同，由系统随机呈现。代理人返还金额的范围为投资人投资金额的0.8-1.2倍。实验结束时，被试帐户最终持有10个网络币。

第五步：测试实验处理后的投资金额，即信任者的信任水平。

屏幕呈现实验指导语：系统分配给您获得10个网络币。您准备投资（　　）个网络币？请填入您投资的数额，数字范围要求在0-10之间。投资完成后点击"确定"按钮，完成本轮投资。

第六步：完成《积极和消极情绪量表（PANAS）》测验。《积极和消极情绪量表》是用来评价被试在博弈实验时的情绪状态，包括积极和消极两个分量表，共8个项目。量表采用Likert七点计分法（"1"表示根本没有，"7"表示非常强烈），被试得分越高说明其情绪卷入程度越大（窦凯等，2014）。本实验中，积极情绪分量表和消极情绪分量表的克隆巴赫α一致性信度分别为0.75和0.82。

实验结束后，询问了被试对实验真实性的判断。结果表明，没有被试对本次实验的真实性表示怀疑。最后，实验助手登记被试帐户里的网络币收益情况，并按1：1的比例兑现人民币。并且告知被试实验真相，以消除实验处理可能对被试造成的不利影响。

## （四）实验结果

使用SPSS23.0软件对数据进行分析，采用描述统计、相关分析、方差分析和协方差分析等方法对数据进行分析。

### 1. 人口学变量和控制变量的影响

为了分离人口学变量的影响，以年龄、每月消费水平、积极情绪（$M$=4.08，$SD$=0.916）和消极情绪（$M$=2.58，$SD$=0.758）为协变量，性别、城乡、是否独生子女为被试间变量，以信任变化为因变量进行协方差分析，结果发现不存在主效应或交互效应，即人口统计学变量和不同效价情绪对信任的建立和培养的影响无统计学意义。后续数据处理将不再纳入分析，结果见表3-1。即信任的建立和培养方式在人口统计学变量和不同效价情绪上均不存在显著差异。

表3-1　信任变化的人口学差异分析

| 差异来差异来源 | $SS$ | $df$ | $MS$ | $F$ | $p$ | 偏 $\eta^2$ |
|---|---|---|---|---|---|---|
| 性别 | 13.175 | 1 | 13.175 | 1.686 | .197 | .015 |
| 城乡 | 6.689 | 1 | 6.689 | .856 | .357 | .008 |
| 独生子女 | 5.258 | 1 | 5.258 | .673 | .414 | .006 |
| 年龄 | 3.425 | 1 | 3.425 | .438 | .509 | .004 |
| 每月消费 | 3.439 | 1 | 3.439 | .440 | .508 | .004 |
| 积极情绪 | 3.937 | 1 | 3.937 | .504 | .479 | .005 |
| 消极情绪 | 5.065 | 1 | 5.065 | .648 | .422 | .006 |
| 性别 * 城乡 | 20.784 | 1 | 20.784 | 2.660 | .106 | .024 |
| 城乡 * 独生子女 | 4.036 | 1 | 4.036 | .517 | .474 | .005 |
| 性别 * 独生子女 | 28.625 | 1 | 28.625 | 3.664 | .058 | .033 |
| 性别 * 城乡 * 独生子女 | 2.472 | 1 | 2.472 | .316 | .575 | .003 |
| 误差 | 843.792 | 108 | 7.813 | | | |

### 2. 培养策略的效应检验

首先检验各种培养策略是否有效，以培养后的信任水平减去初始信任水平作为培养策略的观测指标，对三个信任培养组的培养效果进行配对样本$t$检验，结果见表3-2所示。

表3-2　信任培养效果检验

| 分　　组 | | $M$ | $SD$ | $t$ | $p$ | $d$ |
|---|---|---|---|---|---|---|
| 对照组 | 培养前 | 4.78 | 1.93 | -1.10 | .278 | 0.17 |
| | 培养后 | 5.15 | 1.89 | | | |
| 替代强化组 | 培养前 | 4.55 | 2.21 | -6.73 | .000 | 1.06 |
| | 培养后 | 7.33 | 1.67 | | | |
| 直接强化组 | 培养前 | 4.45 | 1.95 | -13.41 | .000 | 2.12 |
| | 培养后 | 8.75 | 1.78 | | | |

表3-2显示，对照组的信任变化不显著，$t$=-1.10，$p$=0.278>0.05；替代强化组的信任培养效果显著，$t$=-6.73，$p$=0.000<0.001，$d$=1.06属于大效果量；直接强化组信任培养效果也显著，$t$=-13.41，$p$=0.000<0.001，$d$=2.12属于大效果量。可见替代强化和直接强化这两种方式都能培养信任者对被信任者的信任关系，提升信任者的信任水平，且效果明显。研究结果支持假设H1，即信任关系能通过直接强化和替代强化的方式建立和培养起来。

以三个信任培养组的信任变化为因变量，以培养策略为自变量进行方差分析，比较三种策略的差异，结果见表3-3。

表3-3　培养策略的差异分析

| | 对照组 | | 替代强化组 | | 直接强化组 | | $F$ | $p$ | $\eta^2$ |
|---|---|---|---|---|---|---|---|---|---|
| | $M$ | $SD$ | $M$ | $SD$ | $M$ | $SD$ | | | |
| 初始信任 | 4.78 | 1.928 | 4.55 | 2.218 | 4.45 | 1.947 | 0.267 | 0.766 | 0.005 |
| 培养后信任 | 5.15 | 1.899 | 7.32 | 1.670 | 8.75 | 1.780 | 41.421 | 0.000 | 0.415 |
| 信任变化 | 0.38 | 2.157 | 2.78 | 2.607 | 4.30 | 2.028 | 30.199 | 0.000 | 0.34 |

从表3-3可知，三个信任培养组的初始平均数和标准差差异不大，方差分析发现$F$=0.267，$p$=0.766，差异无统计学意义。信任培养实验后，对照组的平均值和标准差变化不大，替代强化组和直接强化组均有较大变化。

信任培养后，对培养后信任和信任变化进行方差分析，发现分别有$F$=41.421，$p$=0.000<0.001，$\eta^2$=0.415（大效果量）和$F$=30.199，$p$=0.000<0.001，$\eta^2$=0.340

（大效果量）。统计结果表明信任培养策略对信任的培养和信任水平变化的效应显著。实验结果证实研究假设H3：直接强化组和替代强化组的信任水平在信任培养前低于信任培养后。但对照组的信任水平没有变化。培养后的信任和信任水平变化的$\eta^2$差异较大，提示初始信任水平可能对初步数据分析结果有影响。为了剔除初始信任水平不同的影响，在进一步的分析中以信任水平变化（信任水平变化=培养后的信任水平－初始信任水平）为因变量（朱滢，2016）。

从表3-3可知，信任培养策略对信任变化的解释率为0.340，$p=0.000<0.001$。因此，有必要进一步做多重比较。多重比较LSD的结果见表3-4。

表 3–4    三组信任培养效果多重比较

| （$I$）实验处理 | （$J$）实验处理 | 平均值差值（$I\text{-}J$） | $SD$ | $p$ |
|---|---|---|---|---|
| 对照组 | 替代强化 | -2.400** | .509 | .000 |
| | 直接强化 | -3.925** | .509 | .000 |
| 替代强化 | 对照组 | 2.400** | .509 | .000 |
| | 直接强化 | -1.525* | .509 | .013 |
| 直接强化 | 对照组 | 3.925** | .509 | .000 |
| | 替代强化 | 1.525* | .509 | .013 |

由表3-4可知，对照组信任者的投资金额提高的幅度显著低于替代强化组（$p=0.001<0.01$）和直接强化组（$p=0.000<0.01$）；替代强化组信任者的投资金额又显著低于直接强化组（$p=0.013<0.05$）。这说明这三组的信任培养效果是有差异的，依次为直接强化组显著好于替代强化组，替代强化组又显著好于对照组。由此研究结果证实研究假设H2，不同培养方式下培养的信任水平存在差异，直接强化组的信任水平高于替代强化组，替代强化组的信任水平又高于对照组。

（五）讨论

实验1采用两人重复信任博弈实验范式，通过分析直接强化、替代强化和对照组的信任水平的差异问题，来探讨信任关系能否通过观察学习等替代强化的方式建立和培养起来。研究结果显示，三个信任培养组的初始信任水平无显著差异。但在信任培养实验后，替代强化组和直接强化组的信任水平均有显著提升，而对照组的信任水平无显著变化。具体来说，直接强化组的信任水平高于替代强化组，替代强化组的信任水平又高于对照组。而且，直接强化组和替代强化组的信任水平在信任培养前低于信任培养后。但对照组的信任水平没有变化。因此，实验结果支持了研究假设H1、H2和H3。研究结果表明，信任关系能通过直接强化和替代强化的方式建立和培养起来，信任者在受到被信任者较为稳定的资金返还行为的强化下，迅速提高对被信任者的投资金额，提升信任水平。实验结果符合班杜拉的社会学习理论，因为观察学习是代替强化的一种形式，是社会学习理论的一个基本概念。所谓观察学习就是通过观察和学习他人所表现的行为和结果而进行的学习。观察学习的学习者可以只通过观察他人的行为和他人所受的强化就能完成学习（刘小明，2017）。班杜拉的社会学习理论通过三元交互作用的模式，向人们展示了人的心理和行为如何受环境的影响，又如何作用于环境，强化了心理、行为与环境的交互作用的模式。本研究的结果也证实，信任关系的建立，就像其他社会信息一样，是可以通过观察学习等间接学习的方式习得的。也就是说，信任关系的培养，可以通过个体观察他人的守信行为而获得，并在个体与他人交往的过程中形成共同遵守的行为规范和准则，从而成为人们普遍认可的经验和习惯。这种社会学习方式，对人类的生存、适应和进化具有非常重要的意义（戚艳艳，2017）。本实验的结果在信任研究领域具有一定的创新性，因为现有研究一般都是采用直接加强的方式建立和培养信任关系（Chang，2010；Yu M.，2014）。而从本研究的结果能得到的启示是，社会学习模式是信任领域的一种重要的培养信任感和建立信任关系的方式。因此，在人际信任及社会信任中，组织可以通过树立诚信榜样、制定诚信系统、加强监管职责等方式提高整个社会的诚信水平，化解社会信任危机问题。

另外，实验1并未发现"心境一致性"效应，这与Lount（2010）和郑信军、何佳娉（2011）等人的研究一致。导致这一结果的原因可能与本研究中信任博弈实验所涉及的资金额度不高有关，并未激发被试的消极情绪。值得一提的是，实验1采用了两个强化组和一个对照组测量信任水平的变化规律，且发现在实验培养后的信任和信任水平变化的 $\eta^2$ 差异较大。本研究认为初始信任可能对初步数据分析结果有影响。为了剔除初始信任的影响，在进一步的分析中以信任水平变化（信任变化=培养后的信任—初始信任）为因变量。这样，实验1巧妙地剔除了被试初始信任倾向的影响。根据朱滢（2016）关于实验前后测的数据处理方法的说明，对于控制变量的处理，既可以用实验后测数据与前测数据的差异作为因变量的方法，也可以采用协方差的处理方法，排除额外变量的干扰。

　　Yu（2014）的研究发现，当被信任者以85%的概率返回资金给信任者的行为重复20次后，信任者的投资金额会显著提高，即信任者的信任水平会显著升高。考虑到已有研究重复测量的次数较多（约10-20次），容易导致被试的练习效应和疲劳效应，出现注意力不集中等问题，影响实验结果的有效性。因此，本研究把被信任者返回资金的概率提高至100%，把返回资金的额度设置为信任者投资额度的1.5-2倍。设置重复博弈的次数即正强化次数为6次，在博弈的第7次测量信任者的投资金额为其信任水平。研究结果表明，在6次正强化的刺激下，两个强化组的信任水平也得到迅速提升。斯金纳的强化理论认为，强化出现的时机和频率能增强或减弱行为，即强化程序能影响行为出现的频率。一般而言，连续强化通常比断续强化更能加快最初的学习，即在首次习得某种行为时，连续强化的效果更佳（陈琦、刘儒德，2007）。由于本研究把被信任者返回资金的概率提高至100%，比原有研究的85%更高，而且把返回资金的额度设置为信任者投资额度的1.5-2倍，所以即使本研究的强化次数只有6次，信任者的信任水平同样能得到显著提升。这一结果说明，在人际交往领域，个体出现与信任相关的行为，是影响信任关系的重要因素。正如一句俄罗斯的格言："信任，但要证实。"（Lockey，2017）

　　实验的实施和数据的采集是以网络程序的形式来实现的。网络程序是用

JavaScript语言来控制前端页面的实验流程，后台数据收集用PHP语言编程实现。利用FTP服务器将实验程序上传到网络服务器。网络实验能更好地设置实验情境，形象地模拟网络人际交往的真实情境。网络已经成为当今社会生活领域的一种常用的人际交往平台，由于网络具有虚拟化、匿名性的特点，被试更易感到放松，因而更容易表现出自己的真实行为。因而本实验研究具有较高的生态效度。

## （六）结论

（1）信任关系能以直接强化和替代强化的方式建立和培养起来。

（2）不同培养方式下培养的信任水平存在差异，直接强化组的信任水平高于替代强化组，替代强化组的信任水平又高于对照组。

（3）直接强化组和替代强化组的信任水平在信任培养前低于信任培养后。但对照组的信任水平没有变化。

# 三　实验2：信任的建立与培养：来自公共品博弈实验的证据

## （一）实验目的

人际交往中，类似于公共品博弈的情况也很多，如涉及"公家"、集体利益的情境。不同于两人间的信任博弈，公共品博弈不像信任博弈那样有明显的角色区分。信任博弈中有投资人和代理人的角色，而且一般来说，代理人占主动地位，投资人是被动地位。公共品博弈中的投资人没有明显的角色区分，投资人之间地位相对平等。实验2采用六人公共品博弈实验范式，由被试充当一名投资人，其他五名投资人由程序进行控制。实验程序一般为：实验中的每个人本着自愿的原则为他们共同的"公共帐户"投入资金，每名被试往公共帐户里投入的资金都会被翻三番并存入到公共帐户内。最后，每名被试可以平均分得帐户内的公共资金，无论他往公共帐户里投资了多少资金。实验2以六人公共品博弈为实验范式，来模拟大学生的宿舍集体与个人间的冲突关系，如学生宿舍的卫生、安全乃至宿舍环境布置等问题，均存在个人与他人以及集体之间的矛盾关系。本实验的公共品博弈有六名成员。

实验2的研究目的是探讨在六人公共品博弈实验范式下，直接强化和替代强化等方法能否有效建立和培养投资人与代理人的信任关系，提升信任者（即投资人）对被信任者的信任水平。

## （二）实验假设

H1：信任关系能以直接强化和替代强化的方式建立和培养起来。

H2：不同培养方式下培养的信任水平存在差异，直接强化组的信任水平高于替代强化组，替代强化组的信任水平又高于对照组。

H3：直接强化组和替代强化组的信任水平在信任培养前低于信任培养后。但对照组的信任水平没有变化。

H4：六人公共品博弈范式下的初始信任水平和培养策略的效果均低于两人信任博弈范式下的初始信任水平和培养策略的效果。

## （三）实验方法

### 1. 被试

通过张贴海报，本研究在南昌某高校公开、有偿地招募了120名被试，皆为在校本科生，要求没有博弈实验经验，且专业为非心理学类专业。经数据有效性检验，实得有效被试120名。被试具体信息：男生62名，女生58名；来自城镇的学生51名，来自农村的学生69名；独生子女48名，非独生子女72名；年龄范围在17岁-28岁之间，平均年龄为20.84岁，标准差为3.13岁。116名被试为右利手。4名左利手被试征求其意见，根据其操作习惯对鼠标键进行设置。被试月消费水平在500元-3500元之间，平均消费额为1520.83元，标准差为559.10元。所有被试口头报告近两周内没有任何生理疾病，从未患过心理疾病，视力或矫正视力正常。实验研究被该校学术伦理委员会批准。开始实验前，由主试和实验助手统一向被试介绍实验过程、注意事项及实验报酬，并逐个确认被试是否知情。对不了解情况的被试进行详细解释。之后统一发放知情同意书，被试当场签署知情同意书。实验结束后，根据实验程序的反馈，研究者给予被试适当报酬。

## 2. 实验设计

采用单因素被试间设计。因变量为信任培养前后，信任者对被信任者投资的金额差异。自变量为培养策略，共三个水平，分别为直接强化、替代强化和无强化。本研究中，因变量即信任水平以信任者投资的网络币为单位。网络币是研究中虚拟的一种货币，是为了增强网络实验的真实性。实验中设定网络币与人民币的比值为1∶1。根据前人的研究，情绪可能会对信任水平带来影响（Lewicki，2017；严瑜、吴霞，2016），因此，本研究中将情绪作为控制变量，在实验结束阶段予以测试。

## 3. 实验程序

预先对实验助手进行统一培训。实验助手均为心理学专业研究生，对六人公共品博弈实验程序进行了系统学习。主试对每位实验助手进行考核，以确认他们完全理解实验程序，能胜任实验的主持工作。被试在约定的时间来到实验室，由实验助手领到接待室。被试在接待室中阅读打印的实验过程说明。之后实验助手阅读实验指导语，告知被试将以投资人的身份进行一项投资活动。同时告知被试有权获得实验报酬，在感到不适的情况下可随时退出实验，但希望被试能尽量完成实验。确认被试均知情之后，发放知情同意书，并请被试在知晓其权利和义务后填写知情同意书。所有被试签署知情同决书后统一由实验助手收集保管。实验助手安排被试统一抽签决定自己的实验室号码和实验场次，轮到的被试人员由实验助手领到对应的实验室。实验助手宣布实验纪律，告知被试如果有问题可以求助于实验助手。开始博弈实验后，实验助手主持实验并解答或解决问题。实验结束后，根据实验程序反馈的报酬结果，实验助手给予被试适当报酬。实验中的所有程序均接受学校学术伦理委员会的审查并获得通过。

经过程序测试和预实验，对实验设计中的不足进行完善后正式开放。实验使用"网络币"作为被试与对手交易的代币工具，目的是增加被试的真实感。实验结束后，系统会自动计算被试个人帐户的"网络币"并以1：1的比例兑现成人民币奖给被试，另外，每位被试还能获得10元的基本实验费。

（1）预实验

为确保实验程序准确无误，同时检查实验过程是否有疏漏、实际可操作性，和实验1类似，在正式实验前招聘了27名被试进行预实验，实验过程和正式实验一致。实验2的实验程序在实验1程序的基础上，在界面设计、实验说明等方面进行了改进。但实验助手发现了在直接强化过程中会出现投资为0元、反馈为0元，之后连续投资和反馈均为0元的情况。之后研究者对实验程序再次进行修改，在正式实验中设置代理人返还金额为0.5元，避免被试产生无人投资的印象。但代理人返还金额也不易设置过高，主要是为了避免被试可能会产生搭便车的行为。

（2）正式实验

本实验的实验流程见图3-4。

第一步：呈现指导语。指导语介绍了实验的规则与流程，并为每个被试建立了一个账户，也是被试的实验代号，如A123，以增强实验的匿名性。博弈实验结束后，将根据被试帐户中的网络币以1：1的比例兑换成人民币发给被试。

第二步：填写个人信息。收集的信息包括性别、长期居住地（城镇或乡村）、年龄、每月消费水平、是否独生子女，并填写实验昵称。

第三步：测试初始信任水平。被试被分配与另外5位博弈者同在一组，事实上除被试外，其他5位博弈者均为实验程序虚拟，由电脑网络程序随机产生代号，为避免代号不同造成的实验误差，所有被试面对的虚拟博弈者的代号是相同的。

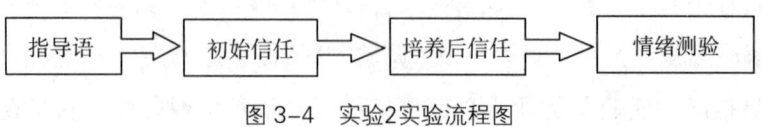

图3-4　实验2实验流程图

　　下面介绍博弈规则。每位博弈者均得到系统分配的10个网络币。每轮博弈开始后，每个博弈者可以将这10个网络币全部或部分作为公共投资资金，即投资额为0-10个网络币。系统会将所有公共资金变成3倍后平均分给所有的参与者。请注意无论是否参与投资，都有同样的机会获得公共资金收益的返还。

　　屏幕呈现一个例子：六个博弈者分别投入了8，2，2，5，0，4个网络币，则公共投资资金为8+2+2+5+0+4=21个网络币。公共投资完成后，系统返还了公共投资资金3倍的资金，即63个网络币。每位博弈者获得63/6=10.5个网络币作为投资回报，加上他们原来剩下的数字（分别为2，8，8，5，10，6），此时六位投资者持有的网络币现金分别是12.5，18.5，18.5，15.5，20.5，16.5。

　　屏幕呈现实验练习：假设某投资者投资3个网络币，若其他投资人共投资8个网络币，则该投资者最终将持有（　　）个网络币？

　　被试正确完成以下练习后方能进入正式博弈，测试初始信任水平。如果被试没有正确完成练习，系统会呈现错误提示信息。同时要求被试继续完成练习，直到被试正确完成练习之后才能进入正式博弈实验。练习时，被试若有疑问可以向实验助手提问。

　　初始信任测试题：

　　您和代号为C308、A112、A405、B233、B009的博弈者被系统抽中分在一个小组，系统随机分配给您的代号为A107。系统分配给您10个网络币，您准备投资（　　）个网络币。

　　第四步：实施实验处理。120名被试被随机分配为三组，每组40人，被试的身份均是投资人。

　　（1）直接强化组：①被试接受初始信任测试阶段的公共帐户返还金额的信息反馈，包括本轮投资金额、返还金额和帐户余额信息；②被试继续参加5轮博弈，每轮博弈会将前一轮博弈结果反馈给被试，做为强化物。每次公共帐户返还的金额都是被试投资额的1.5-2倍。此阶段为直接强化阶段，不测量被试的投资金额。

屏幕呈现实验指导语：

请继续参与投资博弈，共进行5轮。您的投资结果会直接计入您的账户中，投资损失也会从您的账户中直接扣除相应的资金。

系统分配给您10个网络币，您准备投资（　　）个网络币给公共帐户。

如果投资额不是0，屏幕呈现：恭喜您，本轮投资您的账户共增加了【A】个网络币。此处A为投资额的1.5-2倍。若投资额为0，则屏幕呈现：本轮投资您的收益为0.5个网络币。

另4轮投资与此类似，不再赘述。

（2）替代强化组：被试观看"直接强化组"5轮博弈实验过程和结果。每轮实验均先呈现上一轮实验结果反馈，再进行本轮博弈实验。本部分实验材料是用屏幕录制软件事先录制好"直接强化组"的5轮博弈实验过程和结果，在实验时插入到实验程序中并播放给被试看。实验中，每次系统返还给投资人的金额是该投资人投资金额的1.5-2倍。此阶段为替代强化阶段，不测量投资金额。

屏幕呈现实验指导语：

下面请您先观察网络系统随机抽取的1个已经完成的实验：请看代号为"A302"的投资者的博弈实验操作。

先看程序操作说明：

A302原有网络币10个。然后呈现A302的投资过程：投资人投资6个网络币，得到公共帐户返还的11个网络币。屏幕呈现A302本轮投资结束后，账户共增加了5个网络币。

其余4轮与此类似，不再赘述。

（3）对照组：①被试学习博弈实验规则并做练习，程序给出对错信息的反馈，共练习5轮，此阶段为练习阶段，不测量投资金额；②对照组公共帐户返还的金额由系统通过随机函数生成。为使所有被试返还金额的倍数相同，使用相同随机数种子。不同被试的倍数出现顺序不同，由系统随机呈现。公共帐户返还金额的范围为投资人投资金额的0.8-1.2倍。实验结束时，被试帐户最终持有10个网络币。

第五步：测试实验处理后的投资金额，即信任者的信任水平。

屏幕呈现实验指导语："系统为您分配的临时代号为：＊＊＊＊＊＊"之后，进入培养后信任测试。

您获得10个网络币。您准备投资（  ）个网络币给公共帐户？请填入您投资的数额，数字范围要求在0-10之间。投资完成后点击"确定"按钮，完成本轮投资。

第六步：完成《积极和消极情绪量表（PANAS）》测验。《积极和消极情绪量表》是用来评价被试在博弈实验时的情绪状态，包括积极和消极两个分量表，共8个项目。量表采用Likert七点计分法（"1"表示根本没有，"7"表示非常强烈），被试得分越高说明其情绪卷入程度越大（窦凯等，2014）。本实验中，积极情绪分量表和消极情绪分量表的克隆巴赫α一致性信度分别为0.80和0.85。

实验结束后，询问了被试对实验真实性的判断。结果表明，有五位被试对本次实验的真实性表示怀疑。最后，实验助手登记被试帐户里的网络币收益情况，并按1∶1的比例兑现人民币。并且告知被试实验真相，以消除实验处理可能对被试造成的不利影响。

## （四）实验结果

使用SPSS23.0软件对数据进行分析，采用描述统计、相关样本t检验、方差分析、协方差分析等方法对数据进行分析。

### 1. 人口学变量和控制变量的影响

为了分离人口学变量的影响，以年龄、每月消费水平、积极情绪（$M=3.89$，$SD=1.171$）和消极情绪（$M=2.69$，$SD=0.713$）为协变量，性别、城乡、是否独生子女为被试间变量，以信任变化为因变量进行协方差分析发现，主效应或交互效应均不显著，后续数据处理将不再纳入分析，结果见表3-5。

表 3-5　人口学变量、控制变量的影响

| 差异来源 | SS | df | MS | F | p | 偏 $\eta^2$ |
|---|---|---|---|---|---|---|
| 性别 | 4.148 | 1 | 4.148 | .560 | .456 | .005 |
| 城乡 | 9.591 | 1 | 9.591 | 1.294 | .258 | .012 |
| 独生子女 | 20.306 | 1 | 20.306 | 2.739 | .101 | .025 |
| 年龄 | 9.290 | 1 | 9.290 | 1.253 | .265 | .011 |
| 每月消费 | 12.660 | 1 | 12.660 | 1.708 | .194 | .016 |
| 积极情绪 | .344 | 1 | .344 | .046 | .830 | .000 |
| 性别 * 城乡 * 独生子女 | .000 | 1 | .000 | .000 | .997 | .000 |
| 消极情绪 | .040 | 1 | .040 | .005 | .942 | .000 |
| 性别 * 城乡 | 19.562 | 1 | 19.562 | 2.639 | .107 | .024 |
| 城乡 * 独生子女 | 16.769 | 1 | 16.769 | 2.262 | .135 | .021 |
| 性别 * 独生子女 | 2.672 | 1 | 2.672 | .360 | .550 | .003 |
| 误差 | 800.574 | 108 | 7.413 | | | |

## 2. 培养策略的效果分析

首先检验各种培养策略是否有效。对培养策略的效果分组进行配对样本t检验。具体情况见表3-6。

表 3-6　信任培养策略的效果

| 分　　组 | | M | SD | t | p | d |
|---|---|---|---|---|---|---|
| 对照组 | 培养前 | 3.83 | 1.32 | -0.37 | 0.713 | 0.06 |
| | 培养后 | 3.93 | 1.44 | | | |
| 替代强化组 | 培养前 | 3.98 | 1.48 | -8.26 | 0.000 | 1.31 |
| | 培养后 | 6.45 | 1.75 | | | |
| 直接强化组 | 培养前 | 3.80 | 1.36 | -14.52 | 0.000 | 2.30 |
| | 培养后 | 8.70 | 2.30 | | | |

表3-6中，对照组的信任变化不显著，$t=-0.37$，$p=0.713>0.05$，$d=0.06$（未达到小效果量）；替代强化组的信任培养效果显著，$t=-8.26$，$p=0.000<0.01$，

$d$=1.31（大效果量）；直接强化组信任培养效果也显著，$t$=-14.52，$p$=0.000<0.01，$d$=2.30（大效果量）。可见替代强化和直接强化两种培养方式都能建立和培养信任关系，提升信任者的信任水平。研究结果支持研究假设H1和H3，即信任关系能通过直接强化和替代强化的方式建立和培养起来，而且直接强化组和替代强化组的信任水平在信任培养前显著低于信任培养后。但对照组的信任水平没有变化。

### 3. 培养策略的差异分析

以信任培养前后信任水平的变化为因变量，以培养策略为自变量进行协方差分析，比较三种策略的差异，结果见表3-7。

表3-7　培养策略的差异分析

| | 对照组 | | 替代强化组 | | 直接强化组 | | $F$ | $p$ | $\eta^2$ |
|---|---|---|---|---|---|---|---|---|---|
| | $M$ | $SD$ | $M$ | $SD$ | $M$ | $SD$ | | | |
| 初始信任 | 3.83 | 1.32 | 3.98 | 1.48 | 3.80 | 1.36 | 0.19 | 0.830 | 0.003 |
| 培养后信任 | 3.93 | 1.44 | 6.45 | 1.75 | 8.70 | 2.30 | 65.61 | 0.000 | 0.529 |
| 信任变化 | 0.10 | 1.71 | 2.48 | 1.89 | 4.90 | 2.13 | 62.52 | 0.000 | 0.517 |

从表3-7可知，三个组的初始平均数和标准差差异不大，方差分析发现$F$=0.19，$p$=0.830>0.05，差异无统计学意义。信任培养实验后，对照组的平均值和标准差变化不大，替代强化组和直接强化组均有显著变化。信任培养后对信任水平进行方差分析，发现分别有$F$=65.61，$p$=0.000<0.001，$\eta^2$=0.529，属大效果量。信任变化的方差分析，发现$F$=62.52，$p$=0.000<0.001，$\eta^2$=0.517，属大效果量。统计结果表明信任培养策略对培养后信任和信任变化的效应显著。实验结果证实研究假设H2：不同培养方式下培养的信任水平存在差异，直接强化组的信任水平高于替代强化组，替代强化组的信任水平又高于对照组。

为了剔除初始信任的影响，在进一步对信任培养的分析中以信任水平变化（信任水平变化=培养后信任水平—初始信任水平）为因变量，进一步做多重比较，结果见表3-8。

表 3-8　信任培养策略对信任变化影响的多重比较

| （I）实验处理 | （J）实验处理 | 平均值差值（I-J） | SD | p |
|---|---|---|---|---|
| 对照组 | 替代强化 | -2.375* | .429 | .000 |
| | 直接强化 | -4.8* | .429 | .000 |
| 替代强化 | 对照组 | 2.375* | .429 | .000 |
| | 直接强化 | -2.425* | .429 | .000 |
| 直接强化 | 对照组 | 4.8* | .429 | .000 |
| | 替代强化 | 2.425* | .429 | .000 |

对照组信任者的投资金额的提高幅度显著低于替代强化组（$p$=0.00<0.01）与直接强化组（$p$=0.00<0.01）；而替代强化组的投资金额的提高幅度又显著低于直接强化组（$p$=0.00<0.01）。这说明这三组的信任培养效果是有差异的，依次为直接强化组显著好于替代强化组，替代强化组又显著好于对照组。由此研究结果证实研究假设H2。

### 4. 实验范式的影响

实验1和实验2均验证了信任水平是可以通过直接强化和替代强化的方式来培养的。但从培养效果来看，替代强化显著低于直接强化，两个实验的结论基本一致。研究进一步对两个博弈实验的结果进行对比。为了解博弈实验范式对实验结果的影响，将实验类型作为自变量引入分析，分析结果见表3-9、3-10、3-11和图3-5、3-6、3-7。

表 3-9　初始信任跨实验范式比较

| 差异来源 | SS | df | MS | F | p | 偏 $\eta^2$ |
|---|---|---|---|---|---|---|
| 培养策略 | 31.538 | 1 | 31.538 | 10.395 | .001 | .043 |
| 实验类型 | 1.358 | 2 | .679 | .224 | .800 | .002 |
| 培养策略*实验类型 | 1.575 | 2 | .788 | .260 | .772 | .002 |
| 误差 | 709.925 | 234 | 3.034 | | | |

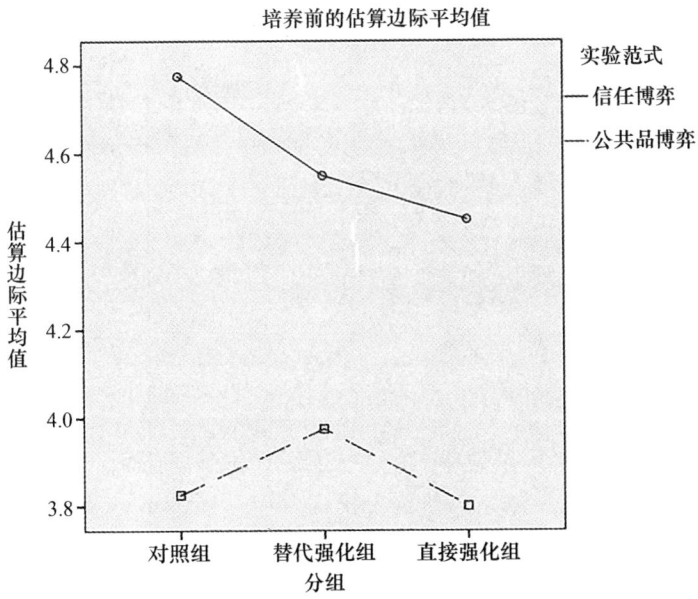

图 3-5 实验范式对初始信任水平的影响

表3-9、图3-5结果显示，实验1和实验2数据合并后，实验范式的主效应显著，表明数据的差异主要是实验范式不同引起的。六人公共品博弈的信任者的初始投资金额（即初始信任水平）显著小于两人信任博弈中的信任者的初始投资金额，$F=10.395$，$p=0.001<0.00$，偏 $\eta^2=0.043$，属小效果量。

培养后的信任水平反映的是信任关系经过不同策略的培养能达到何种水平。跨实验比较结果见表3-10和图3-6。

表 3-10 培养后信任水平跨实验范式比较

| 差异来源 | SS | df | MS | F | P | 偏 $\eta^2$ |
| --- | --- | --- | --- | --- | --- | --- |
| 培养策略 | 704.91 | 2 | 352.45 | 105.95 | 0.000 | 0.48 |
| 实验类型 | 30.82 | 1 | 30.82 | 9.26 | 0.003 | 0.04 |
| 培养策略 * 实验类型 | 14.56 | 2 | 7.28 | 2.19 | 0.114 | 0.02 |
| 误差 | 778.45 | 234 | 3.33 | | | |

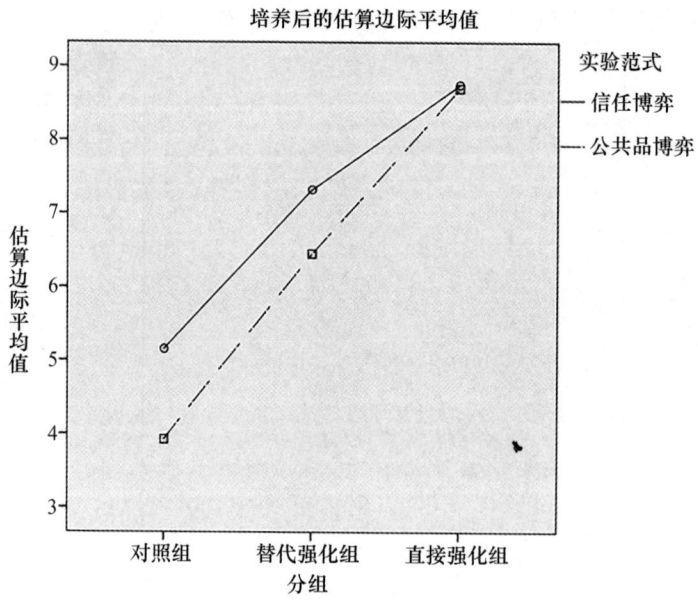

图 3-6　实验范式对培养后信任的影响

表3-10、图3-6结果显示，实验类型（$F$=9.26，$p$=0.003<0.01，偏 $\eta^2$=0.04，属小效果量）和培养策略（$F$=105.95，$p$=0.000<0.01，偏 $\eta^2$=0.48，属大效果量）的主效应显著，表明数据的差异受实验范式与培养策略的双重影响，培养策略的效果大于实验范式的作用。

培养策略多重比较的结果见表3-11，说明数据合并后的培养策略的效果和数据合并前一致，培养策略的效果均有：直接强化>替代强化>对照组。

表 3-11　信任培养策略的跨实验多重比较结果

| （I）分组 | （J）分组 | 平均值差值（I-J） | SD | p |
|---|---|---|---|---|
| 对照组 | 替代强化组 | -2.35* | .288 | .000 |
| | 直接强化组 | -4.19* | .288 | .000 |
| 替代强化组 | 对照组 | 2.35* | .288 | .000 |
| | 直接强化组 | -1.84* | .288 | .000 |
| 直接强化组 | 对照组 | 4.19* | .288 | .000 |
| | 替代强化组 | 1.84* | .288 | .000 |

　　信任培养策略前后的信任水平变化反映了信任培养的效果，跨实验对比结果见表3-12、3-13和图3-7。

表 3-12　信任水平变化的跨实验比较结果

| 差异来源 | $SS$ | $df$ | $MS$ | $F$ | $P$ | 偏 $\eta^2$ |
|---|---|---|---|---|---|---|
| 培养策略 | 763.53 | 2 | 381.76 | 86.07 | 0.00 | 0.42 |
| 实验类型 | 0.00 | 1 | 0.00 | 0.00 | 0.98 | 0.00 |
| 培养策略 * 实验类型 | 10.51 | 2 | 5.25 | 1.19 | 0.31 | 0.01 |
| 误差 | 1037.93 | 234 | 4.44 | | | |

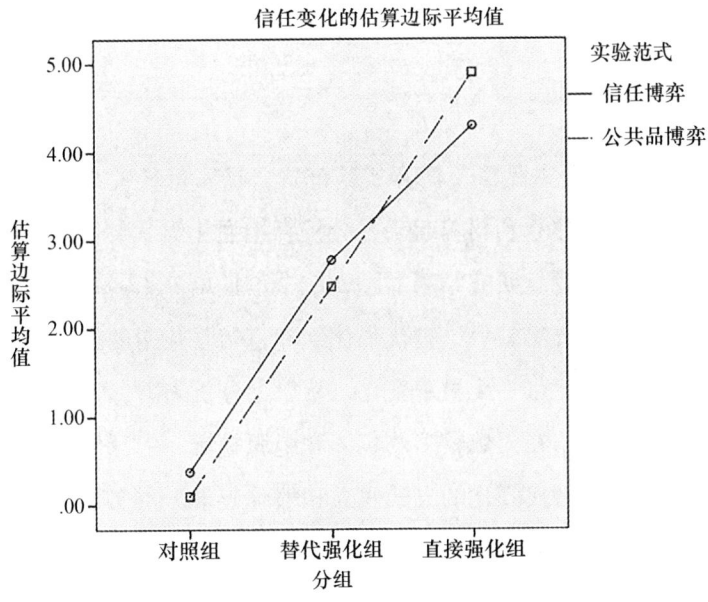

图 3-7　实验范式对信任培养效果的影响

　　结果显示，信任培养效果受培养策略（$F=86.07$，$p=0.000<0.001$，偏 $\eta^2=0.42$，属大效果量）影响，不存在实验范式效应（$F=0.00$，$p=0.98>0.05$）。这一结果表明了信任培养策略的跨情境一致性。

表 3-13　跨实验范式信任培养策略多重比较结果

| （I）分组 | （J）分组 | 平均值差值（I-J） | 标准误差 | 显著性 |
|---|---|---|---|---|
| 对照组 | 替代强化组 | -2.39* | .33 | .000 |
|  | 直接强化组 | -4.36* | .33 | .000 |
| 替代强化组 | 对照组 | 2.39* | .33 | .000 |
|  | 直接强化组 | -1.98* | .33 | .000 |
| 直接强化组 | 对照组 | 4.36* | .33 | .000 |
|  | 替代强化组 | 1.98* | .33 | .000 |

表3-13数据显示，就信任培养效果而言，直接强化组>替代强化组>对照组，进一步表明了信任培养策略具有跨情境的一致性。

## （五）讨论

实验2采用六人公共品重复博弈实验范式，探索信任关系能否通过观察学习等替代强化的方式建立和培养起来，分析直接强化组、替代强化组和对照组的信任水平的差异问题。研究结果显示，三个信任培养组的初始信任水平无显著差异。但在信任培养实验后，替代强化组和直接强化组的信任水平均有显著提升，而对照组的信任水平无显著变化。从以上分析来看，实验1和实验2的结论基本一致。这说明，在人数较多的集体和组织领域，人际信任或组织信任也可以通过观察学习等替代强化的方式建立和培养起来。本实验结果也与班杜拉社会学习一致。社会学习理论认为，个体通过观察社会领域中他人的行为和他人所受到的强化反馈来习得某种行为或准则。通过社会学习，个体可以逐渐掌握群体内外共同应该遵守的行为准则和行为经验等。因此，人类的社会学习对其适应环境和生长发展具有十分重要的意义。这也提示我们，在人际信任和社会信任领域，树立好的榜样、加强监管、加大惩戒措施的力度对提升社会诚信水平的重要性。研究一同时运用信任博弈实验范式（实验1）和公共品博弈实验范式（实验2）进行研究，主要目的在于增加研究的外部效度。也就是说，如果研究一的结论在两种博弈实验范式中都得到了一致的结果，说明研究一的结果具有稳定性，这种稳定性能为结论的可推广性提供依据（Rietzchel，Wisse & Rupp，2017）。

此外，研究还通过对两个实验的初始信任水平以及培养策略的效果进行对比，发现公共品博弈的信任者投资金额（即信任水平），无论是培养前还是培养后，均小于两人信任博弈中的信任者投资金额。两个实验类型的主效应显著，表明数据的差异主要是实验类型不同引起的。这可能是因为在两人博弈实验中，除信任者（投资人）以外，只有被信任者（代理人）。如果信任者投资的金额过低，被信任者能直接感受到这种低信任水平，很可能导致被信任者的返回金额也低（低信任度），这样就很难实现双方共赢的目标。另外，出于社会赞许效应，被试不想让他人（比如实验助手、主试等）因为自己投资的金额过低，而让自己没面子。因此，在两人信任博弈中，被试在实验初期和后期的投资金额都比六人公共品博弈的投资金额要高。而在六人公共品博弈中，被试以为除了自己，另外还有五人也在参加博弈实验。如果自己偷偷地搭便车，而使自己获得更大的收益，可能不易被发现。因此在实验的初期和后期的投资金额都要比两人博弈的投资金额要低。这一现象说明，对于人际信任领域，有关部门的监督（不想让实验助手知道）和舆论的压力（社会赞许效应），都是促使个体诚实守信的重要条件。研究一通过对两个实验的培养策略进行对比，发现不同实验类型的对照组信任变化差异不显著；但替代强化组中，公共品博弈的信任水平增幅显著低于信任博弈中的信任水平增幅；而直接强化组中，这个差异扩大得更加明显。由于没有研究对两人信任博弈和六人公共品博弈的实验结果进行对比，因此该结果只能从实验范式本身来阐述了。梅奥等人的霍桑效应表明，员工的工作效率不仅受福利、待遇的影响还会受到工作中的人际关系的影响。泰罗的管理效率理论认为，工人劳动存在一种"最佳"工作方式，管理人员应当去发现、寻求并确定"最佳方式"，使工人按照"最佳方式"完成每项工作（车丽萍、秦启文，2016）。因此，从管理效率的角度而言，六人工作模式的人际关系还不如两人的工作模式，这种工作模式的不同还可能会影响工作效率。对于这一有趣的结果，也许能用我国的一句谚语来解释："两个和尚抬水喝，三个和尚没水喝。"这是因为，在集体活动中，如果每个人的责权利都很明确，大家互相信任、合作共赢，所有人就有获利的动力和可能受惩罚的压力。但在六人博弈中，由于人数众多，责权利不明晰，就容易导致相互不信任、相互推诿以及搭便车的情形。因此，无论是替代强化还是直接强化，其信任水平的增幅都显著低于两人信任博弈的增幅。这说明，在社会信任和人际信任方面，组织要明确个体的责任和权利，对于守信者要奖励而对于失信者则要处罚。否则会导致整个社会信任水平低下，甚至引发社会信任危机。

## （六）结论

（1）信任关系能以直接强化和替代强化的方式建立和培养起来。

（2）不同培养方式下培养的信任水平存在差异，直接强化组的信任水平高于替代强化组，替代强化组的信任水平又高于对照组。

（3）直接强化组和替代强化组的信任水平在信任培养前低于信任培养后。但对照组的信任水平没有变化。

（4）六人公共品博弈范式下的初始信任水平和培养策略的效果均低于两人信任博弈范式下的初始信任水平和培养策略的效果。

# 第四章 研究二：道歉与补偿策略的修复作用

## 一 研究背景

在信任关系中，信任者和被信任者是两个相互联系的主体。一旦发生信任违背事件，信任者对被信任者的信任意向或信任信念就会降低（Kim，Dirks & Cooper，2009）。现有研究普遍认可将信任违背分为能力型违背、正直型违背和善心型违背三种类型（严瑜、吴霞，2016）。在经济行为学领域，已有研究主要针对能力型违背和正直型违背两种类型开展实验研究。信任违背类型主要是从信任受损的原因来分类的。能力型违背是指因被信任者能力问题而导致没有达到信任者期望所产生的违背，正直型违背是指因信任者诚信问题而导致双方关系受损所产生的违背。前人研究表明，一旦发生了信任违背事件，将会损害合作和谈判的结果（Croson et al.，2003；Lount et al.，2008）、降低组织承诺（Robinson，1996）、引发报复（Bies & Tripp，1996）、激发负性情感（Bies & Tripp，1996）、降低政党之间的合作（Bottom et al.，2002），甚至导致组织层面的彻底失败（Gillespie & Dietz，2009）。因此，信任违背后的信任修复以及信任关系的重建，就成为学者们重点关注的研究领域。

实验3拟在重复验证实验1的基础上，进一步对三个不同信任培养组在两种信任违背条件的修复策略的效果进行比较。

在信任修复领域，Lewicki（2017）把修复策略分为短期修复策略和长期修复策略。在短期修复策略中，研究者普遍认为主要包括言语修复策略和实质性修复策略，前者主要包括叙述、借口、解释、道歉、承诺、否认等，后者主要包括经济补偿或惩罚等。长期修复策略主要是针对组织管理领域而言，在人际交往领域用得较少。现有关于信任修复策略的研究发现，道歉是在信任修复领域研究得最多、最广泛的修复策略（Lewicki，2017）。信任违背事件发生后，道歉不仅包括对事件原因进行解释，还通过添加诸如后悔、对违法行为承担责任等情感内容来进行"个性化"解释，并表达了在未来的行为将会改变的意愿（Lockey，2017）。道歉是对自身人品的一种"自我否定式肯定"，通过道歉，可以树立自身"诚实""勇于承担"的形象，因此道歉对信任的修复是通过重塑"人品"通道来实现的。袁博（2017）等人对道歉在信任修复中的作用的元分析（*N*=4731）表明，道歉在信任修复中起到一定的修复人际关系的作用。有学者认为道歉在信任修复中的效果较好，而且内部归因的道歉比外部归因的道歉更为有效（Bottom et al.，2002；Tomlinson，Dineen & Lewicki，2004）。Tomlinson等人（2004）回顾了近二十年的文献和数据，为道歉在信任和关系修复中的重要性提供了实证支持。他们的研究结果证实，道歉更为有效：（a）与信任违背后没有道歉相比；（b）当被认为是真诚的；（c）当道歉者对造成违背行为承担个人责任时；（d）当违背信任后不久就表达道歉；（e）当违背事件被视为孤立事件时；以及（f）当双方已经建立了一个牢固、积极的关系。此外，综合已有信任修复的实验研究来看（见表1-5），在纳入的32项实验研究中，道歉在言语修复策略中占的比例最多，为68%。

　　实质性修复策略主要包括经济补偿或惩罚等。结合已有信任修复的实验研究来看（见表1-5），在纳入的32项实验研究中，实质性修复策略中经济补偿占的比例最多，为47%。有研究者（Farrell & Rabin，1996）认为，解释和道歉只不过是"廉价的谈话"，只有直接的赔偿才能有效。Fehr等人（2010）得出的结论是，如果道歉充分表达了违背者对受害人所造成的负面后果的理解，那么仅道歉就可能有效。Coombs & Holladay（2008）发现补偿和道歉在修复关系方面同样有效。另外，Bottom等人（2002）表明，在修复长期合作方面，赔偿显然比道歉更重要。同样，有研究表明经济补偿策略从信任者的角度而言能有效促进信任关系的修复（Lewicki et al.，2005），且提高补偿额度更有利于保持两者的合作关系（Desmet et al.，2011）。但是，还有研究表明道歉和补偿的联合作用比任何一个的单独作用都大（Lewicki，2017）。例如，De Cremer（2010）证明，当受害人遭受直接经济损失时，经济补偿更为重要。而当受害人损失的不完全是钱的时候，比如名誉、面子等，道歉更为有效。Haesevoets等人（2013）发现道歉"增加"了赔偿金，有形赔偿只有在充分弥补受害人遭受的损害时才有效。综上所述，补偿在有的情境下可能是比道歉更有效的信任修复策略。但现有研究并未明确指出，经济补偿额度是多少时才能完全弥补受害者的损失（Desmet，2010）。已有研究表明，部分补偿无法完全修复被破坏的信任关系和合作关系（Bottom，2002；Desmet et al.，2011；Kim et al.，2004），但高额补偿或过度补偿可能可以取得更好的修复效果或合作关系（Haesevotets et al.，2013；De Cremer & Van Knippenberg，2004）。另外，有研究者推测，在受害者因信任违背行为而造成的经济损失没有得到完全弥补的情况下，如果增加一些针对关系修复的情感策略（如道歉），可能有助于维护这种关系（Haesevotets et al.，2013）。因此，本研究认为，如果结合言语修复策略中最有效的道歉策略和实质性修复策略中的经济补偿策略，也就是道歉+补偿的策略可能是一个更有效的修复策略。

　　Ferrin（2007a，b）等人和Kim（2004，2006）等人的一系列开创性研究，研究了道歉与其他口头回应对信任修复的影响。他们发现道歉的有效性很大程度上取决于信任违背的类型（能力、善心或正直）。当信任违背为能力型时，道歉更为有效。当信任违背为正直型时，否认更为有效。因为能力错误可以被解释为一个可纠正的"错误"，可以通过后续行动加以纠正和补救。然而，承认并为违背诚信行为道歉意味着违背者的品德有问题，任何道歉或保证都不足以修复完全的信任。因此，相对而言，否认违背行为被视为是更好的反应。不难看出，不同修复策略的效果并不是一成不变的，而是因违背类型、修复策略的不同而不同。令研究者感兴趣的是一个更为复杂的问题：不同性质的信任（普遍信任和特殊信任）在经历了不同违背类型（正直型违背和能力型违背）的情境下，道歉及经济补偿等策略的修复效果有哪些方面的差异。因此，研究二拟在研究一的基础上，就这一目标展开研究。虽然现有研究对于经济补偿额度是多少才能完全弥补受害者的损失问题并未形成定论，但已有研究发现，部分补偿无法完全修复被破坏的信任关系和合作关系。因此，本研究把经济补偿策略的额度定为完全补偿和两倍补偿两个水平，而不考虑部分补偿的水平，以减少数据处理的繁琐性。基于此，研究二的信任修复策略一共有五种：道歉、完全补偿、两倍补偿、道歉+完全补偿、道歉+两倍补偿。另外，有研究者认为，信任修复并不意味着信任恢复（严瑜、吴霞，2016），受损的信任关系只能在一定程度上得到修复，但很难修复到初始信任水平（Schweitzer，Hershey & Bradlow，2006；姚琦等，2012）。

同样，研究二也采用两人信任博弈和六人公共品博弈范式开展研究，形成实验3和实验4。

## 二　实验3：信任博弈范式下的信任修复策略实验

### （一）研究目的

实验3的研究目的有四个：一是重复验证实验1的结论，验证在两人信任博弈实验的范式下，直接强化和替代强化能否建立和培养两人的信任关系，提高信任者对被信任者的信任水平；二是探讨不同信任违背条件下，信任损害的程度，包含初始信任的损害、培养后信任的损害；三是探索不同信任违背条件下不同信任修复策略的效果差异；四是探讨信任修复策略是否能让信任水平完全修复到初始水平甚至培养后信任的水平。

### （二）研究假设

H1：不同信任培养组的培养效果存在差异：直接强化组的培养效果高于替代强化组，而替代强化组的培养效果又高于对照组。

H2：违背类型对初始信任的损害有影响，但违背类型对培养后的信任损害没有影响。

H3：违背类型和修复策略会影响信任修复效果，即违背类型和修复策略主效应显著。不同违背类型条件下，信任修复策略的作用也不同，即交互效应也显著。在正直型违背条件下，道歉+完全补偿、道歉+两倍补偿的修复策略好于道歉、完全补偿和两倍补偿策略；在能力型违背条件下，道歉+两倍补偿的修复策略好于其它四种修复策略的修复效果。

H4：信任修复策略只能起到对信任的部分修复作用，不能让信任水平完全修复到初始信任水平。

## （三）实验方法

### 1. 被试

通过张贴海报，公开、有偿地招募了南昌市两所高校共240名被试，皆为在校本科生。要求是被试人员没有博弈实验经验，且为非心理学类专业。没有被试对实验真实性持怀疑态度。被试年龄在17岁-26岁之间，平均年龄是21.20岁，标准差2.32岁，最后得女生116人，男生124人；来自城镇的学生96名，农村的144人；独生子女110人，非独生子女130名。被试的平均月消费水平为1421元，标准差为499元。3位被试为左利手，经询问，其中1位被试要求将鼠标左右键功能对换，遵照其意愿更换左右键功能。所有被试近两周内没有生理疾病且未患过心理疾病，视力或矫正视力正常。开始实验前，由主试和实验助手统一向被试介绍实验过程、注意事项及实验报酬，并逐个确认被试是否知情，对不了解情况的被试进行详细解释。之后统一发放知情同意书，被试当场签署知情同意书。实验结束后，根据实验程序的反馈，研究者给予被试适当报酬。实验中的所有程序均接受学校学术伦理委员会的审查并通过。

### 2. 实验设计

总体实验采用3×2×5被试间实验设计，以信任培养策略（替代强化、直接强化和无强化）、信任违背类型（正直型违背、能力型违背）和信任修复策略（道歉、完全补偿、两倍补偿、道歉+完全补偿、道歉+两倍补偿）为自变量，因变量为以下三个阶段的因变量的设置。情绪为控制变量。需要解释的是，虽然研究一未发现情绪的影响显著，但不能排除其对信任违背和修复的影响，因此仍然对其进行控制。

第一阶段：信任培养阶段。实验采用单因素实验设计，以培养类型为自变量，共分三个组，每组80人。实验随机把240名被试分为三组，分别是直接强化组、替代强化组和对照组。因变量为信任培养前后信任者（投资人）投资的金额之差（变量名为"信任变化"）。

第二阶段：信任违背阶段。实验按照分层随机抽样原则，以培养类型为层变量，将每种培养类型的80名被试平均分为两个组，即正直型违背组和能力型违背组，即得到3×2=6的实验分组。从违背类型分组看，正直型违背组和能力型违背组各120人。因变量为信任违背前后信任者（投资人）投资的金额之差（变量名为"信任变化"）。

第三阶段，信任修复阶段。实验仍然采用分层随机原则，将第二阶段的6组进行分组，每组40人。层变量为培养类型和违背类型的组合，每组随机分为5个小组，5个小组又随机分配到5个修复实验组，即道歉组、完全补偿组、两倍补偿组、道歉+完全补偿组、道歉+两倍补偿组。从策略组的被试分组来看，每个策略组有48名被试。因变量为信任修复前后信任者（投资人）投资的金额之差（变量名为"信任变化"）。

需要说明的是，本实验的3×2×5被试间实验设计实际上指的是被试的分组方案，目的是通过将不同阶段的自变量作为层变量对被试进行随机分组。以使各组被试更加同质，这样能更好地避免抽样误差。

3. 实验程序

首先，被试在接待室中阅读打印的实验过程说明。之后主试阅读实验指导语，告知被试将以投资人或代理人的身份进行一项投资活动，具体什么角色取决于电脑随机抽样的结果。事实上所有被试均为投资人角色，代理人均为电脑程序虚拟。同时告知被试有权获得实验报酬和有权在感到不适的情况下随时退出实验，但希望被试能尽量完成实验。确认被试均知情之后，发放知情同意书。所有被试签署知情同意书后统一由实验助手收集保管。实验助手安排被试抽签决定自己的实验室号和实验顺序号。每个被试都在独立的实验室进行实验。主试宣布实验纪律，要求不得使用手机，有问题可以求助于实验助手。开始博弈实验后，实验助手维持现场秩序并解答或解决问题。信任修复实验结束后，进行《积极情绪和消极情绪（PANAS）》测验，并发放实验报酬。整个实验过程大约30分钟，具体流程见图4-1。实验程序仍采用网页编程，利用Javascript脚本编程实现对前端实验流程页面的控制，后台服务器程序用PHP编程实现数据实时收集。经过测试和预实验，对实验设计中的不足进行完善后正式开放。

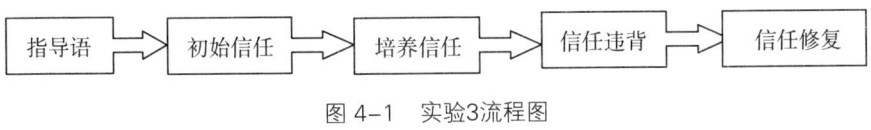

图 4-1　实验3流程图

第一步：呈现总指导语。总指导语的呈现时间由被试控制，当被试理解了指导语后，则进入个人匿名信息填写页面。收集的信息包括性别、长期居住地、年龄、是否独生子女等。

第二步和第三步是初始信任阶段、信任培养阶段，和研究一中实验1相应部分的程序完全相同，因此不再赘述。

第四步：信任违背。将信任培养阶段（直接强化组、替代强化组和对照组）每组被试随机分配为人数相同的两个小组，共6个小组，每组40人。从信任违背类型上分，每组各120人。实验处理的不同水平是通过设置"意外事件"来实现的。

屏幕出现如下内容：

网络实验系统发现实验出现异常，正在查找原因并设法修复，请休息5分钟。系统修复正常后，您需要和刚才博弈的博弈者继续完成后续博弈。

被试休息5分钟后，实验助手通知被试继续实验。不同实验组的屏幕呈现反馈信息如下：

能力型违背组：刚才的意外已经查明原因。系统侦测到了与您同组的博弈者非正常关机，导致您的投资没有返还，您的账户受到损失。原因是该博弈者对电脑操作不当造成系统关闭。为纠正这次错误，系统重新给每位投资者分配10个网络币，请重新投资。

正直型违背组：刚才的意外已经查明原因。系统侦测到了与您同组的博弈者非正常关机，导致您的投资没有返还，您的账户受到损失。原因是该博弈者不想返还任何网络币又不想被发现，企图强制关机以制造电脑故障的假象。为纠正这次错误，系统重新给每位投资者分配10个网络币，请重新投资。

屏幕呈现如下内容：您获得10个网络币。您准备投资（　　）个网络币？请填入您投资的数额，数字范围要求在0-10之间。

被试投资结束即进入信任修复博弈界面。

第五步：信任修复。

不同信任修复策略组的实验指导语分别如下：

"完全补偿"：系统刚刚接到实验老师的信息：您的博弈对象即博弈者联系了主持实验的老师，这位博弈者已经补偿了您因电脑关机而造成的损失。系统决定请您们这组博弈者重新进行一次博弈。

"道歉"：系统刚刚接到实验老师的信息：您的博弈对象即博弈者联系了主持实验的老师，这位博弈者对自己的电脑关机时您受到的损失表示后悔，请实验老师转达深深的歉意。系统决定请您们这组博弈者重新进行一次博弈。

"两倍补偿"：系统刚刚接到实验老师的信息：您的博弈对象即博弈者联系了主持实验的老师，这位博弈者已经加倍补偿了您因电脑关机而造成的损失。系统决定请您们这组博弈者重新进行一次博弈。

"道歉+完全补偿"：系统刚刚接到实验老师的信息：您的博弈对象即博弈者联系了主持实验的老师，这位博弈者对自己电脑关机时您受到的损失表示后悔，请实验老师转达深深的歉意，同时补偿了您因电脑关机而造成的损失。系统决定请您们这组博弈者重新进行一次博弈。

"道歉+两倍补偿"：系统刚刚接到实验老师的信息：您的博弈对象即博弈者联系了主持实验的老师，这位博弈者对自己电脑关机时您受到的损失表示后悔，请实验老师转达深深的歉意，同时加倍补偿了您因电脑关机而造成的损失。系统决定请您们这组博弈者重新进行一次博弈。

等待约5秒左右，进入博弈界面，屏幕呈现：

请和这位博弈者重新博弈一次：

您已经获得公共帐户发放的10个网络币。您准备投资（ ）个网络币？请填入您投资的数额，数字范围要求在0-10之间。

最后进行情绪量表测试。

被试完成博弈实验后，继续参加《积极和消极情绪量表（PANAS）》测试。积极和消极情绪两个分量表的一致性信度分别为0.81和0.84。实验结束后，询问被试对实验真实性的判断，结果发现，有两位被试对实验真实性表示怀疑。

最后，实验助手登记被试帐户里的网络币收益情况，并按1：1的比例兑现。同时告知被试实验真相，以消除实验处理对被试的影响。

## （四）实验结果

### 1. 人口学变量与情绪变量的影响

首先对人口学变量与控制变量的影响进行检验，其中年龄、月均消费、积极情绪（$M=4.065$，$SD=1.326$）和消极情绪（$M=3.087$，$SD=0.9685$）作为协变量，其余变量作为被试间变量，以信任培养效果（培养后信任投资额－初始信任投资额）为因变量进行协方差分析。

表4-1 人口学变量与情绪变量对信任培养的影响

| | $SS$ | $df$ | $MS$ | $F$ | $p$ | 偏$\eta^2$ |
|---|---|---|---|---|---|---|
| 性别 | 4.419 | 1 | 4.419 | 1.239 | .267 | .005 |
| 城乡 | 1.273 | 1 | 1.273 | .357 | .551 | .002 |
| 独生子女 | 2.015 | 1 | 2.015 | .565 | .453 | .002 |
| 消极情绪 | .711 | 1 | .711 | .199 | .656 | .001 |
| 积极情绪 | 2.936 | 1 | 2.936 | .823 | .365 | .004 |
| 月均消费 | 1.127 | 1 | 1.127 | .316 | .575 | .001 |
| 年龄 | 5.962 | 1 | 5.962 | 1.671 | .197 | .007 |
| 性别 * 城乡 | 9.732 | 1 | 9.732 | 2.728 | .100 | .012 |
| 城乡 * 独生子女 | .536 | 1 | .536 | .150 | .699 | .001 |
| 性别 * 独生子女 | .210 | 1 | .210 | .059 | .808 | .000 |
| 性别 * 城乡 * 独生子女 | .551 | 1 | .551 | .154 | .695 | .001 |
| 误差 | 813.341 | 228 | 3.567 | | | |

由表4-1知，人口学变量与情绪变量不影响初始信任培养前后的变化，因此在后续相关分析中不予纳入分析。

## 2. 信任培养的效果检验

表4-2对信任培养实验前后各策略组的基本情况进行描述，表4-3对信任培养策略的效果进行检验，表4-4和4-5对各策略效果的差异进行检验。

表 4-2　信任培养前后的描述统计量

| 培养策略 | | M | N | SD | SE |
|---|---|---|---|---|---|
| 对照组 | 培养后信任 | 5.89 | 80 | 2.10 | .24 |
| | 初始信任 | 5.78 | 80 | 1.76 | .20 |
| 替代强化 | 培养后信任 | 8.41 | 80 | 1.63 | .18 |
| | 初始信任 | 6.06 | 80 | 1.87 | .21 |
| 直接强化 | 培养后信任 | 9.05 | 80 | 1.43 | .16 |
| | 初始信任 | 5.68 | 80 | 1.82 | .20 |

由表4-2可知，对照组信任培养实验前后平均数差异不大，替代强化组和直接强化组的差异较大。

表 4-3　信任培养策略的效果检验（培养后信任–初始信任）

| 分组 | M | S | t | df | p | d |
|---|---|---|---|---|---|---|
| 对照组 | .11 | 1.44 | .70 | 79 | .49 | 0.08 |
| 替代强化 | 2.35 | 1.01 | 20.86 | 79 | .00 | 2.33 |
| 直接强化 | 3.38 | 1.42 | 21.30 | 79 | .00 | 2.38 |

由表4-3可知，替代强化组和直接强化组培养后信任显著高于培养前信任水平，对照组不显著，故认为替代强化（$d=2.33$，大效果量）和直接强化（$d=2.38$，大效果量）均对信任培养有效。

表 4-4　不同信任培养策略的效果

| 变异源 | SS | df | MS | F | p | 偏 $\eta^2$ |
|---|---|---|---|---|---|---|
| 培养策略 | 445.36 | 2 | 222.68 | 130.98 | .00 | .53 |
| 误差 | 402.94 | 237 | 1.70 | | | |

表4-4表明，不同培养策略的差异显著，$p=0.000<0.01$，偏 $\eta^2=0.53$，属大效果量。进一步进行多重比较，结果见表4-5。

表 4-5　信任培养策略的多重比较

| （I）培养策略 | （J）培养策略 | 平均值差值（I-J） | SE | p | 95% 置信区间 | |
| --- | --- | --- | --- | --- | --- | --- |
| | | | | | 下限 | 上限 |
| 对照组 | 替代强化 | -2.24* | .21 | .00 | -2.64 | -1.83 |
| | 直接强化 | -3.26* | .21 | .00 | -3.67 | -2.86 |
| 替代强化 | 对照组 | 2.24* | .21 | .00 | 1.83 | 2.64 |
| | 直接强化 | -1.03* | .21 | .00 | -1.43 | -.62 |
| 直接强化 | 对照组 | 3.26* | .21 | .00 | 2.86 | 3.67 |
| | 替代强化 | 1.03* | .21 | .00 | .62 | 1.43 |

表4-5表明，不同信任培养策略的效果为：直接强化>替代强化>对照组。

## 3. 信任违背的检验

信任违背的效应检验，是为了探明信任违背后信任程度是否发生变化。要回答的问题是：信任违背后，信任投资额是否下降。由于信任违背被区分为两种类型：能力型违背和正直型违背。因此对两种信任的违背效应均予以检验。各种条件下信任违背前后投资额配对样本t检验结果如表4-6和4-7所示。

表 4-6　初始信任的破坏结果

| 违背类型 | 培养策略 | M | SD | t | df | p | d |
| --- | --- | --- | --- | --- | --- | --- | --- |
| 能力型 | 对照组 | 3.48 | 1.89 | 11.60 | 39 | .00 | 1.83 |
| | 替代强化 | 3.00 | 1.48 | 12.78 | 39 | .00 | 2.02 |
| | 直接强化 | 3.10 | 1.37 | 14.27 | 39 | .00 | 2.26 |
| 正直型 | 对照组 | 2.70 | 2.05 | 8.32 | 39 | .00 | 1.32 |
| | 替代强化 | 3.18 | 1.57 | 12.81 | 39 | .00 | 2.03 |
| | 直接强化 | 3.08 | 1.35 | 14.44 | 39 | .00 | 2.28 |

表 4-7　培养后信任的破坏结果

| 违背类型 | 培养策略 | $M$ | $S$ | $t$ | $df$ | $p$ | $d$ |
|---|---|---|---|---|---|---|---|
| | 对照组 | 3.28 | 1.75 | 11.81 | 39 | .00 | 1.87 |
| 能力型 | 替代强化 | 5.30 | 1.77 | 18.92 | 39 | .00 | 2.99 |
| | 直接强化 | 6.53 | 2.03 | 20.38 | 39 | .00 | 3.22 |
| | 对照组 | 3.13 | 2.23 | 8.85 | 39 | .00 | 1.40 |
| 正直型 | 替代强化 | 5.58 | 2.11 | 16.70 | 39 | .00 | 2.64 |
| | 直接强化 | 6.40 | 1.84 | 22.04 | 39 | .00 | 3.48 |

由上表可知，正直型违背和能力型违背条件下，信任破坏造成的信任投资下降显著，且由 $d$ 值可知均为大效果量。其中初始信任破坏度指标为初始信任投资额减去违背后信任投资额，培养后信任破坏度指标为培养后信任投资额减去违背后信任投资额。

### 4. 信任修复效果检验

信任修复部分实验要证明：（1）信任在破坏后可以修复。为此需验证修复策略实施后的信任水平是否显著高于信任违背后的信任水平。（2）违背后信任水平不能修复到初始信任水平。为此需验证修复后的信任水平是否小于初始信任水平。此外，若修复效应显著，可进一步分析影响信任修复效果的因素是哪些。

（1）信任修复的效果

首先对各种信任修复策略的效果进行检验。

表4-8是基本描述统计量，可知修复后的信任投资额普遍高于违背后的信任投资额。

表 4-8 信任修复前后信任投资额描述统计

| 违背类型 | 修复策略 | | $M$ | $N$ | $SD$ | $SE$ |
|---|---|---|---|---|---|---|
| 能力型 | 道歉 | 修复后信任 | 3.50 | 24 | 2.98 | .61 |
| | | 违背后信任 | 2.17 | 24 | 2.51 | .513 |
| | 道歉+两倍补偿 | 修复后信任 | 5.54 | 24 | 1.98 | .40 |
| | | 违背后信任 | 2.96 | 24 | 2.01 | .41 |
| | 道歉+完全补偿 | 修复后信任 | 4.42 | 24 | 2.72 | .56 |
| | | 违背后信任 | 2.63 | 24 | 1.84 | .38 |
| | 两倍补偿 | 修复后信任 | 4.75 | 24 | 2.89 | .59 |
| | | 违背后信任 | 3.13 | 24 | 2.51 | .51 |
| | 完全补偿 | 修复后信任 | 4.29 | 24 | 2.81 | .57 |
| | | 违背后信任 | 2.75 | 24 | 2.54 | .51 |
| 正直型 | 道歉 | 修复后信任 | 3.08 | 24 | 2.21 | .45 |
| | | 违背后信任 | 2.54 | 24 | 2.15 | .44 |
| | 道歉+两倍补偿 | 修复后信任 | 4.88 | 24 | 2.89 | .59 |
| | | 违背后信任 | 3.38 | 24 | 2.89 | .59 |
| | 道歉+完全补偿 | 修复后信任 | 4.46 | 24 | 2.87 | .59 |
| | | 违背后信任 | 2.79 | 24 | 2.15 | .438 |
| | 两倍补偿 | 修复后信任 | 3.71 | 24 | 2.20 | .45 |
| | | 违背后信任 | 2.42 | 24 | 2.00 | .41 |
| | 完全补偿 | 修复后信任 | 3.75 | 24 | 2.56 | .52 |
| | | 违背后信任 | 2.75 | 24 | 2.42 | .49 |

表4-9是各修复策略在不同违背类型下的效果检验，使用的统计方法为配对样本$t$检验。

表4-9　各修复策略效应的配对样本t检验

| 违背类型 | 修复策略 | M | SD | t | df | p | d |
|---|---|---|---|---|---|---|---|
| 能力型 | 道歉 | 1.33 | 1.34 | 4.87 | 23 | .00 | 0.99 |
| | 道歉+两倍补偿 | 2.58 | .93 | 13.63 | 23 | .00 | 2.78 |
| | 道歉+完全补偿 | 1.79 | 1.67 | 5.26 | 23 | .00 | 1.07 |
| | 两倍补偿 | 1.63 | 1.01 | 7.86 | 23 | .00 | 1.60 |
| | 完全补偿 | 1.54 | 1.14 | 6.62 | 23 | .00 | 1.35 |
| 正直型 | 道歉 | .54 | 1.61 | 1.64 | 23 | .11 | 0.34 |
| | 道歉+两倍补偿 | 1.50 | 1.06 | 6.91 | 23 | .00 | 1.41 |
| | 道歉+完全补偿 | 1.67 | 1.37 | 5.95 | 23 | .00 | 1.21 |
| | 两倍补偿 | 1.29 | 2.20 | 2.88 | 23 | .01 | 0.59 |
| | 完全补偿 | 1.00 | 1.22 | 4.03 | 23 | .00 | 0.82 |

由表4-9可知，正直型违背条件下，道歉的效果不显著，$p=.11>0.05$，其余条件下信任修复效果均显著。为确定哪种信任修复策略效果更好，进一步进行差异分析，以信任修复度（修复后信任减去违背后信任）为因变量，信任修复策略、违背类型为自变量进行分析。首先考查人口学变量与情绪变量对信任破坏修复度的影响。

由表4-10可知，信任修复度存在城乡差异，$p=.001<0.01$，相关后续分析中将予以纳入。

表4-11以信任修复策略和违背类型为自变量，对信任修复效果差异进行显著性检验，并将城乡类别作为控制变量纳入分析。

表4-11表明，城乡类别、修复策略和违背类型的主效应显著，三者的交互效应均不显著。结合描述统计量，来自城镇的大学生（$M=1.82$，$SD=1.15$）信任修复度高于农村大学生（$M=1.26$，$SD=1.61$），偏$\eta^2=.031$，效果量未达到小效果量的标准。这说明城镇大学生的修复效果略好于农村大学生。违背类型的主效应显著，能力型违背（$M=1.80$，$SD=1.30$）高于正直型违背（$M=1.20$，

表 4-10 人口学变量和情绪变量对信任修复度的影响

| 源 | $SS$ | $df$ | $M$ | $F$ | $p$ | 偏 $\eta^2$ |
|---|---|---|---|---|---|---|
| 性别 | 1.583 | 1 | 1.583 | .757 | .385 | .003 |
| 城乡 | 21.707 | 1 | 21.707 | 10.376 | .001 | .044 |
| 独生子女 | 6.434 | 1 | 6.434 | 3.076 | .081 | .013 |
| 月均消费 | 3.136 | 1 | 3.136 | 1.499 | .222 | .007 |
| 积极情绪 | 1.515 | 1 | 1.515 | .724 | .396 | .003 |
| 消极情绪 | 1.786 | 1 | 1.786 | .854 | .356 | .004 |
| 年龄 | 1.019 | 1 | 1.019 | .487 | .486 | .002 |
| 性别 * 城乡 | 1.061 | 1 | 1.061 | .507 | .477 | .002 |
| 城乡 * 独生子女 | 1.598 | 1 | 1.598 | .764 | .383 | .003 |
| 性别 * 独生子女 | 1.004 | 1 | 1.004 | .480 | .489 | .002 |
| 性别 * 城乡 * 独生子女 | .167 | 1 | .167 | .080 | .778 | .000 |
| 误差 | 476.987 | 228 | 2.092 | | | |

表 4-11 修复策略、违背类型和城乡类别对信任修复度的影响

| 源 | $SS$ | $df$ | $MS$ | $F$ | $p$ | 偏 $\eta^2$ |
|---|---|---|---|---|---|---|
| 城乡类别 | 13.081 | 1 | 13.081 | 6.927 | .009 | .031 |
| 违背类型 | 16.387 | 1 | 16.387 | 8.677 | .004 | .038 |
| 修复策略 | 22.104 | 4 | 5.526 | 2.926 | .022 | .051 |
| 城乡 * 违背类型 | 5.004 | 1 | 5.004 | 2.650 | .105 | .012 |
| 城乡 * 修复策略 | 13.562 | 4 | 3.390 | 1.795 | .131 | .032 |
| 违背类型 * 修复策略 | 7.749 | 4 | 1.937 | 1.026 | .395 | .018 |
| 城乡 * 违背类型 * 修复策略 | 4.661 | 4 | 1.165 | .617 | .651 | .011 |
| 误差 | 415.464 | 220 | 1.888 | | | |

$SD=1.57$）的修复度，偏 $\eta^2=.038$，接近小效果量。修复策略有5个水平，因此进行多重比较分析。根据对修复策略效果的检验可知，道歉在不同违背类型条件下作用不同，因此对违背类型进行分析，结果如表4-12、图4-2所示。

表 4-12　修复策略多重比较结果

| 违背类型 | （I）修复策略 | （J）修复策略 | 平均值差值（I-J） | SE | p |
|---|---|---|---|---|---|
| 能力型 | 道歉 | 道歉+两倍补偿 | -1.25* | .36 | .00 |
| | | 道歉+完全补偿 | -.46 | .36 | .20 |
| | | 两倍补偿 | -.29 | .36 | .42 |
| | | 完全补偿 | -.21 | .36 | .56 |
| | 道歉+两倍补偿 | 道歉+完全补偿 | .79* | .36 | .03 |
| | | 两倍补偿 | .96* | .36 | .01 |
| | | 完全补偿 | 1.04* | .36 | .00 |
| | 道歉+完全补偿 | 两倍补偿 | .17 | .36 | .64 |
| | | 完全补偿 | .25 | .36 | .49 |
| | 两倍补偿 | 完全补偿 | .08 | .36 | .82 |
| 正直型 | 道歉 | 道歉+两倍补偿 | -.96* | .43 | .03 |
| | | 道歉+完全补偿 | -1.13* | .43 | .01 |
| | | 两倍补偿 | -.75 | .43 | .09 |
| | | 完全补偿 | -.46 | .43 | .29 |
| | 道歉+两倍补偿 | 道歉+完全补偿 | -.17 | .43 | .70 |
| | | 两倍补偿 | .21 | .43 | .63 |
| | | 完全补偿 | .50 | .43 | .25 |
| | 道歉+完全补偿 | 两倍补偿 | .38 | .43 | .39 |
| | | 完全补偿 | .67 | .43 | .13 |
| | 两倍补偿 | 完全补偿 | .29 | .43 | .50 |

　　由表4-12发现，在能力型违背条件下，道歉+两倍补偿的修复效果最好，优于所有其他修复策略，其余策略差异不显著；在正直型违背条件下，道歉的修复效果显著弱于道歉+完全补偿和道歉+两倍补偿，道歉与其余策略之间差异不显著。

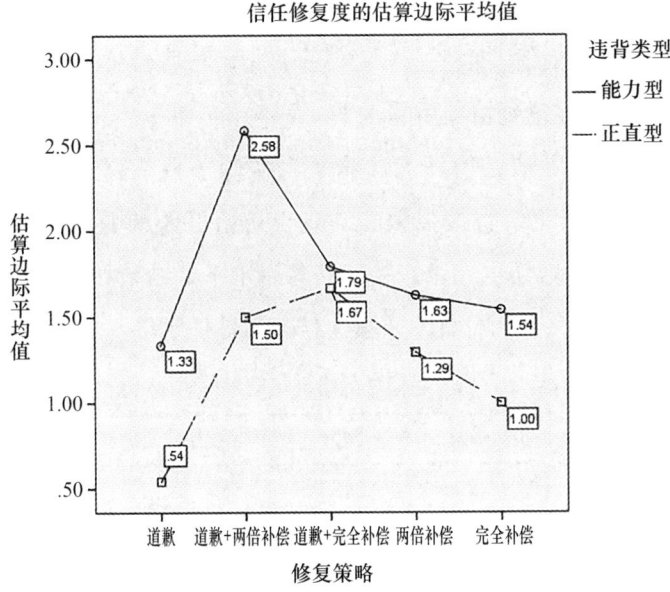

图4-2 信任修复的多重比较图

（2）初始信任修复

初始信任修复效果检验要解决的问题是，违背后的信任水平是否能修复如初。结果见表4-13。

表4-13 初始信任的修复（配对样本t检验）

| 违背类型 | 修复策略 | M | SD | t | df | p | d |
|---|---|---|---|---|---|---|---|
| | 道歉 | 1.83 | 2.18 | 4.12 | 23 | .00 | 0.84 |
| | 道歉+两倍补偿 | .92 | 1.93 | 2.33 | 23 | .03 | 0.47 |
| 能力型 | 道歉+完全补偿 | 1.50 | 2.62 | 2.80 | 23 | .01 | 0.57 |
| | 两倍补偿 | 1.04 | 1.83 | 2.79 | 23 | .01 | 0.57 |
| | 完全补偿 | 1.79 | 1.98 | 4.44 | 23 | .00 | 0.91 |
| | 道歉 | 2.50 | 2.04 | 6.00 | 23 | .00 | 1.22 |
| | 道歉+两倍补偿 | 1.13 | 2.48 | 2.26 | 23 | .03 | 0.46 |
| 正直型 | 道歉+完全补偿 | 1.63 | 2.00 | 3.99 | 23 | .00 | 0.81 |
| | 两倍补偿 | 1.63 | 2.50 | 3.19 | 23 | .00 | 0.65 |
| | 完全补偿 | 2.04 | 1.76 | 5.69 | 23 | .00 | 1.16 |

由表4-13可知各种条件下初始信任显著高于修复后信任（$p<0.05$），即信任修复无法达到初始信任的水平。

（3）信任不能修复到培养后的水平

由（2）的结果可知，信任无法修复到初始水平，因为培养后水平或较初始水平高（替代强化与直接强化），或与初始信任水平无显著差异（对照组），因此可以认为信任也无法修复到培养后水平，结果如表4-14所示，培养后信任修复的指标为培养后信任水平减去修复后信任水平。

表4-14　培养后信任的修复（配对样本$t$检验）

| 违背类型 | 修复策略 | $M$ | $SD$ | $t$ | $df$ | $p$ | $d$ |
|---|---|---|---|---|---|---|---|
| 能力型 | 道歉 | 3.58 | 2.67 | 6.58 | 23 | .00 | 1.34 |
| | 道歉+两倍补偿 | 2.58 | 2.41 | 5.25 | 23 | .03 | 1.07 |
| | 道歉+完全补偿 | 3.63 | 3.11 | 5.70 | 23 | .01 | 1.16 |
| | 两倍补偿 | 3.00 | 2.52 | 5.83 | 23 | .01 | 1.19 |
| | 完全补偿 | 3.50 | 2.21 | 7.77 | 23 | .00 | 1.59 |
| 正直型 | 道歉 | 4.63 | 2.89 | 7.85 | 23 | .00 | 1.60 |
| | 道歉+两倍补偿 | 3.25 | 3.43 | 4.64 | 23 | .03 | 0.95 |
| | 道歉+完全补偿 | 3.71 | 2.86 | 6.41 | 23 | .00 | 1.31 |
| | 两倍补偿 | 3.67 | 2.79 | 6.43 | 23 | .00 | 1.31 |
| | 完全补偿 | 3.92 | 2.48 | 7.73 | 23 | .00 | 1.58 |

表4-14结果表明，各修复策略均无法将信任水平修复至培养后的水平，表中数据显示各条件下均有培养后信任显著高于修复后信任水平。

## （五）讨论

### 1. 三个信任培养组的培养策略效果差异

三个信任培养组的培养策略的效果存在显著差异，即：直接强化组培养效果显著高于替代强化组，替代强化组的培养效果又显著高于对照组。故实验结

果支持研究假设H1：不同信任培养组的培养效果存在差异：直接强化组的培养
效果显著高于替代强化组，而替代强化组的信任水平又显著高于对照组。研究
结果也证实，信任关系能通过直接强化和替代强化的方式建立和培养起来，信
任者在受到被信任者较为稳定的资金返还行为的强化下，会迅速提高对被信任
者的投资金额，提升信任水平。与实验1的结果一样，本研究结果符合班杜拉的
社会学习理论。也就是说，在信任领域，信任者通过观察他人的行为和他人所
受的强化就能建立对被信任者的信任关系，提升信任水平。

### 2. 信任违背结果的讨论

不同违背类型对初始信任的破坏有显著影响。但不同违背类型对培养后的
信任违背没有显著影响。故实验结果支持研究假设H2：不同违背类型对初始信
任的破坏有显著影响，但不同违背类型对培养后的信任违背没有显著影响，在
正直型违背和能力型违背条件下，直接强化组、替代强化组和对照组的信任水
平的变化无差异。也就是说，在两种信任违背条件下，三组被试的信任水平均
遭到破坏，呈现下降的趋势。这可能是因为直接强化组和替代强化组虽然经历
了5次正强化的反馈，但这种在稳定回报收益基础上建立和培养起来的信任仍有
待时间的检验。可能会因为任何一种信任违背事件，而使信任关系变得敏感而
脆弱（Lewicki，2017）。

### 3. 信任修复效果的讨论

本研究的信任修复策略的总体修复效果为，不同修复策略在能力型违背条
件下的修复效果好于正直型修复条件下的修复效果。具体而言，在正直型违背
条件下，道歉+完全补偿和道歉+两倍补偿两种策略效果接近且好于其他三种修
复策略。在能力型违背条件下，道歉+两倍补偿优于其余四种策略。因此，实
验结果支持研究假设H3。

对修复策略的效果分析阐述如下：

（1）道歉在正直型违背中修复效果不显著，在能力型违背中修复效果显
著。这一结果表明，受害者是否接受道歉这一修复方式，取决于信任违背的原

因，即受害者的归因方式不同，会影响信任修复策略的效果。

韦纳的归因理论，通常被用来解释信任修复领域中信任违背的原因。现有的信任修复研究大都建立在韦纳的归因理论基础上（Kim et al.，2004，2006；Tomlinson & Mayer，2009；Dirks et al.，2009）。韦纳（1986）认为，个体在完成一项任务后会经历愉悦或不愉悦的情绪体验并根据任务结果是成功还是失败进行因果归因。归因理论按照事件产生原因的三个维度：控制点（内在原因还是外部原因）、可控性（个体是否可以掌控）和稳定性（暂时的情形还是稳定的特质）来进行归因。本研究中，当出现信任违背后，被试对于正直型违背和能力型违背的违背者不同的态度，用归因理论来解释，是因为当违背者的信任违背是能力的问题时，这种原因是内在的、稳定的、不可控的。但本实验中的能力是指违背者对电脑的操作不熟练，这种能力是比较容易提升的，因而是可控的。因此，在这种能力型违背中，态度比能力本身更为重要。而道歉正是一种态度的反映，当违背者有承认错误的意图且愿意承担责任，在情感上容易引起受害者的宽恕，因而道歉是有修复信任关系作用的。而当违背者的信任违背是正直（或诚实、诚信）的问题时，按归因理论来分析，这种原因则是内在的、稳定的、可控的。道歉表明违背者是有过错的而且是与道歉有关的过错，可能在以后的交往过程中也可能会出现这种事件。因此，受害者认为，道歉是不能被原谅的。这一结果与Farrell和Rabin（1996）的研究类似，认为解释和道歉只不过是"廉价的谈话"，而且只有直接的赔偿才能有效。违背者的道歉可以通过经济补偿的方式来替代（Okimoto & Tyler，2007；De Cremer，Pillutla & Folmer，2011）。但在能力型违背条件下，道歉被认为是表达违背者后悔等情感的工具，是一种有效的修复策略（Bottom et al.，2002；Kim et al.，2004；凌静，2012；江华研，2013）。现有研究普遍认为在能力型信任违背条件下，道歉比否认更有效；在正直型违背的条件下，否定比道歉有效（Kim et al.，2004；于正东等，2014；韩平、宁吉，2013）。由于本研究没有把否定作为修复策略，因而结论不完全一致。

（2）无论在正直型还是违背型条件下，补偿与道歉的组合策略均好于无补偿性质的修复手段。这说明信任者把违背类型即违背者产生违背的原因看成是影响信任修复的重要原因。当违背是与诚实、道歉相关时，信任者接受高额的经济补偿和道歉，不接受其他修复策略。而在能力型违背条件下，信任者则两者都接受，只是有补偿策略会更好。有研究发现，无论在哪种信任违背条件下，双方信任关系的修复都要以弥补他们所遭受的损失为前提。有研究者（Bottom et al.，2002）操纵了经济补偿的规模，发现在不完全补偿前提下，大小额度对修复合作方面的效果是没有区别的。正如Desmet（2010）对大多数损害事件的分析那样，Desmet认为在评估经济补偿时，损失的大小可能是受害者的一个重要锚定点。比如，当受害者把完全补偿的金额（如20元）做为信任修复的重要锚定点时，违背者的小额部分补偿（如5元）和大额部分补偿（如10元）对修复两者信任关系并无多大差别，且修复效果有限。此外，有研究结果表明，受害者认为违背者只恳求原谅却不做出补偿行为的道歉是没有诚意的道歉（Schmitt，Gollwitzer，Förster & Montada，2004），因而信任修复可能会趋于失败。在本研究中，未发现在能力型违背中完全补偿策略的修复效果显著好于道歉，也有可能是本研究中的补偿金额不高所致。本研究中的补偿金额在10-20元之间，相对来说，不是具有很大的诱惑。如果在实验中提高补偿金额的额度，可能会得到不一致的结论。此外，本研究还发现，在正直型违背中，道歉+完全补偿与道歉+两倍补偿的效果无显著差异，但对信任修复都有显著影响。这一结果与Haesevoets et al.（2013）的观点一致，认为道歉和经济补偿的结合能引发进一步的信任行为，道歉"增加"了赔偿金。而且，Haesevoets et al.（2015）也发现，超额补偿并不比等于修复信任损失金额的补偿更有效。

（3）本研究结果显示，总体上说，能力型违背的修复效果显著好于正直型违背的修复效果。除了信任者对违背者违背原因的归因以外，对违背者意图的感知也是影响人际交往的重要因素，是导致宽恕的前提条件（Merolla，2014）。由于信任者在正直型违背中对违背者的善意感知较少，因此，道歉策略的影响力有限或是无影响力。但道歉策略在能力型违背中却有效。这主要也是因为对能力型违背者无主观恶意的归因。另外，受害者对于违背者赔偿金额的多少主要也是取决于信任违背的原因。当违背者是能力不足而导致没有顺利完成任务时，道歉与两倍补偿可以弥补受害者的损失，而且受害者可能会继续选择违背者；当违背者信任违背的原因是想把资金占为己有时，这种被认为跟人品有关的不诚实品质，会被受害者认为应该受惩罚。比如，受害者把两倍补偿中超额的资金当作是对违背者的一种惩罚。即便是惩罚了违背者，受害者可能还是选择不信任违背者。这可能是因为受害者认为对于正直型违背中的违背者，惩罚是一种监管措施，以减少违背者不诚实行为出现的频率。而在能力型违背中，受害者可能会基于归因的视角对违背者产生共情，这种共情会影响受害者的决策过程，并影响后续的交往。

### 4. 信任水平的总体修复效果

就信任水平的总体修复效果而言，本研究发现，信任修复策略只能起到对信任的部分修复作用，不能让信任水平完全修复到初始信任水平。实验结果支持研究假设H4。这与现有大多数的研究结果是一致的。现有研究普遍认可，信任修复不等同于信任恢复，被损害的信任关系只能在一定程度上得到修复，却很难彻底恢复（Schweitzer，Hershey & Bradlow，2006；姚琦、乐国安、赖凯声、张泞、薛婷，2012；John，2017）。信任修复现象中的邓普提·汉普提现象（The Humpty Dumpty problem）指的就是受损后的信任关系不能修复到初始信任水平（John，2017）。

### （六）结论

（1）不同信任培养组的培养效果存在差异：直接强化组的培养效果高于替代强化组，而替代强化组的培养效果又高于对照组。

（2）违背类型对初始信任的损害有影响，但违背类型对培养后的信任损害没有影响。

（3）违背类型和修复策略会影响信任修复效果，即违背类型和修复策略主效应显著。不同违背类型条件下，信任修复策略的作用也不同，即交互效应也显著。在正直型违背条件下，道歉+完全补偿、道歉+两倍补偿的修复策略好于道歉、完全补偿和两倍补偿策略；在能力型违背条件下，道歉+两倍补偿的修复策略好于其它四种修复策略的修复效果。

（4）信任修复策略只能起到对信任的部分修复作用，不能让信任水平完全修复到初始信任水平。

# 三　实验4：公共品博弈范式下的信任修复策略实验

## （一）研究目的

对比实验1和实验2的培养后的信任水平可知，在六人公共品博弈实验中，由于参与者人数较多，被试难以推测其他人投资的具体金额。因此，相对于两人信任博弈而言，六人公共品博弈情境下，信任者更难建立和培养信任关系。由此可推测，在实验4中的信任建立、培养、违背与修复，可能也存在这一现象。

实验4的研究目的有四个：一是重复验证实验1的结论，验证在两人信任博弈实验的范式下，直接强化和替代强化能否建立和培养两人的信任关系，提高信任者对被信任者的信任水平；二是探讨不同信任违背条件下，信任损害的程度，包含初始信任的损害、培养后信任的损害；三是探索不同信任违背条件下不同信任修复策略的效果差异；四是探讨信任修复策略是否能让信任水平完全修复到初始水平甚至培养后信任的水平。

## （二）研究假设

H1：不同信任培养组的培养效果存在差异：直接强化组的培养效果高于替代强化组，而替代强化组的培养效果又高于对照组。

H2：违背类型对初始信任的损害有影响，但违背类型对培养后的信任损害没有影响。

H3：违背类型和修复策略会影响信任修复效果，即违背类型和修复策略主效应显著。不同违背类型条件下，信任修复策略的作用也不同，即交互效应也显著。在正直型违背条件下，道歉+两倍补偿的修复策略好于其它四种修复策略的修复效果；在能力型违背条件下，道歉+完全补偿的修复策略好于其它四种修复策略的修复效果。

H4：信任修复策略只能起到对信任的部分修复作用，不能让信任水平完全修复到初始信任水平。

H5：信任博弈范式影响信任修复效果：两人信任博弈范式修复效果优于六人公共品博弈范式修复效果。

## （三）实验方法

### 1. 被试

通过张贴海报，公开、有偿地招募了南昌市两所高校共240名被试，皆为在校本科生。要求是被试人员没有博弈实验经验，且为非心理学类专业。因有2名被试对实验真实性持怀疑态度，数据被剔除，最后实得有效被试238名。被试年龄为18岁-27岁之间，平均年龄是20.86岁，标准差2.38岁，最后得女生105人，男生133人；来自城镇的学生97名，农村的141人；独生子女107人，非独生子女131名。被试的平均月消费水平为1384元，标准差为406元。2位被试为左利手，其中1位被试要求将鼠标左右键功能对换。所有被试近两周内没有生理疾病且未患过心理疾病，视力或矫正视力正常。开始实验前，由主试和实验助手统一向被试介绍实验过程、注意事项及实验报酬，并逐个确认被试是否知情，对不了解情况的被试进行详细解释。之后统一发放知情同意书，被试当场签署知情同意书。实验结束后，根据实验程序的反馈，研究者给予被试适当报酬。实验中的所有程序均接受学校学术伦理委员会的审查并通过。

### 2. 实验设计

实验采用3×2×5被试间设计，以信任培养策略（替代强化、直接强化和无强化）、信任修复策略（道歉、补偿、两倍补偿、道歉+补偿、道歉+两倍补偿），以信任违背类型（正直型违背型、能力型违背型）为自变量，以信任违背前后信任者（也称受害者、投资人）投资金额之差（变量名为"信任变化"）为因变量，以情绪为控制变量。需要解释的是，虽然研究一未发现情绪的影响显著，但不能排除其对信任违背和恢复的影响，因此仍然对其进行控制。

第一阶段：信任培养阶段。实验采用单因素实验设计，以培养类型为自变量，共分三个组，每组80人。实验随机把240名被试分为三组，分别是直接强化组、替代强化组和对照组。因变量是以信任培养前后信任者投资的金额之差（变量名为"信任变化"）为因变量。

第二阶段：信任违背阶段。实验按照分层随机抽样原则，以培养类型为层变量，将每种培养类型的80名被试平均分为两个组，即正直型违背组和能力型违背组，即得到$3 \times 2 = 6$的实验分组。从违背类型分组看，正直型违背组和能力型违背组各120人。因变量是以信任违背前后信任者投资的金额之差（变量名为"信任变化"）为因变量。

第三阶段，信任修复阶段。实验仍然采用分层随机抽样原则，将第二阶段的6组进行分组，每组40人。层变量为培养类型和违背类型的组合，每组随机分为5个小组，5个小组又随机分配到5个修复实验组，即道歉组、完全补偿组、两倍补偿组、道歉+完全补偿组、道歉+两倍补偿组。从策略组的被试分组来看，每个策略组48名被试。因变量以信任修复前后信任者投资的金额之差（变量名为"信任变化"）为因变量。

需要说明的是，本实验的$3 \times 2 \times 5$被试间实验设计实际上指的是被试的分组方案，目的是通过将不同阶段的自变量作为层变量进行被试的随机分组，以使各组被试更加同质，这样能更好地避免抽样误差。

## 3. 实验程序

首先，被试在接待室中阅读打印的实验过程说明。之后主试阅读实验指导语，告知被试将以投资者或代理人的身份进行一项投资实验，具体什么角色取决于电脑随机抽样的结果。事实上所有被试均为投资人角色，博弈者均为电脑程序虚拟。同时告知被试有权获得实验报酬和有权在感到不适的情况下随时退出实验，但希望被试能尽量完成实验。确认被试均知情之后，发放知情同意书。所有被试签署知情同意书后统一由实验助手收集保管。主试安排被试抽签决定自己的实验室号和实验顺序号。主试宣布实验纪律，要求不得使用手机，有问题可以求助于实验助手。开始博弈实验后，实验助手维持现场秩序并解答或解决问题。信任恢复实验结束后，进行《积极情绪和消极情绪（PANAS）》测验，并发放实验报酬。整个实验过程大约30分钟，具体流程见图4-7。实验程序仍采用网页编程，利用Javascript脚本编程实现对前端实验流程页面的控制，后台服务器程序用PHP编程实现数据实时收集。经过测试和预实验，对实验设计中的不足进行完善后正式开放。

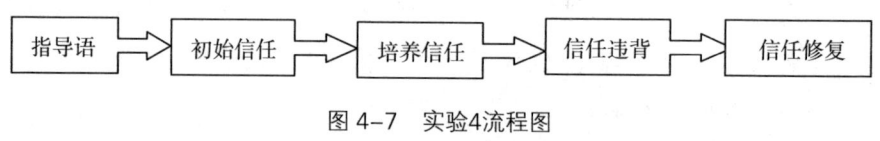

图4-7　实验4流程图

第一步：呈现总指导语。总指导语的呈现时间由实验主试控制而非电脑程序控制，被试理解实验总指导语后，主试解锁学生端电脑，被试进入个人匿名信息填写页面。收集的信息包括性别、长期居住地、年龄、是否独生子女。

第二步和第三步由于初始信任阶段和信任培养阶段和研究1中实验2相应部分的程序完全相同，因此不再赘述。

第四步：信任违背。和实验3类似，将信任培养阶段每组被试随机分配为人数相同的两个小组，每组40人。实验处理的不同水平通过设置"意外事件"来实现。屏幕出现如下内容：

网络实验系统发现实验出现异常，正在查找原因并设法修复，请休息5分钟。系统恢复正常后，你需要和刚才博弈的其他5位博弈者继续完成后续博弈。

被试休息5分钟后，实验助手通知被试继续实验。不同实验组的屏幕呈现反馈信息如下：

能力型违背组：刚才的意外已经查明原因。系统侦测到了你同组的博弈者非正常关机，导致你的投资没有返还，你的账户受到损失。原因是该博弈者电脑操作不当造成系统关闭。为纠正这次错误，系统重新给每位投资者分配10个网络币，请重新投资。

正直型违背组：刚才的意外已经查明原因。系统侦测到了你同组的博弈者非正常关机，导致你的投资没有返还，你的账户受到损失。原因是该博弈者不想返还任何网络币又不想被发现，企图强制关机并制造电脑故障的假象。为纠正这次错误，系统重新给每位投资者分配10个网络币，请重新投资。

系统呈现：你获得10个网络币。你准备投资（　　）个网络币？请填入你投资的数额，数字范围要求在0-10之间。

被试投资结束即进入信任修复博弈界面。

第五步：信任修复。信任修复实验程序与实验3相同，此处不再赘述。

被试完成博弈实验后，继续参加《积极和消极情绪量表（PANAS）》测试。积极和消极情绪两个分量表的一致性信度分别为0.80和0.82。实验结束后，询问了被试对实验真实性的判断，结果发现，有2位被试对实验真实性表示怀疑，因此在数据分析中剔除了这2位被试的数据。

最后，实验助手登记被试帐户里的网络币收益情况，并按2：1的比例兑现。同时告知被试实验真相，以消除实验处理对被试的影响。

## （三）实验结果

## 1. 信任培养的结果

（1）人口学变量与情绪变量的影响

首先对人口学变量与控制变量的影响进行检验，其中年龄、月均消费、积极情绪（$M$=4.07，$SD$=1.08）和消极情绪（$M$=3.04，$SD$=1.05）作为协变量，其余变量作为被试间变量，以信任培养效果（培养后信任投资额减去初始信任投资额）为因变量进行协方差分析。

表 4–15　人口学变量与情绪变量对初始信任培养前后变化的影响

|  | SS | df | MS | F | p | 偏 η² |
|---|---|---|---|---|---|---|
| 年龄 | 28.364 | 9 | 3.152 | .709 | .700 | .032 |
| 消极情绪 | 32.491 | 9 | 3.610 | .812 | .606 | .036 |
| 积极情绪 | 36.467 | 11 | 3.315 | .746 | .693 | .040 |
| 每月消费 | 20.838 | 6 | 3.473 | .781 | .586 | .023 |
| 城乡 | .994 | 1 | .994 | .224 | .637 | .001 |
| 性别 | .426 | 1 | .426 | .096 | .757 | .000 |
| 独生子女 | .489 | 1 | .489 | .110 | .741 | .001 |
| 城乡 * 性别 | 3.528 | 1 | 3.528 | .794 | .374 | .004 |
| 城乡 * 独生子女 | 8.117 | 1 | 8.117 | 1.826 | .178 | .009 |
| 性别 * 独生子女 | .798 | 1 | .798 | .180 | .672 | .001 |
| 城乡 * 性别 * 独生子女 | 3.286 | 1 | 3.286 | .739 | .391 | .004 |
| 误差 | 866.788 | 195 | 4.445 | | | |

由表4-15知，人口学变量与情绪变量不影响初始信任培养前后的变化，因此在后续相关分析中不予纳入分析。

（2）信任培养的效果检验

表4-16对信任培养实验前后各策略组的基本情况进行描述，表4-17对信任培养策略的效果进行检验，表4-18和4-19对各策略效果的差异进行检验。

表 4–16　信任培养前后的描述统计量

| 培养策略 | | M | N | SD | SE |
|---|---|---|---|---|---|
| 对照组 | 培养后信任 | 4.09 | 79 | 2.48 | .28 |
| | 初始信任 | 3.87 | 79 | 1.72 | .19 |
| 替代强化 | 培养后信任 | 6.64 | 80 | 2.15 | .24 |
| | 初始信任 | 3.99 | 80 | 2.00 | .22 |
| 直接强化 | 培养后信任 | 7.73 | 79 | 1.84 | .21 |
| | 初始信任 | 3.67 | 79 | 1.79 | .20 |

由表4-16可知，对照组信任培养实验前后平均数差异不大，替代强化组和直接强化组的差异较大。

表 4-17　信任培养策略的效果检验（培养后信任减去初始信任）

| 分组 | $M$ | $SD$ | $t$ | $df$ | $p$ | $d$ |
|---|---|---|---|---|---|---|
| 对照组 | .215 | 1.77 | 1.08 | 78 | .28 | 0.12 |
| 替代强化 | 2.65 | 1.02 | 23.24 | 79 | .00 | 2.60 |
| 直接强化 | 4.06 | 1.08 | 33.50 | 78 | .00 | 3.77 |

表4-17可见替代强化组和直接强化组培养后信任显著高于培养前信任水平，对照组不显著，故认为替代强化（$d$=2.60，大效果量）和直接强化（$d$=3.77，大效果量）均对信任培养有效。

表 4-18　不同信任培养策略的效果

| 变异源 | $SS$ | $df$ | $MS$ | $F$ | $p$ | 偏 $\eta^2$ |
|---|---|---|---|---|---|---|
| 培养策略 | 598.77 | 2 | 299.38 | 169.03 | .00 | .59 |
| 误差 | 416.23 | 235 | 1.77 | | | |

表4-18表明，不同培养策略的差异显著，$p$=0.000<0.01，偏 $\eta^2$=.59，属大效果量。进一步进行多重比较，结果见表4-19。

表 4-19　信任培养策略的多重比较

| （$I$）培养策略 | （$J$）培养策略 | 平均值差值（$I-J$） | $SE$ | $p$ | 95% 置信区间 下限 | 上限 |
|---|---|---|---|---|---|---|
| 对照组 | 替代强化 | -2.43* | .21 | .00 | -2.94 | -1.92 |
| | 直接强化 | -3.85* | .21 | .00 | -4.36 | -3.34 |
| 替代强化 | 对照组 | 2.43* | .21 | .00 | 1.96 | 2.94 |
| | 直接强化 | -1.41* | .21 | .00 | -1.92 | -.90 |
| 直接强化 | 对照组 | 3.85* | .21 | .00 | 3.34 | 4.36 |
| | 替代强化 | 1.41* | .21 | .00 | .90 | 1.92 |

表4-19表明，不同信任培养策略的效果为：直接强化>替代强化>对照组。

## 2. 信任违背的检验

信任违背的效应检验，是为了探明信任违背后信任程度是否发生变化，要回答的问题是：信任违背后，信任投资额是否下降？由于信任被区分为两种类型：正直型违背和能力型违背，因此对两种信任的违背效应均予以检验。不同条件下信任违背前后投资额配对样本$t$检验结果如表4-20和4-21所示。

表 4-20　初始信任的破坏结果

| 违背类型 | 培养策略 | M | SD | t | df | p | d |
|---|---|---|---|---|---|---|---|
| 能力型 | 对照组 | 1.92 | 2.64 | 4.55 | 38 | .00 | 0.73 |
| | 替代强化 | 4.68 | 1.97 | 15.04 | 39 | .00 | 2.38 |
| | 直接强化 | 5.97 | 1.72 | 21.64 | 38 | .00 | 3.46 |
| 正直型 | 对照组 | 2.78 | 2.44 | 7.18 | 39 | .00 | 1.14 |
| | 替代强化 | 4.73 | 2.09 | 14.31 | 39 | .00 | 2.26 |
| | 直接强化 | 6.08 | 1.75 | 22.02 | 39 | .00 | 3.48 |

表 4-21　培养后信任的破坏结果

| 违背类型 | 培养策略 | M | SD | t | df | p | d |
|---|---|---|---|---|---|---|---|
| 能力型 | 对照组 | 3.28 | 1.75 | 11.81 | 39 | .00 | 1.87 |
| | 替代强化 | 5.30 | 1.77 | 18.92 | 39 | .00 | 2.99 |
| | 直接强化 | 6.53 | 2.03 | 20.38 | 39 | .00 | 3.22 |
| 正直型 | 对照组 | 3.13 | 2.23 | 8.85 | 39 | .00 | 1.40 |
| | 替代强化 | 5.58 | 2.11 | 16.70 | 39 | .00 | 2.64 |
| | 直接强化 | 6.40 | 1.84 | 22.04 | 39 | .00 | 3.48 |

由上表可知，正直型违背和能力型违背条件下，信任破坏造成的信任投资下降显著，且由$d$值可知对照组能力型违背条件下初始信任破坏为中等效果量，其余均为大效果量。其中初始信任破坏度指标为初始信任投资额减去违背后信任投资额，培养后信任破坏度指标为培养后信任投资额减去违背后信任投资额。

## 3. 信任修复效果检验

信任修复部分实验要证明（1）信任在破坏后可以修复。为此验证修复策略实施后的信任水平是否显著高于信任违背后的信任水平。（2）违背后信任水平不能修复到初始信任水平。为此验证修复后的信任水平是否低于初始信任水平。此外，若修复效应显著，可进一步分析影响信任修复效果的因素是哪些。

（1）信任修复的效果

首先对各种信任修复策略的效果进行检验。

表4-22是基本描述统计量，可知修复后的信任投资额普遍高于违背后的信任投资额。

表 4-22　信任修复前后信任投资额描述统计

| 违背类型 | 修复策略 | | $M$ | $N$ | $SD$ | $SE$ |
|---|---|---|---|---|---|---|
| 能力型 | 道歉 | 修复后信任 | 2.57 | 23 | .945 | .197 |
| | | 违背后信任 | 1.87 | 23 | .815 | .170 |
| | 道歉+加倍补偿 | 修复后信任 | 2.70 | 23 | .635 | .132 |
| | | 违背后信任 | 1.96 | 23 | .878 | .183 |
| | 道歉+完全补偿 | 修复后信任 | 3.38 | 24 | 1.209 | .247 |
| | | 违背后信任 | 1.79 | 24 | .932 | .190 |
| | 加倍补偿 | 修复后信任 | 2.50 | 24 | .885 | .181 |
| | | 违背后信任 | 1.75 | 24 | 1.032 | .211 |
| | 完全补偿 | 修复后信任 | 2.83 | 24 | 1.167 | .238 |
| | | 违背后信任 | 2.13 | 24 | .850 | .174 |
| 正直型 | 道歉 | 修复后信任 | 1.67 | 24 | .917 | .187 |
| | | 违背后信任 | 1.63 | 24 | .924 | .189 |
| | 道歉+加倍补偿 | 修复后信任 | 3.29 | 24 | 1.899 | .388 |
| | | 违背后信任 | 1.75 | 24 | .944 | .193 |
| | 道歉+完全补偿 | 修复后信任 | 2.54 | 24 | .833 | .170 |
| | | 违背后信任 | 1.92 | 24 | .974 | .199 |
| | 加倍补偿 | 修复后信任 | 2.29 | 24 | .999 | .204 |
| | | 违背后信任 | 1.63 | 24 | .924 | .189 |
| | 完全补偿 | 修复后信任 | 2.29 | 24 | .859 | .175 |
| | | 违背后信任 | 1.54 | 24 | .884 | .180 |

　　表4-23是各修复策略在不同违背类型下的效果检验，使用的统计方法为配对样本t检验。

表 4-23　各修复策略效应的配对样本t检验

| 违背类型 | 修复策略 | M | SD | t | df | p | d |
|---|---|---|---|---|---|---|---|
| 能力型 | 道歉 | .70 | .97 | 3.43 | 22 | .00 | 0.71 |
| | 道歉+加倍补偿 | .74 | .69 | 5.15 | 22 | .00 | 1.07 |
| | 道歉+完全补偿 | 1.58 | .97 | 7.96 | 23 | .00 | 1.63 |
| | 加倍补偿 | .75 | 1.15 | 3.19 | 23 | .00 | 0.65 |
| | 完全补偿 | .71 | 1.00 | 3.47 | 23 | .00 | 0.71 |
| 正直型 | 道歉 | .04 | .36 | .57 | 23 | .58 | 0.12 |
| | 道歉+加倍补偿 | 1.54 | 1.50 | 5.03 | 23 | .00 | 1.03 |
| | 道歉+完全补偿 | .63 | .88 | 3.50 | 23 | .00 | 0.71 |
| | 加倍补偿 | .67 | .92 | 3.56 | 23 | .00 | 0.73 |
| | 完全补偿 | .75 | .68 | 5.44 | 23 | .00 | 1.11 |

　　由表4-23可知，正直型违背条件下，道歉的效果不显著，$p=.58>0.05$，其余条件下信任修复效果均显著。为确定哪种信任修复策略效果更好，进一步进行差异分析，以信任修复度（修复后信任减去破坏后信任）为因变量，信任修复策略、违背类型为自变量进行分析。首先考查人口学变量与情绪变量对信任破坏修复度的影响。

　　由表4-24可知，人口学变量与情绪变量对信任破坏修复度无显著作用。

　　表4-25以信任修复策略和违背类型为自变量，对信任修复效果差异进行显著性检验。

表 4-24　人口学变量和情绪变量对信任修复度的影响

| 源 | SS | df | M | F | p | 偏 $\eta^2$ |
|---|---|---|---|---|---|---|
| 性别 | .015 | 1 | .015 | .013 | .908 | .000 |
| 城乡 | .034 | 1 | .034 | .031 | .860 | .000 |
| 独生子女 | .019 | 1 | .019 | .017 | .895 | .000 |
| 年龄 | 1.905 | 1 | 1.905 | 1.734 | .189 | .008 |
| 月均消费 | .270 | 1 | .270 | .246 | .620 | .001 |
| 积极情绪 | .198 | 1 | .198 | .181 | .671 | .001 |
| 消极情绪 | .128 | 1 | .128 | .117 | .733 | .001 |
| 性别 * 城乡 | .168 | 1 | .168 | .153 | .696 | .001 |
| 城乡 * 独生子女 | .003 | 1 | .003 | .002 | .961 | .000 |
| 性别 * 独生子女 | 1.921 | 1 | 1.921 | 1.748 | .187 | .008 |
| 性别 * 城乡 * 独生子女 | .007 | 1 | .007 | .007 | .936 | .000 |
| 误差 | 248.300 | 226 | 1.099 | | | |

表 4-25　修复策略、违背类型和城乡对信任修复度的影响

| 源 | SS | df | MS | F | p | 偏 $\eta^2$ |
|---|---|---|---|---|---|---|
| 违背类型 | 1.725 | 1 | 1.725 | 1.882 | .171 | .008 |
| 修复策略 | 19.242 | 4 | 4.811 | 5.249 | .000 | .084 |
| 违背类型 * 修复策略 | 21.945 | 4 | 5.486 | 5.986 | .000 | .095 |
| 误差 | 208.971 | 228 | .917 | | | |

表4-25表明，修复策略的主效应显著，其与违背类型的交互效应也显著，其作用具体见图4-4。从图中可以粗略判定，对于能力型违背而言，最佳修复信任的手段是道歉+完全补偿；对正直型违背而言，最佳修复方法是道歉+两倍补偿。

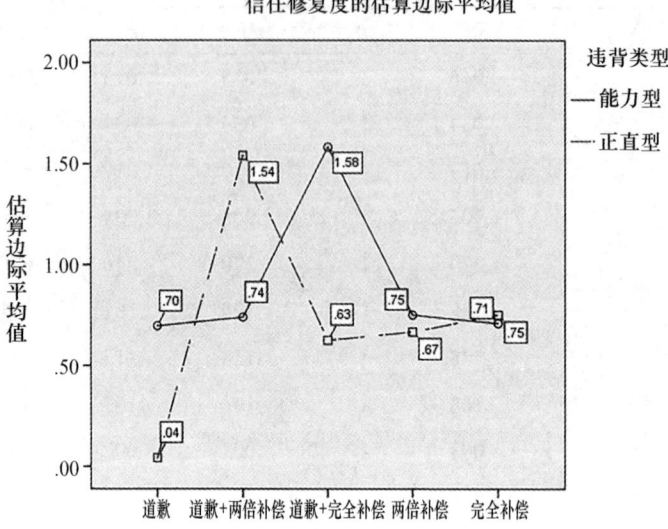

图 4-4　修复策略与违背类型的交互效应图

当交互作用显著时，应进行简单效应检验，结果见表4-26。

表 4-26　修复策略的简单效应检验

| 违背类型 | （I）修复策略 | （J）修复策略 | 平均值差值（I-J） | SE | p |
|---|---|---|---|---|---|
| | 道歉 | 道歉+两倍补偿 | -.043 | .282 | 1.000 |
| | | 道歉+完全补偿 | -.888* | .279 | .017 |
| | | 两倍补偿 | -.054 | .279 | 1.000 |
| | | 完全补偿 | -.013 | .279 | 1.000 |
| | 道歉+两倍补偿 | 道歉 | .043 | .282 | 1.000 |
| | | 道歉+完全补偿 | -.844* | .279 | .028 |
| 能力型 | | 两倍补偿 | -.011 | .279 | 1.000 |
| | | 完全补偿 | .031 | .279 | 1.000 |
| | 道歉+完全补偿 | 道歉 | .888* | .279 | .017 |
| | | 道歉+两倍补偿 | .844* | .279 | .028 |
| | | 两倍补偿 | .833* | .276 | .028 |
| | | 完全补偿 | .875* | .276 | .017 |

续表

| 违背类型 | （I）修复策略 | （J）修复策略 | 平均值差值（I-J） | SE | p |
|---|---|---|---|---|---|
| 能力型 | 两倍补偿 | 道歉 | .054 | .279 | 1.000 |
| | | 道歉+两倍补偿 | .011 | .279 | 1.000 |
| | | 道歉+完全补偿 | -.833* | .276 | .028 |
| | | 完全补偿 | .042 | .276 | 1.000 |
| | 完全补偿 | 道歉 | .013 | .279 | 1.000 |
| | | 道歉+两倍补偿 | -.031 | .279 | 1.000 |
| | | 道歉+完全补偿 | -.875* | .276 | .017 |
| | | 两倍补偿 | -.042 | .276 | 1.000 |
| 正直型 | 道歉 | 道歉+两倍补偿 | -1.500* | .276 | .000 |
| | | 道歉+完全补偿 | -.583 | .276 | .306 |
| | | 两倍补偿 | -.625 | .276 | .221 |
| | | 完全补偿 | -.708 | .276 | .105 |
| | 道歉+两倍补偿 | 道歉 | 1.500* | .276 | .000 |
| | | 道歉+完全补偿 | .917* | .276 | .011 |
| | | 两倍补偿 | .875* | .276 | .017 |
| | | 完全补偿 | .792* | .276 | .045 |
| | 道歉+完全补偿 | 道歉 | .583 | .276 | .306 |
| | | 道歉+两倍补偿 | -.917* | .276 | .011 |
| | | 两倍补偿 | -.042 | .276 | 1.000 |
| | | 完全补偿 | -.125 | .276 | 1.000 |
| | 两倍补偿 | 道歉 | .625 | .276 | .221 |
| | | 道歉+两倍补偿 | -.875* | .276 | .017 |
| | | 道歉+完全补偿 | .042 | .276 | 1.000 |
| | | 完全补偿 | -.083 | .276 | 1.000 |
| | 完全补偿 | 道歉 | .708 | .276 | .105 |
| | | 道歉+两倍补偿 | -.792* | .276 | .045 |
| | | 道歉+完全补偿 | .125 | .276 | 1.000 |
| | | 两倍补偿 | .083 | .276 | 1.000 |

表4-26表明，在能力型违背条件下，道歉+完全补偿策略的修复效果最好，其余策略的修复效果无显著差异；在正直型违背条件下，道歉+两倍补偿策略的修复效果最好，其余策略的修复效果无显著差异。

（2）初始信任修复

初始信任修复效果检验要解决的问题是，违背后信任水平是否能恢复如初？结果见表4-27。

表 4-27　初始信任的修复（配对样本$t$检验）

| 违背类型 | 修复策略 | $M$ | $SD$ | $t$ | $df$ | $p$ | $d$ |
|---|---|---|---|---|---|---|---|
| 能力型 | 道歉 | .83 | 1.64 | 2.41 | 22 | .03 | 0.50 |
|  | 道歉+加倍补偿 | 1.26 | 1.29 | 4.70 | 22 | .00 | 0.98 |
|  | 道歉+完全补偿 | .71 | 1.16 | 2.99 | 23 | .01 | 0.61 |
|  | 加倍补偿 | 1.21 | 1.18 | 5.02 | 23 | .00 | 1.02 |
|  | 完全补偿 | 1.46 | 1.69 | 4.22 | 23 | .00 | 0.86 |
| 正直型 | 道歉 | 2.08 | 1.59 | 6.44 | 23 | .00 | 1.31 |
|  | 道歉+加倍补偿 | .63 | .58 | 5.32 | 23 | .00 | 1.09 |
|  | 道歉+完全补偿 | 1.38 | 1.56 | 4.33 | 23 | .00 | 0.88 |
|  | 加倍补偿 | 1.42 | 1.82 | 3.82 | 23 | .00 | 0.78 |
|  | 完全补偿 | 1.42 | 1.69 | 4.10 | 23 | .00 | 0.84 |

由表4-27可知，各种条件下初始信任水平显著高于修复后信任水平（$p<0.05$），即违背后信任水平在经历各种修复策略的修复后，也无法达到初始信任水平。

（3）信任水平不能修复到培养后的信任水平

由（2）的结果可知，违背后信任水平无法修复到初始信任水平。由于培养后信任水平或较初始信任水平高（替代强化与直接强化），或与初始信任水平无显著差异（对照组），因此可以认为违背后信任水平也无法修复到培养后信任水平。结果如表4-28所示，培养后信任修复的指标为培养后信任水平减去修复后信任水平。

表 4-28 培养后信任的修复（配对样本t检验）

| 违背类型 | 修复策略 | M | SD | t | df | p | d |
|---|---|---|---|---|---|---|---|
| 能力型 | 道歉 | 2.83 | 2.66 | 5.10 | 22 | .00 | 1.06 |
| | 道歉+加倍补偿 | 3.26 | 2.67 | 5.87 | 22 | .00 | 1.22 |
| | 道歉+完全补偿 | 3.25 | 2.42 | 6.58 | 23 | .00 | 1.34 |
| | 加倍补偿 | 3.71 | 2.62 | 6.87 | 23 | .00 | 1.40 |
| | 完全补偿 | 3.42 | 2.60 | 6.43 | 23 | .00 | 1.31 |
| 正直型 | 道歉 | 4.88 | 2.25 | 10.61 | 23 | .00 | 2.16 |
| | 道歉+加倍补偿 | 2.67 | 1.83 | 7.13 | 23 | .00 | 1.45 |
| | 道歉+完全补偿 | 4.17 | 2.55 | 8.01 | 23 | .00 | 1.64 |
| | 加倍补偿 | 3.54 | 2.81 | 6.17 | 23 | .00 | 1.26 |
| | 完全补偿 | 3.75 | 2.77 | 6.63 | 23 | .00 | 1.35 |

表4-28结果表明，各修复策略均无法将违背后信任水平修复至培养后的信任水平。表中数据显示，各条件下均有培养后信任水平显著高于修复后信任水平。

## 4. 实验范式的效应

为了解实验范式对信任修复效果的影响，以信任修复度为因变量，以实验范式和修复策略、违背类型为自变量，进行方差分析。首先对人口学变量和情绪变量进行检验，以控制可能的干扰变量的影响，结果见表4-29。

表 4-29 不同实验范式对信任修复的影响

| 源 | SS | df | MS | F | p | 偏$\eta^2$ |
|---|---|---|---|---|---|---|
| 修正模型 | 20.29 | 11 | 1.84 | 1.07 | .38 | .03 |
| 截距 | 5.20 | 1 | 5.20 | 3.02 | .08 | .01 |
| 性别 | .38 | 1 | .376 | .22 | .64 | .00 |
| 城乡 | 10.21 | 1 | 10.21 | 5.94 | .02 | .01 |
| 独生子女 | 3.87 | 1 | 3.87 | 2.25 | .13 | .01 |
| 年龄 | 1.08 | 1 | 1.08 | .63 | .43 | .00 |
| 月均消费 | 2.00 | 1 | 2.00 | 1.16 | .28 | .00 |

续表

| 源 | SS | df | MS | F | p | 偏 $\eta^2$ |
|---|---|---|---|---|---|---|
| 积极情绪 | .56 | 1 | .56 | .33 | .57 | .00 |
| 消极情绪 | 1.78 | 1 | 1.78 | 1.03 | .31 | .00 |
| 性别 * 城乡 | .05 | 1 | .05 | .03 | .86 | .00 |
| 城乡 * 独生子女 | .79 | 1 | .79 | .46 | .50 | .00 |
| 性别 * 独生子女 | .03 | 1 | .03 | .02 | .89 | .00 |
| 性别 * 城乡 * 独生子女 | .44 | 1 | .44 | .26 | .61 | .00 |
| 误差 | 800.87 | 47 | 1.72 | | | |
| 总计 | 1454.00 | 48 | | | | |
| 修正后总计 | 821.15 | 48 | | | | |

表4-29显示，城乡变量对信任修复有影响，因而将其作为控制变量予以分析。方差分析的结果见表4-30。

表 4-30　实验范式对信任修复的影响

| 源 | SS | df | MS | F | p | 偏 $\eta^2$ |
|---|---|---|---|---|---|---|
| 违背类型 | 12.246 | 1 | 12.246 | 8.561 | .004 | .018 |
| 修复策略 | 42.848 | 4 | 10.712 | 7.489 | .000 | .062 |
| 城乡 | 7.025 | 1 | 7.025 | 4.911 | .027 | .011 |
| 实验范式 | 61.296 | 1 | 61.296 | 42.854 | .000 | .086 |
| 修复策略 * 城乡 | 5.196 | 4 | 1.299 | .908 | .459 | .008 |
| 修复策略 * 实验范式 | 1.319 | 4 | .330 | .231 | .921 | .002 |
| 违背类型 * 修复策略 | 5.050 | 4 | 1.263 | .883 | .474 | .008 |
| 城乡 * 实验范式 | 8.755 | 1 | 8.755 | 6.121 | .014 | .013 |
| 违背类型 * 城乡 | 11.766 | 1 | 11.766 | 8.226 | .004 | .018 |
| 违背类型 * 实验范式 | 5.433 | 1 | 5.433 | 3.798 | .052 | .008 |
| 误差 | 650.813 | 455 | 1.430 | | | |

由表4-30可知，实验范式、违背类型、城乡与信任修复策略的主效应显著。城乡与实验范式的交互作用以及违背类型与实验范式的交互作用显著。公

共品博弈的修复度（$M$=0.81，$SD$=1.03）低于信任博弈（$M$=1.49，$SD$=1.47）的修复度，效果量为小效果量。能力型违背（$M$=1.34，$SD$=1.25）的修复度高于正直型违背（$M$=0.96，$SD$=1.35）。城市学生的信任修复度（$M$=1.32，$SD$=1.25）高于农村学生（$M$=1.04，$SD$=1.34）。由于修复策略的水平较多，因此进行多重比较，结果显示，道歉+两倍补偿的修复效果好于除道歉+完全补偿之外的各种策略，道歉+完全补偿好于单纯的道歉，其余策略间差异不显著，如表4-31所示。

表 4-31　跨实验的修复策略效应多重比较

| （I）修复策略 | （J）修复策略 | 平均值差值（I-J） | $SE$ | $p$ | 95% 置信区间 | |
| --- | --- | --- | --- | --- | --- | --- |
| | | | | | 下限 | 上限 |
| 道歉 | 道歉+两倍补偿 | -.95[*] | .17 | .00 | -1.43 | -.46 |
| | 道歉+完全补偿 | -.76[*] | .17 | .00 | -1.25 | -.28 |
| | 两倍补偿 | -.43 | .17 | .12 | -.91 | .05 |
| | 完全补偿 | -.35 | .17 | .42 | -.83 | .13 |
| 道歉+两倍补偿 | 道歉 | .95[*] | .17 | .00 | .46 | 1.43 |
| | 道歉+完全补偿 | .18 | .17 | 1.00 | -.30 | .66 |
| | 两倍补偿 | .52[*] | .17 | .03 | .04 | 1.00 |
| | 完全补偿 | .60[*] | .17 | .01 | .12 | 1.08 |
| 道歉+完全补偿 | 道歉 | .76[*] | .17 | .00 | .28 | 1.25 |
| | 道歉+两倍补偿 | -.18 | .17 | 1.00 | -.66 | .30 |
| | 两倍补偿 | .33 | .17 | .51 | -.15 | .81 |
| | 完全补偿 | .42 | .17 | .15 | -.06 | .90 |
| 两倍补偿 | 道歉 | .43 | .17 | .12 | -.05 | .91 |
| | 道歉+两倍补偿 | -.52 | .17 | .03 | -1.00 | -.04 |
| | 道歉+完全补偿 | -.33 | .17 | .51 | -.814 | .15 |
| | 完全补偿 | .08 | .17 | 1.00 | -.40 | .56 |
| 完全补偿 | 道歉 | .35 | .17 | .42 | -.13 | .83 |
| | 道歉+两倍补偿 | -.60[*] | .17 | .01 | -1.08 | -.12 |
| | 道歉+完全补偿 | -.42 | .17 | .15 | -.90 | .06 |
| | 两倍补偿 | -.08 | .17 | 1.00 | -.56 | .40 |

交互效应的作用可见交互作用图4-5和图4-6。

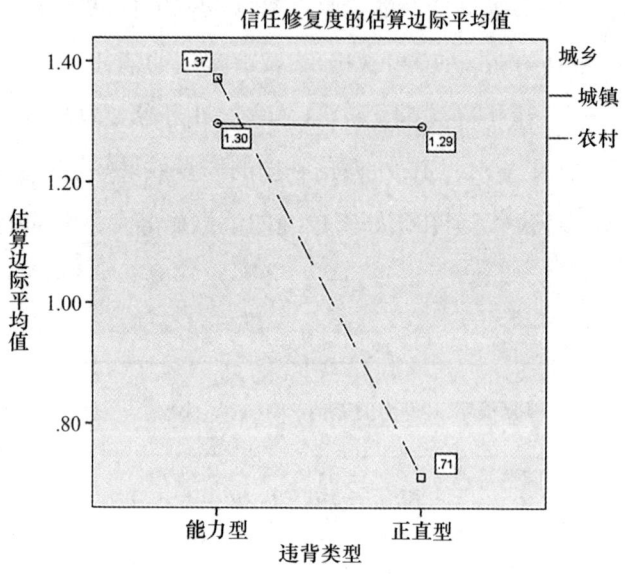

图 4-5　城乡来源与违背类型的交互作用图

图4-5中显示了农村学生比城镇学生对违背类型更敏感。这可能表明农村学生更关注导致信任违背的原因，而城镇学生更注重实际结果而淡化违背的原因。

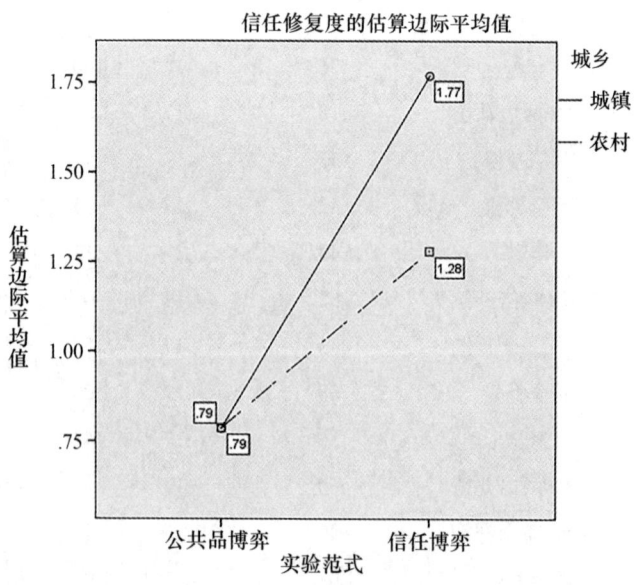

图 4-6　城乡来源与实验范式的交互作用图

图4-6显示，在公共品博弈实验范式中，城乡来源之间没有差异。城乡来源的差异主要发生在信任博弈实验范式中。

## （四）讨论

### 1. 三个信任培养组的培养策略效果差异

三个信任培养组的培养策略的效果存在显著差异，即直接强化组培养后的信任水平显著高于替代强化组，替代强化组培养后的信任水平又显著高于对照组。故实验结果支持研究假设H1：不同信任培养组在培养后的信任水平存在差异：直接强化组的信任水平显著高于替代强化组，而替代强化组的信任水平又显著高于对照组。

### 2. 信任违背结果的讨论

不同违背类型对初始信任的破坏有显著影响，即正直型违背的破坏效果强于能力型违背，但不同违背类型对培养后的信任违背没有显著影响，故实验结果支持研究假设H2。也就是说，在两种信任违背条件下，三组被试的信任水平均遭到破坏，呈现下降的趋势。这可能是因为直接强化组和替代强化组虽然经历了5次正强化的反馈，但这种在稳定回报收益基础上建立和培养起来的信任仍有待时间的检验。双方可能会因为任何一种信任违背事件，而使信任关系变得敏感而脆弱（Lewicki，2017）。另外，实验结果显示，城镇学生的信任修复度好于农村学生，而农村学生比城镇学生对违背类型更敏感。这可能与城乡学生之间的经济状况和生活环境不同有关。城镇学生的经济条件普遍好于农村学生，他们与环境的开放性和互动性也更强，这可能是解释他们的信任修复效果会更好的原因之一。

### 3. 信任修复策略的效果讨论

对修复策略的效果分析阐述如下：

（1）道歉在正直型违背中修复效果不显著，在能力型违背中修复效果显著。受害者是否接受道歉这一修复方式，取决于信任违背的原因，即受害者的归因方式。这一现象可以用韦纳的归因理论来解释，解释理由与实验3类似，此处不再重复。

（2）在正直型违背条件下和能力型违背条件下，完全补偿策略与两倍补偿策略的修复效果不存在显著差异。也就是说，受害者对于违背者赔偿金额的多少取决于信任违背的原因。当违背者是能力不足而导致没有顺利完成任务时，完全补偿足以弥补受害者的损失。两倍补偿虽然比完全补偿多一倍的金额，但其修复效果反而不如完全补偿。这可能是因为，受害者把两倍补偿中超额的资金当作是对违背者的一种惩罚，这种惩罚于理而言，可以谅解；于情而言，可能会损害双方的情感。但是，当违背者信任违背的原因是想把资金占为已有时，这种被认为跟人品有关的不诚实品质，会被受害者认为应该受惩罚。同样的作用机制可用于解释本研究的其他结果：在正直型违背条件下，道歉+两倍补偿策略的修复效果显著好于道歉+完全补偿策略；而在能力型违背条件下，道歉+完全补偿策略的修复效果显著好于道歉+两倍补偿策略。由于正直型违背被认为是内在的、稳定的、可控的原因导致的，因而它与违背者的品德有关，可能会体现在以后的行为中。因而，对于正直型违背，道歉是不能修复信任关系的，可以用经济补偿代替，表示对违背者的惩罚。这一结果与Farrell和 Rabin（1996）的研究类似，认为解释和道歉只不过是"廉价的谈话"，而且只有直接的赔偿才能有效。违背者的道歉可以通过经济补偿的方式来替代（Okimoto & Tyler，2007；De Cremer，Pillutla & Folmer，2011）。但在能力型违背条件下，道歉被认为是表达违背者后悔等情感的工具，是一种有效的修复策略（Bottom et al.，2002；Kim et al.，2004；凌静，2012；江华研，2013）。在能力型违背条件下，道歉+完全补偿策略的修复效果显著好于道歉+两倍补偿策略。这是因为在能力型违背中，受害者从归因的角度认为，违背者的能力问题是稳定的、内在的和不可控的。因此不需要惩罚违背者，只要道歉和必要的补偿就可以弥补受害者的损失。因此，研究结果支持研究假设H3。这一结果与Haesevoets et al.（2013）的观点一致，认为道歉和经济补偿的结合能引发进一步的信任行为，道歉"增加"了赔偿金。另外，Haesevoets和同事（2015）也发现，超额补偿并不比等于修复信任损失金额的补偿更有效。此外，这还可能是因为受害者认为对于正直型违背中的违背者，惩罚是一种监管措施，以减少违背者不诚实行为出现的频率。在能力型违背中，受害者可能会基于归因的视角对违背者产生共情，这种共情会影响受害者的决策过程，这就是为什么在能力型违背中，道歉+完全补偿的修复效果好于道歉+两倍补偿的修复效果。

### 4. 信任水平的总体修复效果

就信任水平的总体修复效果而言，本研究发现，信任修复策略只能起到对信任的部分修复作用，不能让信任水平完全修复到初始信任水平。这一结果与实验3一致，此处不再重复。实验结果支持研究假设H4。

### 5. 两种不同实验范式的信任修复效果比较

本实验结果发现，违背类型与实验范式的效应显著，这表明信任修复效果确实与信任修复的具体实验范式有关。与信任修复策略比，实验范式和违背类型更具有解释力，即正直型违背的修复效果比能力型违背的修复效果更弱，两人信任博弈的修复效果比六人公共品博弈的修复效果更强。实验结果支持研究假设H5。这说明信任者在信任违背产生后，对违背归因的过程和对违背者的意图的感知是影响信任违背的重要因素。一般而言，正直型违背与违背者的道德等因素相关，因而修复策略的效果总体更差。而能力型违背与违背者的非道德因素相关，因而修复策略的效果总体更好。因此，不同违背类型的主效应显著。实验结果还发现，两个实验类型的主效应显著，表明数据的差异主要是实验类型不同引起的。这可能是因为在两人博弈实验中，除信任者（投资人）以外，只有被信任者（代理人）。如果信任者投资的金额过低，被信任者能直接感受到这种低信任水平，很可能导致被信任者的返回金额也低（低信任度），这样就很难实现双方共赢的目标。另外，出于社会赞许效应，被试不想让他人（比如实验助手、主试等）因为自己投资的金额过低，而让自己没面子。因此，在两人信任博弈中，被试在实验初期和后期的投资金额都比六人公共品博弈的投资金额要高。而在六人公共品博弈中，被试以为除了自己，另外还有五人也在参加博弈实验。如果自己偷偷地搭便车，而使自己获得更大的收益，可能不易被发现。因此在实验初期和后期的投资金额都要比两人博弈的投资金额要低。这一现象说明，对于人际信任领域，有关部门的监督（不想让实验助手知道）和舆论的压力（社会赞许效应）都是促使个体诚实守信的重要条件。另外，梅奥等人的霍桑效应表明，员工的工作效率不仅受福利、待遇的影响，还会受到工作中的人际关系的影响。泰罗的管理效率理论认为，工人劳动存在一种"最佳"工作方式，管理人员应当去发现、寻求并确定"最佳方式"，使工人按照"最佳方式"完成每项工作（车丽萍、秦启文，2016）。因此，从管理效率的角度而言，六人工作模式的人际关系还不如两人的工作模式，这种工作模式的不同还可能会影响工作效率。

## （五）结论

（1）不同信任培养组的培养效果存在差异：直接强化组的培养效果高于替代强化组，而替代强化组的培养效果又高于对照组。

（2）违背类型对初始信任的损害有影响，但违背类型对培养后的信任损害没有影响。

（3）违背类型和修复策略会影响信任修复效果，即违背类型和修复策略主效应显著。不同违背类型条件下信任修复策略的作用也不同，因此交互效应显著。在正直型违背条件下，道歉+两倍补偿的修复策略好于其它四种修复策略的修复效果；在能力型违背条件下，道歉+完全补偿的修复策略好于其它四种修复策略的修复效果。

（4）信任修复策略只能起到对违背后信任的部分修复作用，不能让违背后的信任水平完全修复到初始信任水平。

（5）实验博弈范式影响信任修复效果：两人信任博弈范式的修复效果优于六人公共品博弈范式的修复效果。

# 第五章　研究三：道歉+补偿策略的宽恕效应研究

## 一　研究背景

信任违背是人际和组织谈判环境中经常出现的情况。这些违规行为之后，违规者往往会出现对于违规行为的解释，而这种解释主要是以道歉为代表，以试图修复这种信任关系。道歉是违规者的一种沟通或姿态，通过这种沟通或姿态，表明了违规者承担了犯错误的责任并表示悔恨（Lazare，2004）。因此，道歉（以及其他形式的解释）成为恢复信任关系时常用的方法，并成为人际交往、谈判和冲突管理的核心技巧。人们普遍认为道歉是解决人际冲突和组织关系紧张的根源和基础，并成为与人际和组织群体进行沟通和协调的关键口头工具（Lewicki & Lount，2016）。然而，一个重要但却被大多数研究者忽略的问题是，道歉的有效性是否取决于道歉本身的内容及成分。比如，有些道歉可能只是简单的一句"对不起"，而另一些道歉则是表达了丰富而详尽的内容。一般而言，更为详细的道歉，不仅可以让违规者承认所造成的伤害，还可以向受害者提出修复方法，并进一步承诺今后不再犯同样的错误（Blum-Kulka & Olshtain，1984；Steele & Blatz，2014）。道歉成分中包含的内容会影响道歉的有效性，而道歉缺乏适当的成分"可能被公众认为是表面化的和不真诚的"（Lee & Chung，2012）。Lewicki和Polin（2012）举例说明了一些知名人士和组织违反公众信任的公开道歉声明：职业高尔夫球手Tiger Woods；股票经纪人和投资顾问Bernard Madoff；全球石油和天然气能源公司巨头英国石油公司；以及捷蓝航空公司的管理。研究者指出，这些道歉以及来自企业、政府、宗教、体育和娱乐界人士的许多其他公开道歉在结构和构成上都有很大的不同，这些差异可能是人们认为道歉有效的原因以及在行为初期能修复信任的原因。因此，道歉的某些成分可能被认为是道歉有效性的核心所在。

　　道歉的构成成分对道歉有效性的影响是比较大的，因为道歉的内容和表述方式都会渗透信任违背者的认知和意图（Van Laer & De Ruyter，2010）。研究以往案例中有效道歉中的成分，可能有助于了解何时道歉特别有效，以及如何优化构建有效的道歉。因此，随着道歉在信任修复领域的广泛应用，研究者们逐渐把研究的重点转移到对道歉有效成分的研究上来。例如，Schlenker和Darby（1981）强调道歉应包含五个方面：（1）道歉意图的陈述；（2）悔恨—悲伤—尴尬的表达；（3）提出帮助受害者或进行赔偿；（4）自我惩罚；（5）试图获得宽恕。Scher和Darley（1997）通过他们的话语分析，依赖跨文化言语行为实现项目（CCSARP），该项目对跨文化的各种请求和道歉的有效性进行了广泛的分析。根据Blumkulka和Olshtain（1984）的作品，Scher和Darley强调了"道歉演讲法"的五个组成部分：（1）非语言化的姿势；（2）解释违反原因；（3）承担违反行为的责任；（4）提出修复；（5）承诺悔改。De Cremer（2010）在其信任修复研究中使用了两个组成部分（即承担责任和表示悔恨）；Lee和Chung（2012）在其研究中只使用了一个组成部分（即承担责任）；而多个研究只使用了"我想道歉"作为他们的道歉研究（Haesevoets et al.，2013；Leunissen，De Cremer & Reinders Folmer，2012）。Lewicki和Polin（2012）通过回顾有关道歉的经典文献并分析了名人和企业领袖的一系列具有较高效力的道歉方式，总结了最有效的道歉应包含的六种成分：（1）表达悔恨；（2）解释违规行为的原因；（3）承认责任；（4）申明悔改；（5）提议修复；（6）请求宽恕。此后，Lewicki、Polin和Lount（2016）对道歉的六种成分进行重复测量分析发现，三个最有效的道歉成分是解释、承认责任和提出修复方法，三个最无效的道歉成分是表达后悔、声明悔改和请求宽恕。研究显示，最有效的三种道歉成分和最无效的三种道歉成分也是最受欢迎和最不受欢迎的道歉方式。Benoit（2015）对早期提出的"形象修复理论"（Image Repair

Theory）当中的形象修复话语模型的内容及框架进行修改。同时，他参考了20年来所从事的其他案例研究，确定了可用于形象修复的主要口头"解释"策略：拒绝行为、逃避行为责任、降低对特定行为的感知攻击性、对未来提出纠正措施和"莫蒂菲卡"（Mortification），指对违法行为表示遗憾的一些解释。袁博等人（2017）认为，以往研究虽然对于道歉的构成成分尚未达成一致，但较为认同的是基于跨文化言语行为的实现项目（CCSARP）中所提出的五种道歉成分，包括：表达后悔、解释、承担责任、承诺、补偿。杨安华（2019）运用加拿大克利费尔（John C. Kleefeld）提出的道歉4R模型对两个危机案例中的道歉进行比较研究，从表示后悔（Remorse）、承担责任（Responsibility）、承诺悔改（Resolution）和进行修复（Reparation）四个坏节为如何在受损的人际关系中进行道歉提供一个具体可行的实施方法。

综上所述，本研究认为，有效道歉的成分不仅包括言语表达，用于补偿受损的情感，还包括实质性修复的承诺，用以补偿受害者的实际损失，并进一步提升受害者对违背者的信心和对未来保持亲密关系的希望。而无效道歉的成分主要包括逃避责任、寻找借口，以及口头申明、请求宽恕之类的无实质性内容的言语成分。因此，本研究把有效道歉的成分界定为解释原因、承担责任和提出修复方法，把无效道歉的成分界定为表达后悔、声明悔改和请求宽恕。

Ferrin（2007a，b）等人和Kim（2004，2006）等人的一系列开创性研究发现，道歉的有效性在很大程度上取决于信任违背的类型。当信任违背为能力型时，道歉更为有效。当信任违背为正直型时，否认更为有效。因为能力错误可以被解释为一个可纠正的"错误"，可以通过后续行动加以纠正和补救。然而，承认并为违背诚信行为道歉意味着违背者的品德有问题，任何道歉或保证都不足以完全修复被破坏的信任关系。因此，相对而言，否认违背行为被视为是更好的反应。由此可见，不同修复策略的效果并不是一成不变的，而是因违背类型、修复策略的不同而不同。

Haesevoets等人（2013）发现道歉"增加"了赔偿金，有形赔偿只有在充分弥补受害人遭受的损害时才有效，且提高补偿额度更有利于保持两者的合作关系（Desmet et al.，2011）。还有研究表明道歉和补偿策略的联合作用比任何一个单独的策略作用都大（Lewicki，2017）。例如，De Cremer（2010）证明，当受害人遭受直接经济损失时，经济补偿更为重要；而当受害人损失的不完全是钱的时候，比如名誉、面子等，道歉更为有效。但现有研究并未明确指出，经济补偿额度是多少时才能完全弥补受害者的损失（Desmet，2010）。虽然已有研究发现，部分补偿无法完全修复被破坏的信任关系和合作关系（Bottom，2002；Desmet et al.，2011；Kim et al.，2004），而高额补偿或过度补偿可能可以取得更好的修复效果或合作关系（Haesevotetsetal.，2013；De Cremer & Van Knippenberg，2004）。基于此，研究二在研究一的基础上，探索不同违背类型（正直型违背和能力型违背）情境下，道歉及经济补偿等策略的修复效果的差异。但考虑到数据处理的繁琐性，研究二把经济补偿策略的额度定为完全补偿和两倍补偿两个水平，而不考虑其他水平的补偿额度。研究二的结果显示，在正直型违背情境下，道歉+两倍补偿是最优修复策略；在能力型违背情境下，道歉+完全补偿是最优修复策略。但研究二尚有两个问题需要进一步探索：第一，未具体区分组合修复策略中的道歉方式对宽恕程度的影响，即在两种不同违背类型情境下，有效道歉和无效道歉等道歉方式是否会影响受害者对违背者的宽恕程度。第二，未深入探讨在有效道歉与无效道歉的条件下，受害者认为能宽恕违背者所需的最低经济补偿金额（即经济金额的临界值）分别是多少；这两种补偿金额的临界值是否存在显著差异。基于此，研究三拟在研究二的基础上，进一步探索在正直型违背和能力型违背情境下，有效道歉和无效道歉等道歉方式对受害者的宽恕程度影响，以及在有条件原谅的前提下，违背类型、道歉方式和实验范式等因素对受害者宽恕违背者所需的最低经济补偿金额的影响。

　　同样，研究三也采用两人信任博弈和六人公共品博弈范式开展研究，形成实验5和实验6。

## 二 实验5：信任博弈范式下道歉+补偿策略的宽恕效应实验

### （一）研究目的

实验5的研究目的有两个：一是运用两人信任博弈实验范式，探索在正直型违背和能力型违背情境下，有效道歉和无效道歉等道歉方式对宽恕程度的影响；二是运用两人信任博弈实验范式，探索在有条件原谅的前提下，违背类型和道歉方式等因素对受害者宽恕违背者所需的最低经济补偿金额的影响。

由于实验5和实验6是探索性实验而非验证性实验，因此实验5、6不再进行研究假设。

### （二）实验方法

#### 1. 被试

通过张贴海报，公开、有偿地招募了180名被试，皆为在校本科生。要求是被试人员没有博弈实验经验，且专业为非心理学类专业。有3名被试因故未参加实验，另有7名被试在实验后进行的实验真实性测试中，对实验真实性持怀疑态度，其数据予以剔除。实验实际的有效被试170名，其中男生87名，占51.2%；女生83名，占48.8%。被试年龄在17-31岁之间，平均年龄20.42岁，标准差为2.04岁。被试专业为工科有34人，所占百分比为20%；专业为理科有81人，所占百分比47.6%；其他专业有2人，所占百分比为1.2%；专业为文科有52人，所占百分比30.6%；专业为医学的有1人，所占百分比为0.6%；专业为艺术的有0人，所占百分比为0%。被试来自城镇人数为70人，所占百分比为41.2%；来自农村人数为100人，所占百分比为58.8%。被试年级为大一有14人，所占百分比为8.2%；年级为大二的有14人，所占百分比为8.2%；年级为大三有92人，所占百分比为54.1%；年级为大四的有8人，所占百分比为4.7%；年级为研一的有6人，所占百分比为3.5%；年级为研二的有4人，所占百分比为2.4%；

年级为研三的有4人，所占百分比为2.4%。月消费在500元-3500元之间，月均消费为1347.06元，标准差为625.037元。初次投资在0元-100元之间，标准差为32.594元。随机回报在5元-10元之间，标准差为6.51元。被试为独生子女的有52人，所占百分比30.6%；不是独生子女的有118人，所占百分比为69.4%。被试违背类型为能力型违背的有78人，所占百分比为45.9%；正直型违背有92人，所占百分比为54.1%。

被试均为右利手，近两周内没有生理疾病且未患过心理疾病，视力或矫正视力正常。开始实验前，由主试和实验助手统一向被试介绍实验过程、注意事项及实验报酬，并逐个确认被试是否知情，对不了解情况的被试进行详细解释。之后统一发放知情同意书，被试当场签署知情同意书。实验结束后，根据实验程序的反馈，研究者给予被试适当报酬。

## 2. 实验设计

实验采用2（违背类型：正直型违背、能力型违背）×2（道歉方式：有效道歉、无效道歉）的完全随机设计。因变量为被试在经历对方信任违背及信任修复后，对对方的宽恕程度，分为无条件原谅、有条件原谅和绝不原谅三个水平。

## 3. 实验程序

实验开始前对实验助手进行培训，确保每个实验室有1位专业的实验助手对实验过程进行控制。实验在单独的实验室进行，每个实验室只接纳1名被试，被试在单独的环境中独立完成实验。实验前被试通过公开抽签随机分配实验室号。实验主试统一讲解实验过程及注意事项，之后签署知情同意书。为给被试轻松和真实的感受，告知被试可以用实验室电脑或手机完成实验过程，但实验过程中不得与外界联系。

为了提高数据采集的效率和真实性，研究三采用网络实验的形式。实验利用Html和Javascript控制程序的前端界面，利用PHP服务器脚本程序完成数据收集。实验主试把实验网络程序上传至研究者所购买的网络空间服务器，完成调试后进行正式实验。本实验的随机化过程是通过Javascript的随机函数完成的，因此，实验主试和被试均无法知道哪个被试将接受何种处理，因而也无法干预和控制实验结果。实验开始后，被试登录主试指定的网址。接着阅读指导语，并完成个人信息的填写。之后，被试将完成所接受实验处理条件下的练习题。只有在正确完成练习题之后，被试才能进入初次投资界面进行博弈投资。随后，违背者发生信任违背行为。在信任违背之后，违背者将通过系统对信任者进行信任修复，信任修复策略包括道歉和经济补偿等策略。最后，信任者在接收到违背者的信任修复请求之后，最终决定是否原谅对方以及原谅的条件有哪些等等。

本实验的实验流程图见5-1。

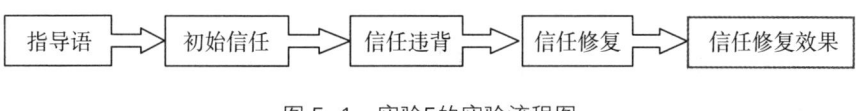

图 5-1　实验5的实验流程图

第一步：呈现指导语。指导语介绍了信任博弈实验的规则和整个实验的流程，并为每个被试建立了一个帐户，以便统计实验费，而且能增强实验的真实性。被试阅读完实验的总指导语后，开始填写个人信息。最后，实验告知被试实验结束后，将根据被试帐户中的网络币以一定的比例兑换成人民币发给被试。

第二步：呈现练习题。为了保证被试真正理解两人信任博弈的实验规则和流程，实验会呈现两道信任博弈范式下的练习题，计算投资者和代理人在不同的情境下博弈的获利情况。

屏幕呈现如下信息：

为了确保您明白，请先完成两道计算题：

例1：投资者(A)原有100个网络币，代理人(B)原有50个网络币。如果投资者(A)投资30个网络币给代理人(B)，系统返还3倍给代理人(B)。代理人(B)获利后返还60个网络币给投资者(A)，如今两人各有网络币为多少？

投资者(A)共有：（　　）个网络币。代理人(B)共有：（　　）个网络币。

例2：投资者(A)原有网络币100个，代理人(B)原有100个。如果投资者(A)投资80个网络币，系统返还3倍给代理人(B)。代理人(B)获利后没有返还任何网络币，则两人各自的网络币有多少？

投资者(A)共有：（　　）个网络币。代理人(B)共有：（　　）个网络币。

计算完毕输入你的答案，然后点击"开始"按钮，正式进行博弈。

第三步：初次投资。用于测试被试的初始信任水平。

屏幕呈现如下信息：

你被系统抽中作为投资者(A)，另一位博弈者为代理人(B)。博弈对象是系统根据无重复抽样原理从网络上抽取的陌生人，你将不会与对方再次接触。系统分配给你和代理人(B)各100个网络币，你将投资（　　）个网络币。

第四步：信任违背。与研究一和研究二一致，研究三的信任违背类型也采用两种经典的信任违背情境，正直型信任违背与能力型信任违背。

实验先呈现实验中突然发生的意外情境：

博弈系统出现意外，导致系统无法正常运行，网站智能维护系统已经展开维修工作，同时也已经通知管理员和维护人员进行事故调查。备用系统已经紧急启动，请继续进行博弈活动。

实验接着呈现信任违背情境。

能力型违背呈现的情境：经过智能网络维护系统和管理人员的慎密调查，发现和你博弈的博弈者的电脑操作水平差，发生操作失误后又错误地按下关机键，导致博弈异常中断。不幸的是你帐号中系统本轮分配的100个网络币全部损失。博弈系统正在与对方取得联系。

正直型违背呈现的情境：经过智能网络维护系统和管理人员的慎密调查，发现和你博弈的博弈者的电脑操作水平高，企图利用系统发送博弈信息和资金扣除之间的时间差，强行按下关机键，制造自己已经返还资金的假象，达到非法占有资金的目的。博弈系统检测到异常，自动关闭系统。不幸的是你帐号中系统本轮分配的100个网络币全部损失。博弈系统正在与对方取得联系。

　　第五步：道歉方式。根据以往研究，道歉方式主要指违背者道歉的言语成分的不同，分为有效道歉和无效道歉两类。有效道歉的成分主要包括承担责任、解释原因和提出修复策略；无效道歉的成分主要包括表达遗憾、宣布悔改和请求宽恕。实验程序以违背者发来道歉信的形式把道歉方式的情境呈现给被试。

　　能力型无效道歉呈现的情境：我在收到系统通知后，对这一结果感到非常抱歉！我会吸取教训，提高自己的电脑操作水平。在后期的博弈过程中，不会出现这样的不良后果。我真诚地希望能得到你的原谅！

　　能力型有效道歉呈现的情境：我在收到系统通知后，对这一结果感到非常抱歉！但我会对自己的行为负责。同时，我认为应该向你解释原因，是因为我的电脑操作水平差，发生操作失误后又错误地按下关机键，导致博弈异常中断。因此，我想通过这种书面道歉和经济补偿的方式来弥补对你造成的损害，而且我会接受由于我之前的行为所造成的所有问题。

　　正直型无效道歉呈现的情境：我在收到系统通知后，对这一结果感到非常抱歉！我会吸取教训，以后在博弈过程中，不会因为自己的电脑操作水平高，试图非法获利。我真诚地希望能得到你的原谅！

　　正直型有效道歉呈现的情境：我在收到系统通知后，对这一结果感到非常抱歉！但我会对自己的行为负责。同时，我认为应该向你解释原因，是因为我的电脑操作水平高，想通过钻系统漏洞的方式达到非法获利的目的。因此，我想通过这种书面道歉和经济补偿的方式来弥补对你造成的损害，而且我会接受由于我之前的行为所造成的所有问题。

　　第六步：选择是否宽恕。这一步主要测试被试对于违背者的信任违背行为和之后的信任修复行为，他们的态度如何？是否会原谅和宽恕违背者？

　　这一环节，屏幕呈现如下信息：

　　看了道歉信，你能原谅对方吗？如果你能原谅对方，请选择第1项；如果你是有条件的原谅对方，请选择第2项并在后面的括号里填写你认为违背者应该补偿给你的金额；如果你不能原谅对方，请选择第3项。

A 能原谅

B 至少给我（　　）个网络币，才能原谅。

C 不能原谅

最后，实验助手登记被试帐户里的网络币收益情况，并按100（网络币）：1（元）的比例兑换成人民币发给被试。同时告知被试实验真相，以消除实验处理对被试的影响。

## （三）实验结果

### 1. 信任违背类型与道歉方式对宽恕程度的影响

由图5-2、图5-3和图5-4可知，总体上而言，选择有条件原谅的人数比例最高，占45.29%；其次是绝不原谅者，占32.35%；无条件原谅者最少，占22.35%。正直型违背条件下，选择决不原谅的人最多，占44.57%；选择有条件原谅者略低，占比41.30%；无条件原谅的人最少，占14.13%。能力型违背条件下，有条件原谅的人最多，占比达到50.00%；其次是无条件原谅的人，占比32.05%，绝不原谅的人最少，占比17.95%。

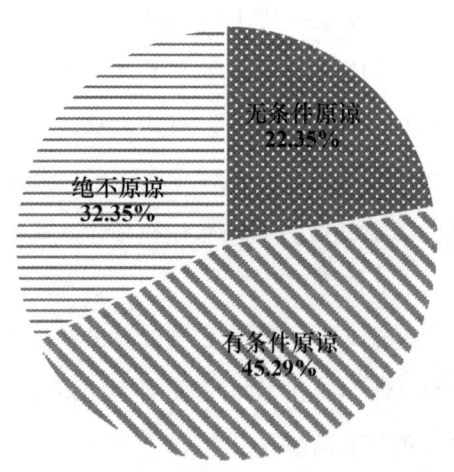

图 5-2　总体上的宽恕程度百分比图

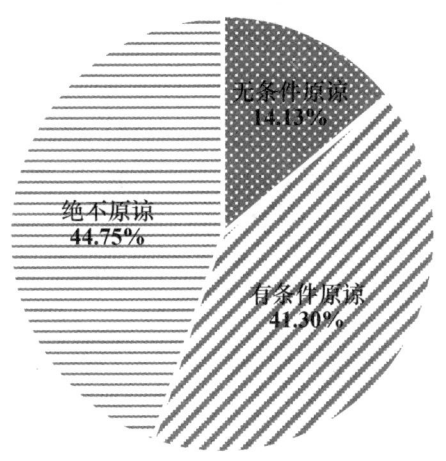

图 5-3　正直型违背下的宽恕程度百分比图

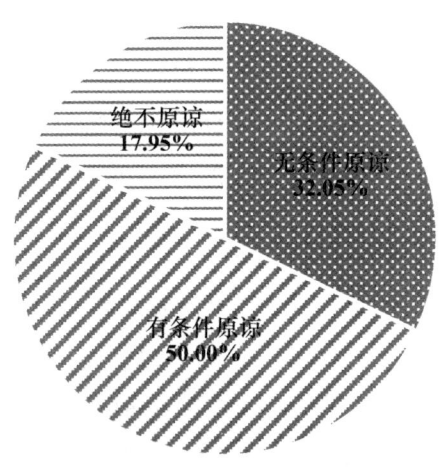

图 5-4　能力型违背下的宽恕程度百分比

由于不同违背类型条件下的被试对违背者的宽恕程度可能存在差异，因此有必要进行差异显著性检验，结果见表5-1。

由表5-1可知，在信任博弈中，道歉方式与宽恕程度存在显著关联，$p<0.01$，$\chi^2=16.013$。这说明正直型违背和能力型违背情境下，受害者对违背者的宽恕程度存在显著差异。正直型违背条件下，选择绝不原谅的人数最多，

占44.57%；选择有条件原谅者略低，占41.30%；无条件原谅的人数最少，占14.13%。能力型违背条件下，有条件原谅的人最多，占50.00%；其次是无条件原谅的人，占32.05%；绝不原谅的人最少，占17.95%。

表 5-1　　违背类型与宽恕程度的独立性检验

| 博弈类型 | 宽恕程度 | | 违背类型 | | $\chi^2$ |
|---|---|---|---|---|---|
| | | | 能力违背 | 正直违背 | |
| 信任博弈 | 绝不原谅 | 计数 | 14 | 41 | |
| | | 占违背类型的百分比 | 17.95% | 44.57% | |
| | 无条件原谅 | 计数 | 25 | 13 | 16.013*** |
| | | 占违背类型的百分比 | 32.05% | 14.13% | |
| | 有条件原谅 | 计数 | 39 | 38 | |
| | | 占违背类型的百分比 | 50.00% | 41.30% | |

　　无效道歉方式中，选择绝不原谅的人数最多，占42.16%；其次是选择有条件原谅的人数，占37.25%；选择无条件原谅的人数最少，占20.58%。有效道歉方式中，选择有条件原谅的人数最多，占57.35%；其次是选择无条件原谅者，占25.00%；选择绝不原谅的比例最低，占17.65%。见图5-5和图5-6。

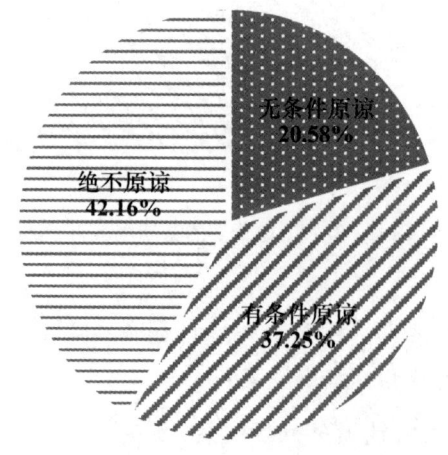

图 5-5　　无效道歉方式下的宽恕程度百分比图

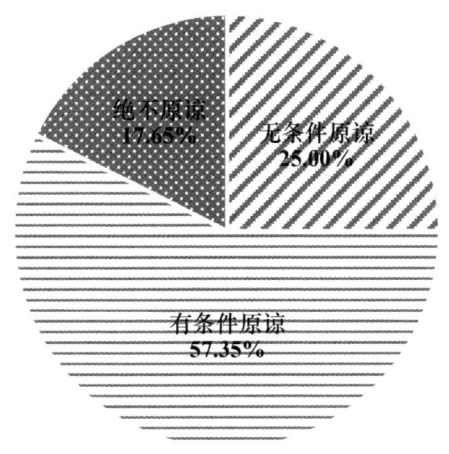

图 5-6　有效道歉方式下的宽恕程度百分比图

从两种道歉方式与宽恕程度的关系看，道歉方式对宽恕程度的选择可能存在影响，因此需要进行独立性卡方检验，结果如表5-2所示。

表 5-2　道歉方式与宽恕程度的独立性检验

| 博弈类型 | 宽恕程度 | | 道歉方式 | | $\chi^2$ |
| --- | --- | --- | --- | --- | --- |
| | | | 无效道歉 | 有效道歉 | |
| 信任博弈 | 绝不原谅 | 计数 | 43 | 12 | |
| | | 占道歉方式的百分比 | 42.16% | 17.65% | |
| | 无条件原谅 | 计数 | 21 | 17 | $11.57^{**}$ |
| | | 占道歉方式的百分比 | 20.58% | 25.00% | |
| | 有条件原谅 | 计数 | 38 | 39 | |
| | | 占道歉方式的百分比 | 37.25% | 57.35% | |

由表5-2可知，在信任博弈中，道歉方式与宽恕程度存在显著关联，$p<0.01$，$\chi^2=11.57$。这说明在信任博弈中，违背者的道歉方式会影响受害者对违背者的宽恕程度。在有效道歉的条件下，绝不原谅的比例最低，为17.65%；而在无效道歉的条件下该选项的比例最高，为42.16%，后者约是前者的2.4倍。无效道歉条件下，有条件原谅者占比居中，为37.25%；有效道歉条件下，有条件

原谅的比例达到57.35%，为该条件下最高比例。

为了进一步了解不同违背类型条件下的道歉方式的效果，研究进一步做了分层卡方检验，结果见表5-3。由表5-3分层卡方检验结果可知，在信任博弈中，宽恕程度的差异主要发生在正直型违背、无效道歉和正直型违背、有效道歉这两种组合条件之间：$p<0.01$，$\chi^2=13.346$。道歉方式为无效道歉时，高达60.0%的被试选择绝不原谅，所占比例第一；道歉方式为有效道歉时这一比例仅仅为21.6%，约为前者的三分之一；有效道歉时有条件原谅的比例高达56.8%，所占比例最高，而无效道歉时这一比例为30.9%，所占比例居中；无条件原谅方面，无效道歉条件下的占比仅仅为9.1%，不到有效道歉条件下的一半。这说明在信任博弈中，违背者的道歉方式主要影响正直型违背中受害者的宽恕程度。

表 5-3  宽恕程度 * 道歉方式 * 违背类型的分层卡方检验

| 博弈类型 | 违背类型 | 宽恕程度 | | 道歉方式 | | $\chi^2$ |
|---|---|---|---|---|---|---|
| | | | | 无效道歉 | 有效道歉 | |
| 信任博弈 | 能力型违背 | 绝不原谅 | 计数 | 10 | 4 | |
| | | | 占道歉类型的百分比 | 21.3% | 12.9% | |
| | | 无条件原谅 | 计数 | 16 | 9 | 1.545 |
| | | | 占道歉类型的百分比 | 34.0% | 29.0% | |
| | | 有条件原谅 | 计数 | 21 | 18 | |
| | | | 占道歉类型的百分比 | 44.7% | 58.1% | |
| | 正直型违背 | 绝不原谅 | 计数 | 33 | 8 | |
| | | | 占道歉类型的百分比 | 60.0% | 21.6% | |
| | | 无条件原谅 | 计数 | 5 | 8 | 13.346*** |
| | | | 占道歉类型的百分比 | 9.1% | 21.6% | |
| | | 有条件原谅 | 计数 | 17 | 21 | |
| | | | 占道歉类型的百分比 | 30.9% | 56.8% | |

## 2. 有条件原谅条件下所需补偿金额的临界值

本研究中的补偿金额临界值，指被试在选择有条件原谅时，认为至少应

获得多少补偿金额才能宽恕对方的违背行为。研究三的目的之一是探明被试
在不同违背类型条件下，有条件原谅违背者所需要的最低补偿金额的临界值
问题。

表5-4是对有条件原谅条件下所需补偿金额临界值（以下简称临界值）的
描述统计情况。由表5-4可以看出，由于存在极端异常数据极大地影响了数据
的分布形态，偏度系数和峰度系数较大。因此用平均数反映临界值的集中趋势
并不恰当，平均数和标准差的价值不大。考虑到中位数能更好地表达数据的中
心位置，因此本研究采用中位数来体现临界值的集中趋势。本研究的中位数是
100，高出修剪平均值3.03%。这个数值和被试受到的损失是一致的。四分位距
是45，表明剔除两端数据后，中间50%数据的变动幅度（最大值减最小值）为
45个网络币。

表 5-4　临界值的基本描述统计

| 博弈类型 | 统计量 | 数值 | SE |
|---|---|---|---|
| 信任博弈 | 平均值 | 12987013094 | 12987012985 |
| | 5% 修剪平均值 | 97.06 | |
| | 中位数 | 100.00 | |
| | 标准差 | 113960576447.198 | |
| | 最小值 | 5 | |
| | 最大值 | 1E+12 | |
| | 四分位距 | 45 | |
| | 偏度 | 8.775 | .274 |
| | 峰度 | 77.000 | .541 |

对不同条件下的补偿金额临界值基本数据进行描述统计，结果见表5-5。不
同条件下的临界值数据分布形态存在一定的差异，特别是有些条件下存在极端
异常值。

能力型违背条件下，无效道歉方式情境下，有的被试填的补偿金额的数
值为10亿，极大地影响了数据的分布形态，平均数和标准差均特别巨大，偏度

（4.583）和峰度系数（77）均较大。剔除5%极端数据后的修剪平均值明显降低。因此，用中位数和四分位距描述数据情况较为妥当。表5-5显示，能力型违背条件下无效道歉的中位数为100，低于修剪平均值20.72%，四分位距为55。能力型违背条件下有效道歉数据分布的偏度和峰度较小，中位数70和修剪平均数71.88较为接近，中位数低于修剪平均值2.62%，四分位距73，表明中间50%数据的跨度为73个网络币。

正直型违背条件下，有效道歉的中位数（100）与平均数（102.94）较为接近，中位数低于修剪平均值2.11%，四分位距是30；相比而言，无效道歉的中位数（110）与平均数（130.57）的差距较大，中位数低于修剪平均值11.34%，四分位距是50，表明无效道歉条件下的临界值数据较有效道歉波动范围更大，数据也显示其峰度值与偏度值也更高。

四组数据中，能力型违背条件下有效道歉的中位数最低，为70；能力型违背条件下无效道歉和正直型违背条件下有效道歉的中位数均为100；正直型违背条件下无效道歉的中位数最高，为110。具体结果如表5-5所示。

表 5-5　　不同组合条件下临界值的描述统计

| 博弈类型 | 违背类型 | 道歉方式 | | 统计 | *SE* |
|---|---|---|---|---|---|
| 信任博弈 | 能力型违背 | 无效道歉 | 平均值 | 47619047735.95 | 47619047613.20 |
| | | | 5%修剪平均值 | 126.14 | |
| | | | 中位数 | 100.00 | |
| | | | 标准差 | 218217890209.21 | |
| | | | 最小值 | 20 | |
| | | | 最大值 | 1E+12 | |
| | | | 四分位距 | 55 | |
| | | | 偏度 | 4.58 | .50 |
| | | | 峰度 | 21.00 | .97 |
| | | 有效道歉 | 平均值 | 74.94 | 12.35 |
| | | | 5% 修剪平均值 | 71.88 | |
| | | | 中位数 | 70.00 | |

续表

| 博弈类型 | 违背类型 | 道歉方式 | | 统计 | *SE* |
|---|---|---|---|---|---|
| 信任博弈 | 能力型违背 | 有效道歉 | 标准差 | 52.39 | |
| | | | 最小值 | 5 | |
| | | | 最大值 | 200 | |
| | | | 四分位距 | 73 | |
| | | | 偏度 | .72 | .54 |
| | | | 峰度 | .27 | 1.04 |
| | 正直型违背 | 无效道歉 | 平均值 | 130.57 | 11.77 |
| | | | 5%修剪平均值 | 124.07 | |
| | | | 中位数 | 110.00 | |
| | | | 标准差 | 53.96 | |
| | | | 最小值 | 80 | |
| | | | 最大值 | 300 | |
| | | | 四分位距 | 50 | |
| | | | 偏度 | 2.18 | .50 |
| | | | 峰度 | 4.84 | .97 |
| | | 有效道歉 | 平均值 | 102.94 | 8.08 |
| | | | 5%修剪平均值 | 102.16 | |
| | | | 中位数 | 100.00 | |
| | | | 标准差 | 33.31 | |
| | | | 最小值 | 40 | |
| | | | 最大值 | 180 | |
| | | | 四分位距 | 30 | |
| | | | 偏度 | .30 | .55 |
| | | | 峰度 | 1.20 | 1.06 |

根据偏态量数值，能力型违背和正直型违背条件下的无效道歉组数据均非正态分布。若要对各组数据的差异进行参数检验，则需将数据进行正态化，并剔除相应的极端值。一方面这样做会损失较多被试，且现实生活中也确实存在

类似的极端情况，删除数据的理由并不充分；另一方面则由于存在多峰分布数据（如图5-7不同实验条件下数据分布茎叶图所示），即使剔除异常值，正态化的效果也并不理想。因此决定采用非参数检验方法进行差异显著性检验。

**宽恕程度茎叶图：**

博弈类型=信任博弈；违背类型=能力型违背；道歉方式=无效道歉

| 频率 | 茎 & 叶 |
|------|---------|
| 5.00 | 0 . 22334 |
| 5.00 | 0 . 55899 |
| 9.00 | 1 . 000000023 |
| 2.00 极值 | （>=***） |

主干宽度：　**

每个叶：　　　　1个案

**宽恕程度茎叶图：**

博弈类型=信任博弈；违背类型=能力型违背；道歉方式=有效道歉

| 频率 | 茎 & 叶 |
|------|---------|
| 6.00 | 0 . 012234 |
| 5.00 | 0 . 55689 |
| 5.00 | 1 . 00003 |
| 1.00 | 1 . 5 |
| 1.00 | 2 . 0 |

主干宽度：　**

每个叶：　　　　1个案

**宽恕程度茎叶图：**

博弈类型=信任博弈；违背类型=正直型违背；道歉方式=无效道歉

| 频率 | | 茎 & 叶 |
| --- | --- | --- |
| 3.00 | 0 . | 899 |
| 12.00 | 1 . | 000000012223 |
| 4.00 | 1 . | 5557 |
| 2.00 极值 | | （>=250） |

主干宽度：　**

每个叶：　　　1个案

**宽恕程度茎叶图：**

博弈类型=信任博弈；违背类型=正直型违背；道歉方式=有效道歉

| 频率 | | 茎 & 叶 |
| --- | --- | --- |
| 1.00 Extremes | | （=<40） |
| .00 | 0 . | |
| 4.00 | 0 . | 5799 |
| 10.00 | 1 . | 0000001223 |
| 1.00 | 1 . | 5 |
| 1.00 极值 | | （>=180） |

主干宽度：　**

每个叶：　　　1个案

图 5-7　不同实验条件下数据分布茎叶图

研究对违背类型、道歉方式及两者组合的效应分别进行检验，因变量为宽恕程度（临界值）。结果如表5-6。

表 5-6　违背类型、道歉方式及两者组合的效应检验

| 序号 | 原假设 | 检验 | $p$ | 决策 |
|---|---|---|---|---|
| 1 | 在违背类型的指定类型中，宽恕程度的中位数相同 | 独立样本中位数检验 | 0.012 | 拒绝原假设 |
| 2 | 在道歉方式的指定类型中，宽恕程度的中位数相同 | 独立样本中位数检验 | 0.362 | 保留原假设 |
| 3 | 在违背类型和道歉方式的指定类型中，宽恕程度的中位数相同 | 独立样本中位数检验 | 0.022 | 拒绝原假设 |

注：显示了渐进显著性，显著性水平为0.05。

由表5-6中数据并结合描述统计的结果可知，能力型违背的临界值显著低于正直型违背的临界值，$p=0.012<0.05$。道歉方式的效应不显著。以违背类型与道歉方式的交叉组合（共四组）作为实验处理组，即表中的变量是"违背类型和道歉方式"，结果发现四组中位数不全相等，$p=0.022<0.05$。见图5-8。研究进一步对四组数据的差异进行成对比较分析，结果见图5-9。由同质性子集分析结果可知，四种组合条件下的中位数可分为两个子集，能力型违背、有效道歉条件下的临界值显著低于正直型违背、无效道歉条件下的临界值；能力型违背、无效道歉条件下的临界值显著低于正直型违背、无效道歉条件下的临界值。以上结果一方面说明能力型违背条件下的宽恕程度临界值的中位数相对较

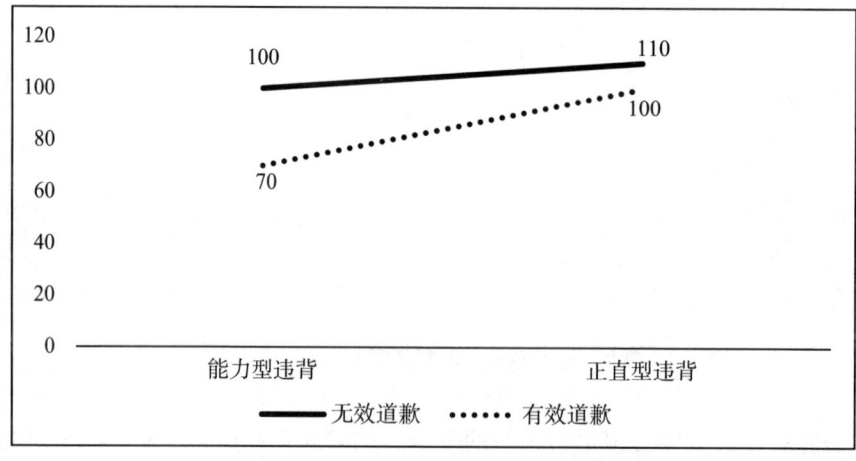

图 5-8　违背类型与道歉方式的效应图

以原谅条件为基础的同质子集

| 样本[1] | | 子集 | |
|---|---|---|---|
| | | 1 | 2 |
| | 能力型违背&有效道歉 | 70.000 | |
| | 能力型违背&无效道歉 | 100.000 | |
| | 正直型违背&有效道歉 | 100.000 | 100.000 |
| | 正直型违背&无效道歉 | | 110.000 |
| 测试统计量 | | 2.029 | 1.799 |
| 显著性（2边检定） | | .363 | .180 |
| 调整后显著性（2边检定） | | .363 | .327 |

同质子集以渐近显著性为依据。显著性层级为.05。

[1]各个储存格显示样本中位数原谅条件。

图5-9　同质性子集检验结果

低，主要是与正直型违背的无效道歉条件下的临界值相比而言。另一方面也说明了正直型违背条件下，道歉的方式很重要。

研究通过对临界值数据的初步探索认为：（1）有效道歉情况下数据接近正态分布，但无效道歉情况下数据偏态严重，存在极端异常值。（2）能力型违背条件下临界值显著低于正直型违背、无效道歉条件下的临界值。（3）不同道歉方式取得宽恕程度的补偿金额临界值的差异不显著。（4）能力型违背条件下有效道歉临界值中位数最低，为70，无效道歉临界值中位数为100；正直型违背条件下有效道歉临界值中位数为100，无效道歉临界值中位数为110。能力型违背、有效道歉条件下的临界值显著低于正直型违背、无效道歉条件下的临界值；能力型违背、无效道歉条件下的临界值显著低于正直型违背、无效道歉条件下的临界值。

### （四）讨论

#### 1. 信任违背类型、道歉方式对宽恕程度的影响

在信任博弈中，违背类型与宽恕程度存在显著关联，$p<0.01$，$\chi^2=16.013$。这说明正直型违背和能力型违背情境下，受害者对违背者的宽恕程度存在显著差异。正直型违背情境下，被试选择绝不原谅的比例最高，占44.57%；无条件原谅的比例最低，占14.13%。而能力型违背情境下，被试选择有条件原谅的比例最高，占50%；绝不原谅的比例最低，占17.99%。这说明被试的宽恕程度主要受违背类型影响，当违背者违背行为的原因是其稳定的个性和正直性时，受害者难以形成宽恕并重新信任违背者。而当违背者违背行为的原因是其能力和经验不够时，受害者愿意在自身利益得到一定程度弥补的前提下宽恕和重新信任对方。值得一提的是，本实验研究中的能力与归因理论中的能力有一定差异，这里的能力主要指完成博弈任务所需的能力和经验，它可以通过学习和培训得到提高，并非是相对稳定的综合能力。本研究结果与已有的多数研究结果一致。如江华研（2013）的研究发现，对于不同的信任违背类型，同一修复策略的修复效果存在显著差异。在正直型违背条件下的道歉比在能力型违背条件下的道歉更具有效力。在杨柳和吴海铮（2015）的研究中，信任违背类型可以调节道歉与信任之间的正向关系。对于正直型违背，否认比道歉更能修复信任关系；对于能力型违背，道歉比否认更能修复信任关系（Kim et al.，2004；于正东等，2014；韩平、宁吉，2013）。袁博等人（2017）采用元分析方法（$N=4731$）对道歉的信任修复效果进行研究，发现道歉在信任修复中起到一定的作用。信任违背类型的调节作用显著，相比正直型信任违背，道歉对能力型信任违背的修复效果更好。信任违背类型、道歉成分的调节作用不显著。

本研究结果还表明，在信任博弈中，道歉方式与宽恕程度存在显著关联，$p<0.01$，$\chi^2=11.570$。这说明在信任博弈中，违背者的道歉方式会影响被试对违背者的宽恕程度。研究进一步对不同违背类型条件下的道歉方式的效果做了分层卡方检验表明，宽恕程度的差异主要发生在正直型违背、无效道歉和正

直型违背、有效道歉这两种组合条件之间：$p<0.01$，$\chi^2=13.346$。无效道歉时高达60.0%的被试选择绝不原谅，所占比例第一；在有效道歉时这一比例仅仅为21.6%，约为前者的三分之一。有效道歉时有条件原谅的比例高达56.8%，所占比例最高，而无效道歉时这一比例为30.9%，所占比例居中。无条件原谅方面，无效道歉条件下的占比仅仅为9.1%，不到有效道歉条件下的一半。本研究中的宽恕与原谅在含义上被视为等同，并不区分其细微差异。研究结果说明在信任博弈中，违背者的道歉方式主要影响正直型违背中受害者的宽恕程度，而不影响能力型违背者的道歉方式。在综合现有研究的基础上，本研究认为有效道歉的成分不仅包括言语表达，还包括实质性修复的承诺，用以弥补受害者的情感损害和经济损失。而无效道歉的成分主要包括逃避责任、寻找借口，以及口头申明、请求宽恕之类的言语成分，通常被受害者认为缺少真诚和实质性内容的言语成分。因此，研究在道歉方式的操作性定义上，把有效道歉的成分界定为解释原因（如，因为我的电脑操作水平差）、承担责任（如，我会对自己的行为负责）和提出修复方法（如，我想通过这种书面道歉和经济补偿的方式来弥补对你造成的损害），把无效道歉的成分界定为表达后悔（对这一结果感到非常抱歉）、申明悔改（我会吸取教训，提高自己的电脑操作水平）和请求宽恕（我真诚地希望能得到你的原谅）。

　　本研究结果也得到现有研究的印证。Ferrin（2007a，b）等人和Kim（2004，2006，2013）等人的一系列研究发现，道歉的有效性很大程度上取决于信任违背的类型。当信任违背为能力型时，道歉更为有效。当信任违背为正直型时，否认更为有效。因为能力错误可以被解释为一个可纠正的"错误"，可以通过后续行动加以纠正和补救，但承认并为违背诚信行为道歉意味着违背者的品德有问题，任何道歉或保证都不足以修复完全的信任。由此可见，不同修复策略的效果并不是一成不变的，而是因违背类型、修复的策略的不同而不同。首先，本研究结果可以从道歉与违背类型方面进行解释。在本研究中，在正直型违背条件下，违背者的违背原因是想让自己的收益最大化而完全不顾受害者的利益。即使违背者只要分一部分因受害者投资而获利的收益给受害者，他们之间也能实现共赢。因为系统会把受害者投资的金额翻三番给违背者。其实只要违背者返还大于受害者投资金额的利益给受害者，他们两人的这种良性循环人际关系就具有可持续发展的可能。因此，这种损人利己、为己之利不择手段的正直型违背行为，在人际交往中是很让受害者忌讳和失望的。因为正直型违背行为折射的是违背者稳定的个性和正直性问题，而不像能力型违背者那样，只是暂时的能力不足问题。这与Kim等人（2004，2006）的研究结果一致，当受害者误判个体的能力时，这种影响并不像受害者误判个体的正直性那样大。因为对违背者能力的错误判断可能很快能恢复，因为能力是可以通过学习提高的。而当个体误判了对方的基本个性和正直性时，这种错误判断可能威胁到他们对自己的判断和个人自我效能感的信心。因此，当违背者使用无效道歉方式，用简单的表示遗憾和请求宽恕的言语成分，可能难以改变受害者对对方个性的判断。而当违背者使用有效道歉方式，用承担责任和主动提出补偿的言语成分，则能够让受害者得到安抚和承诺的信息，在一定程度上能恢复他们的自我效能感和对未来交往的信心。正如Lazarea（2004）所述，成功的道歉之所以起作用是因为它们满足了受害者一种或者多种心理需求，比如恢复自尊和尊严，与受害者坦诚对话等等。因此，在正直型违背且有效道歉条件下，被试选择绝不原谅的人数大大降低，只有无效道歉条件下的1/3，而选择无条件原谅的人则是无效道歉条件下的2.4倍。

第二，正直型违背还可以看成是对受害者的不尊重和冒犯，而道歉则是对这种不当行为的弥补与平衡。Cristina（2016）使用广义的康德思想，认为人们犯错时，都会涉及到尊重的失败问题。研究者认为，违规行为都可以理解为对受害者表示不尊重，从而造成尊重的缺失。研究认为道歉会给人理由的力量，它使宽恕变得合理。道歉与宽恕有关，因为违规者在道歉时，他们会认识到对待受害者的方式是错误的，受害者应该得到更好的对待。道歉在表达层面上恢复了受害者和违背者之间尊重的道德平衡，这样就可以得到宽恕。对于宽恕理论来说，解释道歉与宽恕之间的关系是至关重要的。道歉似乎有能力为受害者提供正确的道德理由来原谅违背者的过错。结合本研究的实验情境来看，当受害者发现违背者不遵守博弈游戏规则，采用不当手段获利时，就是对受害者的侮辱和不尊重。当道歉使他们重新感到了受尊重从而产生内心的平衡感和自信，宽恕行为就会油然而生。因此，在有效道歉条件下，被试选择绝不原谅的人数只有无效道歉条件下的1/3，而选择无条件原谅的人则是无效道歉条件下的2.4倍。

第三，受害者因信任违背类型和道歉方式的影响，从而产生了绝不原谅、有条件原谅和无条件原谅三种截然不同的宽恕行为，还可以从受害者自身的解释水平角度进行解释。解释水平理论（Construal-level theory，CLT）主要应用于认知现象，如选择项目的评价（Ledgerwood, et al., 2010）和个人内部现象，如自我控制（Fujita & Roberts, 2010）。解释水平理论认为，人对远心理距离的事物会倾向于用高解释水平表征，即用主要、核心、本质、去背景化的特征来表征事物，而对近心理距离的事物则倾向于用低解释水平表征，即用次要、辅助、非本质、边缘化、细节化、背景化的特征来表征事物。对解释水平的人际效应的研究还很少见。将解释水平理论扩展到信任领域，可以更好地理解人际过程是如何被传递和发展的。本研究的道歉方式是以违背者发来的道歉信的方式呈现的，有效道歉和无效道歉的道歉信的区别只体现在道歉的构成要素上，通过不同的文字描述来表达信息。从解释水平理论的角度来看，道歉方式是属于低解释水平表征。解释层面理论（Trope & Liberman，2010）表明，当人们在相对较低的层次（即具体层面）解释事物时，对这些相对详细的信息是敏感的（Berson, Halevy, Shamir & Erez, 2015）。当受害者在相对较低（具体）的层面上解释道歉进行归因，而不是在较高（抽象）的层面上解释道歉时，才能恢复信任。Cels & Sanderijn（2015）的研究也表明，低解释水平的信任者使用道歉中的归因信息来决定他们倾向于信任受托人的程度。相反，在高解释水平的心态中，信任者不受信任者使用的归因类型的影响。因此，当受害者属于低解释水平时，他们对有效道歉更为敏感，更能宽恕违背者。相反，当受害者属于高解释水平时，他们对道歉方式则不敏感，道歉方式则难以引起相应的宽恕行为。由于本研究并未对被试的解释水平进行控制和操纵，因此无法进行深入探讨。这有待于今后的进一步调查研究。

## 2. 有条件原谅条件下所需补偿金额的临界值分析

由于本实验数据存在极端异常数据，极大地影响了数据的分布形态，偏度系数和峰度系数较大。因此用平均数反映临界值的集中趋势并不恰当，平均数和标准差的价值不大。考虑到中位数能更好地表达数据的中心位置，因此本研究剔除5%极端数据后，采用中位数来体现临界值的集中趋势。研究结果显示，能力型违背条件下有效道歉临界值中位数最低，为70，无效道歉临界值中位数为100；正直型违背条件下有效道歉临界值中位数为100，无效道歉临界值中位数为110。而且，能力型违背、有效道歉条件下的临界值显著低于正直型违背、无效道歉条件下的临界值；能力型违背、无效道歉条件下的临界值显著低于正直型违背、有效道歉条件下的临界值。虽然能力型违背的无效道歉和正直型违背的有效道歉的临界值中位数均为100，但是两组的多重比较主要考察两组的整体差异，而不是中位数的差异。因此，即使两者的临界值中位数相等，其整组的差异还是可能存在的。正直型违背条件下有效道歉临界值中位数为100。另外，能力型违背的临界值显著低于正直型违背的临界值，$p=0.012<0.05$。道歉方式的效应不显著，说明无论是有效道歉还是无效道歉情境，被试在选择有条件补偿时，所需的最低补偿金额没有显著差异。这说明道歉方式对补偿金额的临界值没有调节作用。受害者可能会因为违背者的违背原因而提高补偿金额的临界值，但不会因为道歉表达方式的不同而改变所需的补偿金额。

现有对道歉和经济补偿的组合策略进行的研究，多数是把经济补偿策略定为受害者损失的一半、一倍、两倍或三倍等，且这种补偿额度是研究者赋予受害者的，受害者只能被动接受，没有自由选择的机会。这种实验操作在一定程度上限制了受害者主张和维护自身权益的真实想法。本研究在研究二的基础上，在道歉策略基础上均采用了经济补偿策略，且补偿的额度是被试自由输入的，能较为真实地体现被试内心的想法。研究发现，除了5%左右的被试把索赔的金额定在自身损失的10倍以上（即要求补偿1000个网络币以上），大多数被试要求的补偿金额只在自身损失的1倍左右。而在能力型有效道歉条件下，受害者甚至只要求补偿自身损失的70%即可，说明道歉在修复受害者的人际信任过程中，起到了30%左右的效力。这一方面说明多数受害者衡量宽恕违背者所需的经济补偿金额是以自身损失为参照的，能弥补自身损失的经济利益即可。另一方面，真诚而有效地道歉方式在能力型违背中能起到修复作用，在一定程度上替代了赔偿金的作用。这一结果与早期的研究结果（Haesevoets et al.，2013，2015）一致。同时，这一结果也说明过高的经济补偿金额（如2倍以上甚至更多）并不会增加信任修复的效果。研究结果提示，在人际信任的短期修复策略上，完全经济补偿（即1倍补偿）+有效的道歉方式将是能力型违背条件下最有效的修复策略。而正直型违背条件下，1倍-1.5倍的经济补偿+有效的道歉方式可能是最佳的修复策略，但还需综合考虑受害者的人格特点、解释水平和违背行为的严重性等多种影响因素。因此，什么是正直型违背条件下的最佳修复策略，还有待于今后的进一步探索。

研究结果一方面说明不同信任违背类型对受害者的宽恕程度有调节作用，影响被试有条件原谅所需的最低补偿金额。导致这一结果的原因，可以根据归因理论，从违背者的违背原因方面进行解释。具体而言，当违背原因是违背者为了一己之利而不惜损害受害者的利益时，即正直型违背条件下，受害者对其的宽恕程度就低，可能需要的补偿金额就越高，即补偿金额的临界值越高。当违背原因是违背者的能力不足而导致受害者的利益受损，即能力型违背条件下，受害者对违背者的宽恕程度就更高，他可能需要的补偿金额的临界值就更低。Okimoto和Tyler（2007）研究了除提供经济补偿之外，表达道歉是否比单独提供补偿更有效。Desmet（2011）观察到事实确实如此：在四项研究中，他们发现，如果分配利益受损的受害者伴随着情感上的担忧，他们对赔偿的要求会更多（Okimoto & Tyler，2007）。Kim等人（2004，2006）的研究认为，当受害者误判个体的能力时，这种影响会小于误判违背者的正直性的影响。因为对违背者能力的错误判断可能很快能恢复，而当个体误判了对方的基本个性和正直性时，这种错误判断可能威胁到他们对自己的判断和个人自我效能感的信心。因此，当违背者用简单的表示遗憾和请求宽恕的言语成分，可能难以改变受害者对对方个性的判断。只有当违背者用足够高的经济补偿才能够让受害者得到安抚，在一定程度上能恢复他们的自我效能感和对未来交往的信心。

第二，众多研究表明，人际信任修复过程的影响因素是多方面的。如有研究者发现，受害者宽恕的前因中有些与受害者自身有关。例如，受害者的宽恕水平（Brown，2004；McCullough，Bellah，Kilpatrick & Johnson，2001）、对违法行为的态度（McCullough et al.，2001；McCullough et al.，1998）、对犯罪者的同情（McCullough，Worthington & Rachal，1997；Wade & Worthington，2005）、关系承诺（Finkel，Rusbult，Kumashiro & Hannon，2002；Karremans，van Lange，Ouwerkerk & Kluwer，2003）；人口统计学特征，如宗教信仰（McCullough，Bono & Root，2005）和文化（Suwartono，Prawasti & Mullet，2007）也可能起到一定作用；宽恕的其他前因是情境性的，它们包括犯罪严重性（Zechmeister，Garcia，Romero & Vas，2004）、犯罪近况（Wohl & McGrath，2007）、责任归因（Fincham，Palari & Regalia，2002；McCullough，Fincham & Tsang，2003）、感知累犯（Tomlinson，Dinen & Lewicki，2004）。以及犯罪者的解释（Fukuno & Ohbuchi，1998）。Desmet（2011）认为，经济交换关系中的信任修复过程不仅是由补偿的特征（大小、自愿、是否也提供道歉）所决定的，而且是由违背者（意图的明确性）、受害者（宽恕的特征倾向）以及违背方（群体或个人）等决定。由于本研究中的被试均来自国内高校的大学生和研究生，他们大多数未完全进入社会，因而多数被试非常注重违背者违背行为产生的原因。当违背行为是正直型时，被试的情感和自信容易受损。这导致近五成被试在面对正直型违背时，宁愿放弃经济补偿而选择绝不原谅对方。但在面对能力型违背时，被试有理由认为这与违背者的人品无关，应该再给对方机会并给予宽恕。因而有五成的被试认为应该在得到基本经济补偿后，选择原谅对方。今后研究可在不同群体被试中进行探索，可以进一步丰富人际信任违背与信任修复策略的相关研究。

第三，现有研究发现，人们可能会高估道歉在信任修复中的作用，而忽略经济补偿等策略在信任修复中的作用。De Cremer等人（2011）的研究表明，人们高估了道歉的价值和行为影响。当人们想象接受道歉时（无论是真实的还是想象中的违法行为），他们比实际接受道歉时更重视道歉，表现出更信任的行为。然而研究结果表明，道歉并不能像受害者期望的那样减轻他们的担忧。受害者在受到伤害后立即得到道歉，他们似乎不像预期的那样感激道歉。可能道歉的价值在于让观察者（而不是受害者）相信违法者是个好人，即观察者认为拒绝道歉的受害者不如接受道歉的受害者，即使道歉明显是不真诚的（Bennett & Dewberry，1994；Risen & Gilovich，2007）。研究认为，如果道歉确实是一种有价值的印象工具，那么道歉只能被视为和解进程中的第一个必要步骤，这一步骤必须与其他形式的补救措施结合起来，才能被评价为有价值（和受害者预测的那样有效）。比如道歉与实质性修复策略相结合的组合策略，可能可以弥补受害者已发生的有形损失。这一结论可以很好地解释为什么本研究中正直型违背条件下，道歉方式对受害者宽恕程度无显著影响。

## （五）结论

（1）在信任博弈范式下，受害者的宽恕程度主要受违背类型影响，正直型违背的宽恕程度差于能力型违背。近五成受害者在正直型违背条件下不愿宽恕违背者；有五成受害者在能力型违背条件下，在弥补自身经济损失的前提下，选择宽恕违背者。

（2）在信任博弈范式下，道歉方式的有效性主要体现在正直型违背条件下。受害者宽恕程度的差异主要发生在正直型违背的无效道歉和正直型违背的有效道歉之间。有六成受害者在正直型违背且无效道歉条件下，不愿宽恕违背者；近六成受害者在正直型违背和有效道歉条件下，在弥补自身经济损失的前提下，选择宽恕违背者。

（3）受害者对违背者经济补偿的要求一般以自身损失为参照：能力型违背的有效道歉条件下，受害者的经济补偿要求为70网络币，能力型违背的无效道歉条件下为100网络币；正直型违背的有效道歉条件下，受害者的经济补偿要求为100网络币，正直型违背的无效道歉条件下为110网络币。无论道歉方式是否有效，能力型违背条件下的补偿临界值均低于正直型违背条件下的临界值。补偿临界值会受到违背类型的影响，但不受道歉方式的影响。

# 三 实验6：公共品博弈范式下道歉+补偿策略的宽恕效应实验

## （一）研究目的

实验6的研究目的有两个：一是运用六人公共品博弈实验范式，探索在正直型违背和能力型违背情境下，有效道歉和无效道歉等道歉方式对宽恕程度的影响；二是运用六人公共品博弈实验范式，探索在有条件原谅的前提下，违背类型、道歉方式和实验范式等因素对受害者宽恕违背者所需的最低经济补偿金额的影响。

## （二）实验方法

### 1. 被试

通过张贴海报，公开、有偿地招募了160名被试，皆为在校本科生。要求是被试人员没有博弈实验经验，且专业为非心理学类专业。有5名被试因故未参加实验，另有8名被试在实验后进行的实验真实性测试中，对实验真实性持怀疑态度，其数据予以剔除。实验实际的有效被试147名。其中男生76名，占51.7%；女生71名，占48.3%。被试年龄在17岁-25岁之间，平均年龄21.03岁，标准差为1.66岁。专业为工科有34人，所占百分比为23.1%，专业为理科有54人，所占百分比36.7%，其他专业有6人，所占百分比为4.1%，专业为文科有50人，所占百分比34.0%，专业为医学的有2人，所占百分比为1.4%，专业为艺术的有1人，所占百分比为0.7%。被试中来自城镇的人数为44人，所占百分比为29.9%，来自农村的人数为103人，所占百分比为70.1%。被试年级为大一的有20人，所占百分比为13.6%。年级为大二的有9人，所占百分比为6.1%，年级为大三的有87人，所占百分比为59.2%，年级为大四的有12人，所占百分比为

8.2%，年级为研一的有14人，所占百分比为9.5%，年级为研二的有5人，所占百分比为3.4%。月消费在500元-3500元之间，月均消费为1374.15元，标准差为532.645元。初次投资在0元-100元之间，标准差为31.929元。随机回报在5元-10元之间，标准差为6.73元。被试为独生子女的有34人，所占百分比23.1%，不是独生子女的有113人，所占百分比为76.9%。被试违背类型为能力型违背的有78人，所占百分比为53.1%，正直型违背有69人，所占百分比为46.9%。

被试均为右利手，近两周内没有生理疾病且未患过心理疾病，视力或矫正视力正常。开始实验前，由主试和实验助手统一向被试介绍实验过程、注意事项及实验报酬，并逐个确认被试是否知情，对不了解情况的被试进行详细解释。之后统一发放知情同意书，被试当场签署知情同意书。实验结束后，根据实验程序的反馈，研究者给予被试适当报酬。

## 2. 实验设计

采用2（违背类型：正直型违背，能力型违背）×2（道歉方式：有效道歉，无效道歉）完全随机设计。因变量为被试在经历对方信任违背及信任修复后，对对方的宽恕程度，分为无条件原谅、有条件原谅以及绝不原谅三个水平。

## 3. 实验程序

实验开始前对实验助手进行培训，确保每个实验室有1位专业的实验助手对实验过程进行控制。实验在单独的实验室进行，每个实验室只接纳1名被试，被试在单独的环境中独立完成实验。实验前被试通过公开抽签随机分配实验室号。实验主试统一讲解实验过程及注意事项，之后签署知情同意书。为给被试轻松和真实的感受，告知被试可以用实验室电脑或手机完成实验过程，但实验过程中不得与外界联系。

为了提高数据采集的效率和真实性，研究三采用网络实验的形式。实验利用Html和Javascript控制程序的前端界面，利用PHP服务器脚本程序完成数据收集。实验主试把实验网络程序上传至研究者所购买的网络空间服务器，完成调试后进行正式实验。本实验的随机化过程是通过Javascript的随机函数完成的，因此，实验主试和被试均无法知道哪个被试将接受何种的处理，因而也无法干预和控制实验结果。实验开始后，被试登录主试指定的网址。接着阅读指导语，并完成个人信息的填写。之后，被试将完成所接受实验处理条件下的练习题。只有在正确完成练习题之后，被试才能进入初次投资界面进行投资博弈。随后，违背者发生信任违背行为。在信任违背之后，违背者将通过系统对信任者进行信任修复，信任修复策略包括道歉和经济补偿等策略。最后，信任者在接收到违背者的信任修复请求之后，最终决定是否原谅对方以及原谅的条件有哪些等等。

本实验的实验流程图见图5-1，此处省略。

第一步：呈现指导语。指导语介绍了公共品博弈实验的规则和整个实验的流程，并为每个被试建立了一个帐户，以便统计实验费，而且能增强实验的真实性。被试阅读完实验的总指导语后，开始填写个人信息。最后，实验告知被试实验结束后，将根据被试帐户中的网络币以一定的比例兑换成人民币发给被试。

第二步：呈现练习题。为了保证被试真正理解六人公共品博弈的实验规则和流程，实验会呈现一道公共品博弈范式的练习题，计算不同投资人在不同的情境下，博弈的获利情况。

屏幕呈现如下信息：

为了确保您明白博弈规则，请先完成一道计算题：

六个投资者(A)分别投入了80,20,20,50,0,40个网络币，则公共投资资金为80+20+20+50+0+40=210。系统返还3倍即630个网络币。每位博弈者获得630/6=105个网络币作为投资回报，加上他们原来剩下的数字（分别为20,80,80,50,100,60），此时他们分别持有125,185,185,155,205,165个网络币。练习：有位投资者(A)投资了70个网络币，公共投资资金总计为300个网络币，系统返还的资金为：（　　）个网络币。

该投资者(A)本次投资结束持有网络币为：（　　）。

计算完毕输入你的答案，然后点击"开始"按钮，正式进行博弈。

第三步：初次投资。用于测试被试的初始信任水平。

系统给每个参与者各分配100个网络币，每个参与者可以投资0至100个网络币作为公共投资资金，系统会将所有人的公共资金变成3倍后平均分给所有的博弈者。请输入你的投资额：（　　）个网络币。

第四步：信任违背。与研究一和研究二一致，研究三的信任违背类型也采用两种经典的信任违背情境，正直型信任违背与能力型信任违背。

实验先呈现实验中突然发生的意外情境：

博弈系统出现意外，导致系统无法正常运行，网站智能维护系统已经展开维修工作，同时也已经通知管理员和维护人员进行事故调查。备用系统已经紧急启动，请继续进行博弈活动。

实验接着呈现信任违背情境。

能力型违背呈现的情境：经过智能网络维护系统和管理人员的慎密调查，发现和你同组的某博弈者电脑操作水平差，发生操作失误后又错误地按下关机键，导致博弈异常中断。不幸的是你帐号中系统本轮分配的100个网络币全部损失。博弈系统正在与对方取得联系。

正直型违背呈现的情境：经过智能网络维护系统和管理人员的慎密调查，发现和你同组的某博弈者电脑操作水平高，企图利用系统发送博弈信息和资金扣除之间的时间差，强行按下关机键，制造自己已经返还资金的假象，达到非法占有资金的目的。博弈系统检测到异常，自动关闭系统。不幸的是你帐号中系统本轮分配的100个网络币全部损失。博弈系统正在与对方取得联系。

第五步：道歉方式。道歉方式分为有效道歉和无效道歉两类。实验程序以违背者发来道歉信的形式把道歉方式的情境呈现给被试。公共品博弈实验范式下的能力型无效道歉、能力型有效道歉、正直型无效道歉和正直型有效道歉呈现的情境与实验5相同，此处不再赘述。

第六步：选择是否宽恕。此环节设置与实验5相同，此处不再赘述。

最后，实验助手登记被试帐户里的网络币收益情况，并按100（网络币）：1（元）的比例兑换成人民币发给被试。同时告知被试实验真相，以消除实验处理对被试的影响。

（三）实验结果

1. 信任违背类型和道歉方式对宽恕程度的影响

研究首先对被试选择的宽恕程度的数据分布特点进行分析，结果见图5-10。

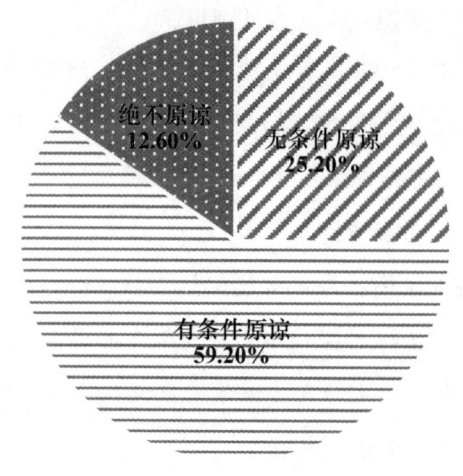

图 5-10　公共品博弈中不同宽恕程度的百分比图

由图5-10可知，公共品博弈中，选择绝不原谅的有23人，占15.6%；选择无条件原谅的有37人，占25.2%；选择有条件原谅的有87人，占59.2%，接近6成。

不同违背类型和不同道歉方式、宽恕程度的百分比构成见图5-11、图5-12和图5-13、图5-14。在能力型违背条件下，选择有条件原谅的人所占比例最高，占58.18%；其次是选择无条件原谅的人所占比例，为29.49%；选择绝不原谅的人所占比例为11.54%。正直型违背中，也是选择有条件原谅的人所占比例最高，占58.42%；选择无条件原谅和绝不原谅的人所占比例持平，为20.29%。

在有效道歉中，选择有条件原谅的人数最多，占56.79%；其次是选择无条件原谅的人数，占29.63%；人数最少的是选择绝不原谅者，占13.58%。在无效道歉条件下，选择有条件原谅的比例最高，占62%；选择无条件原谅的人数次之，占19.70%；选择绝不原谅的人数占18.18%。

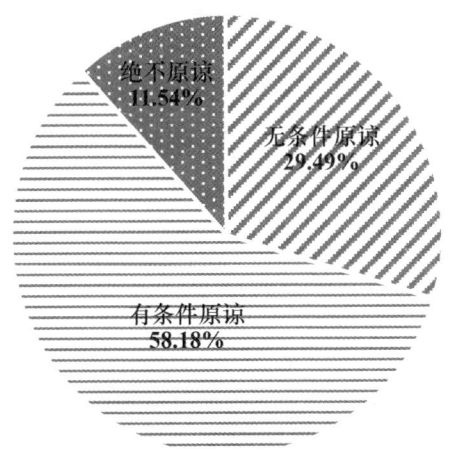

图 5-11　能力型违背下宽恕程度的百分比图

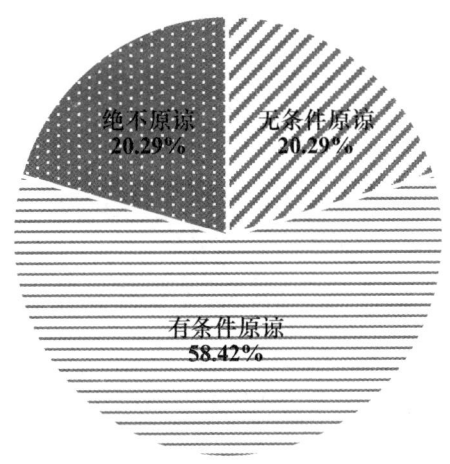

图 5-12　正直型违背下宽恕程度的百分比图

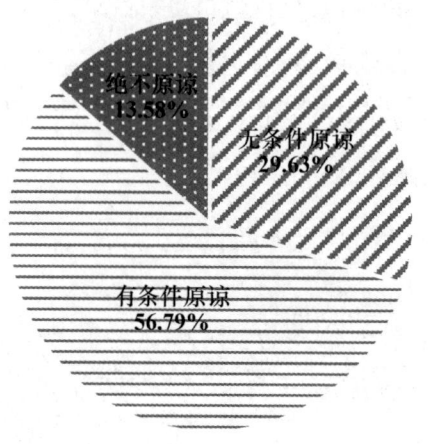

图 5-13　有效道歉的宽恕程度的百分比图

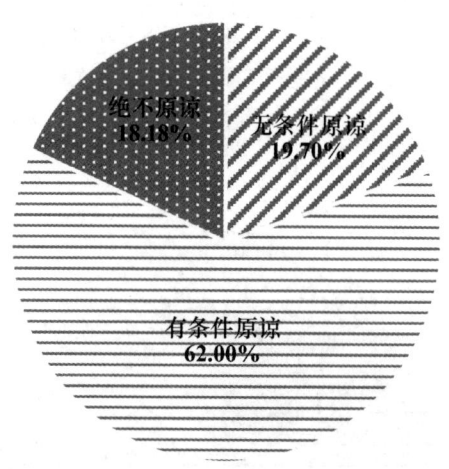

图 5-14　无效道歉的宽恕程度的百分比图

　　对变量进行独立性检验分析，发现公共品博弈中，违背类型与宽恕程度无显著关联。结果见表5-7、表5-8。

　　为了进一步探索不同违背类型条件下的道歉方式的效果，研究进一步做了分层卡方检验，结果见表5-9。由表5-9的分层卡方检验结果可知，公共品博弈中，违背类型与道歉方式组合所得的四种条件下，宽恕程度的差异均不显著。

表 5-7　违背类型与宽恕程度的独立性检验

| 博弈类型 | 宽恕程度 | | 违背类型 | | χ2 |
|---|---|---|---|---|---|
| | | | 能力型违背 | 正直型违背 | |
| 公共品博弈 | 绝不原谅 | 计数 | 9 | 14 | |
| | | 占违背类型的百分比 | 11.5% | 20.3% | |
| | 无条件原谅 | 计数 | 23 | 14 | 3.024 |
| | | 占违背类型的百分比 | 29.5% | 20.3% | |
| | 有条件原谅 | 计数 | 46 | 41 | |
| | | 占违背类型的百分比 | 59.0% | 59.4% | |

表 5-8　道歉方式与宽恕程度的独立性检验

| 博弈类型 | 宽恕程度 | | 道歉类型 | | χ2 |
|---|---|---|---|---|---|
| | | | 无效道歉 | 有效道歉 | |
| 公共品博弈 | 绝不原谅 | 计数 | 12 | 11 | |
| | | 占道歉类型的百分比 | 17.4% | 14.1% | |
| | 无条件原谅 | 计数 | 13 | 24 | 2.785 |
| | | 占道歉类型的百分比 | 18.8% | 30.8% | |
| | 有条件原谅 | 计数 | 44 | 43 | |
| | | 占道歉类型的百分比 | 63.8% | 55.1% | |

表 5-9　宽恕程度 * 道歉方式 * 违背类型分层卡方检验

| 博弈类型 | 违背类型 | 宽恕程度 | | 道歉方式 | | χ2 |
|---|---|---|---|---|---|---|
| | | | | 无效道歉 | 有效道歉 | |
| 公共品博弈 | 能力型违背 | 绝不原谅 | 计数 | 4 | 5 | |
| | | | 占道歉类型的百分比 | 11.4% | 11.6% | |
| | | 无条件原谅 | 计数 | 9 | 14 | .472 |
| | | | 占道歉类型的百分比 | 25.7% | 32.6% | |
| | | 有条件原谅 | 计数 | 22 | 24 | |
| | | | 占道歉类型的百分比 | 62.9% | 55.8% | |
| | 正直型违背 | 绝不原谅 | 计数 | 8 | 6 | |
| | | | 占道歉类型的百分比 | 23.5% | 17.1% | |
| | | 无条件原谅 | 计数 | 4 | 10 | 3.063 |
| | | | 占道歉类型的百分比 | 11.8% | 28.6% | |
| | | 有条件原谅 | 计数 | 22 | 19 | |
| | | | 占道歉类型的百分比 | 64.7% | 54.3% | |

### 2. 有条件原谅所需要补偿金额的临界值分析

在被试选择有条件原谅时，他们认为至少需要多少补偿金额才能宽恕对方的信任违背行为？进一步的分析旨在明确不同条件下最低补偿金额的临界值问题。

公共品博弈实验范式下的临界值基本数据描述的描述统计结果见表5-10。由于数据存在极端异常值，数据的偏态量和峰态量均较高，因此不宜用平均数和标准差对数据进行描述分析，而用中位数和四分位数较合适。从表5-10中的数据可以看出，公共品博弈中临界值的中位数是100，低于修剪平均值29.55%，四分位距为40。

表 5–10　公共品博弈中临界值的描述统计量

| 博弈类型 | | 统计 | *SE* |
|---|---|---|---|
| 公共品博弈 | 平均值 | 1418.55 | 1152.081 |
| | 5%剪除后平均值 | 141.95 | |
| | 中位数 | 100.00 | |
| | 标准差 | 10745.897 | |
| | 最小值 | 15 | |
| | 最大值 | 100000 | |
| | 四分位距 | 40 | |
| | 偏度 | 9.193 | .258 |
| | 峰度 | 85.209 | .511 |

由不同违背类型和道歉方式组合条件下的临界值描述表（见表5-11）可知，各组数据的峰度的偏度值均较高。除正直型违背的无效道歉组外，其余各组中位数与平均数差距均较大。由此，采用中位数和四分位距对数据进行描述。能力型违背的无效道歉组的临界值中位数为89.50，低于修剪平均值47.94%，四分位距为93；能力型违背的有效道歉组的临界值中位数为95，低于修剪平均值1.15%，四分位距为38；正直型违背的无效道歉组的临界值中位数为100，高于修剪平均值4.23%，四分位距为60；正直型违背的有效道歉组的临

界值中位数是100，低于修剪平均值57.99%，四分位距为319。从中位数看，最大临界值与最小临界值的中位数差距在10个网络币左右，差距不大。从四分位距看，各组数据发散程度差异巨大，能力型违背的有效道歉组数据相对集中，正直型违背的有效道歉组的数据发散程度最大，提示该组被试对违背者的宽恕程度可能存在较大分歧。

不同实验条件下数据分布茎叶图如图5-15所示：

**宽恕程度茎叶图：**

博弈类型=公共品博弈；违背类型=能力型违背；道歉方式=无效道歉

| 频率 | 茎 & 叶 |
|---|---|
| 1.00 | 4 . 0 |
| 4.00 | 5 . 0000 |
| 2.00 | 6 . 00 |
| 3.00 | 7 . 000 |
| 1.00 | 8 . 0 |
| 1.00 | 9 . 9 |
| 5.00 | 10 . 00000 |
| 5.00 极值 | （ >=300 ） |

主干宽度：　10

每个叶：　　　1 个案

**宽恕程度茎叶图：**

博弈类型=公共品博弈；违背类型=能力型违背；道歉方式=有效道歉

| 频率 | 茎 & 叶 |
|---|---|
| 3.00 | 0 . 122 |
| 9.00 | 0 . 556777889 |
| 7.00 | 1 . 0000000 |
| 2.00 | 1 . 55 |

3.00 极值　　　　（>=200）

主干宽度：　**

每个叶：　　　　1 个案


**宽恕程度茎叶图：**

博弈类型=公共品博弈；违背类型=正直型违背；道歉方式=无效道歉

| 频率 | 茎 & 叶 |
|------|---------|
| 5.00 | 0 . 22334 |
| 4.00 | 0 . 5889 |
| 6.00 | 1 . 000000 |
| 2.00 | 1 . 55 |
| 2.00 极值 | （>=300） |

主干宽度：　**

每个叶：　　　　1 个案


**宽恕程度茎叶图：**

博弈类型=公共品博弈；违背类型=正直型违背；道歉方式=有效道歉

| 频率 | 茎 & 叶 |
|------|---------|
| 8.00 | 0 . 23456789 |
| 7.00 | 1 . 0000000 |
| .00 | 2 . |
| 2.00 | 3 . 25 |
| .00 | 4 . |
| 1.00 | 5 . 0 |
| 4.00 极值 | （>=800） |

主干宽度：　**

每个叶：　　　　1 个案

图 5-15　不同实验条件下数据分布茎叶图

表 5-11　不同违背类型和道歉方式组合条件下的临界值描述表

| 违背类型 | 道歉方式 | | 统计 | SE |
|---|---|---|---|---|
| 能力型违背 | 无效道歉 | 平均值 | 615.86 | 449.688 |
| | | 5% 修剪平均值 | 171.92 | |
| | | 中位数 | 89.50 | |
| | | 标准差 | 2109.224 | |
| | | 最小值 | 40 | |
| | | 最大值 | 10000 | |
| | | 四分位距 | 93 | |
| | | 偏度 | 4.598 | .491 |
| | | 峰度 | 21.368 | .953 |
| | 有效道歉 | 平均值 | 126.88 | 35.327 |
| | | 5% 修剪平均值 | 96.11 | |
| | | 中位数 | 95.00 | |
| | | 标准差 | 173.066 | |
| | | 最小值 | 15 | |
| | | 最大值 | 900 | |
| | | 四分位距 | 38 | |
| | | 偏度 | 4.197 | .472 |
| | | 峰度 | 19.101 | .918 |
| 正直型违背 | 无效道歉 | 平均值 | 104.84 | 19.966 |
| | | 5% 修剪平均值 | 95.94 | |
| | | 中位数 | 100.00 | |
| | | 标准差 | 87.031 | |
| | | 最小值 | 20 | |
| | | 最大值 | 350 | |
| | | 四分位距 | 60 | |
| | | 偏度 | 1.871 | .524 |
| | | 峰度 | 3.543 | 1.014 |

续表

| 违背类型 | 道歉方式 | | 统计 | *SE* |
|---|---|---|---|---|
| 正直型违背 | 有效道歉 | 平均值 | 4764.91 | 4535.376 |
| | | 5% 修剪平均值 | 238.03 | |
| | | 中位数 | 100.00 | |
| | | 标准差 | 21272.800 | |
| | | 最小值 | 22 | |
| | | 最大值 | 100000 | |
| | | 四分位距 | 319 | |
| | | 偏度 | 4.689 | .491 |
| | | 峰度 | 21.992 | .953 |

进一步对违背类型、道歉方式和违背类型与道歉方式的组合效应分别进行差异检验，结果发现违背类型对临界值的影响不显著；*p*=0.762>0.05。道歉方式对临界值影响不显著，*p*=0.362>0.05。违背类型与道歉方式的组合对临界值的影响不显著，*p*=0.807>0.05。具体结果见表5-12。

表 5-12　违背类型、道歉方式和两者的组合效应检验

| 序号 | 原假设 | 检验 | *p* | 决策 |
|---|---|---|---|---|
| 1 | 在违背类型的类别中，宽恕程度的中位数相同 | 独立样本中位数检验 | 0.762 | 保留原假设 |
| 2 | 在道歉方式的类别中，宽恕程度的中位数相同 | 独立样本中位数检验 | 0.362 | 保留原假设 |
| 3 | 在违背类型和道歉方式的类别中，宽恕程度的中位数相同 | 独立样本中位数检验 | 0.807 | 保留原假设 |

注：显示了渐进显著性，显著性水平为为0.05。

### 3. 信任博弈实验范式与公共品博弈实验范式的比较

由表5-13中的结果可知，总体上实验范式间存在显著差异，$\chi^2$=10.331，*p*<0.01。差异最主要体现在信任博弈中绝不原谅者的比例上，为32.4%，是公共品博弈对应比例15.6%的两倍多。

表 5-13　原谅类型和博弈类型的独立性检验

| | | 博弈类型 | | $\chi^2$ |
|---|---|---|---|---|
| | | 公共品博弈 | 信任博弈 | |
| 绝不原谅 | 计数 | 23 | 55 | |
| | 占博弈类型的百分比 | 15.6% | 32.4% | |
| 无条件原谅 | 计数 | 37 | 38 | 12.146** |
| | 占博弈类型的百分比 | 25.2% | 22.4% | |
| 有条件原谅 | 计数 | 87 | 77 | |
| | 占博弈类型的百分比 | 59.2% | 45.3% | |

进一步根据违背类型、博弈类型和两者的组合条件进行分层卡方检验，进行更细致的分析。表5-14中数据显示，正直型违背条件下实验范式差异显著，$\chi^2=10.331$，$p<0.01$，差异最主要体现在正直型违背的信任博弈中，选择绝不原谅的比例为44.6%，是公共品博弈对应比例20.3%的两倍多。能力型违背条件下的差异不显著，$\chi^2=1.747$，$p>0.05$。

表 5-14　违背类型、博弈类型对宽恕程度的影响

| 违背类型 | 宽恕程度 | | 博弈类型 | | $\chi^2$ |
|---|---|---|---|---|---|
| | | | 公共品博弈 | 信任博弈 | |
| 能力型违背 | 绝不原谅 | 计数 | 9 | 14 | |
| | | 占博弈类型的百分比 | 11.5% | 17.9% | |
| | 无条件原谅 | 计数 | 23 | 25 | 1.747 |
| | | 占博弈类型的百分比 | 29.5% | 32.1% | |
| | 有条件原谅 | 计数 | 46 | 39 | |
| | | 占博弈类型的百分比 | 59.0% | 50.0% | |
| 正直型违背 | 绝不原谅 | 计数 | 14 | 41 | |
| | | 占博弈类型的百分比 | 20.3% | 44.6% | |
| | 无条件原谅 | 计数 | 14 | 13 | 10.331** |
| | | 占博弈类型的百分比 | 20.3% | 14.1% | |
| | 有条件原谅 | 计数 | 41 | 38 | |
| | | 占博弈类型的百分比 | 59.4% | 41.3% | |

　　进一步根据道歉方式、博弈类型和两者的组合条件进行分层卡方检验，进行更细致的分析。表5-15中数据显示，无效道歉条件下实验范式间差异显著，$\chi^2=10.640$，$p<0.01$。差异主要发生在无效道歉的条件下，信任博弈中选择绝不原谅的比例为40.6%，是公共品博弈范式下相应比例18.2%的两倍多；无效道歉的条件下，信任博弈中选择有条件原谅的比例为39.6%，比公共品博弈范式下的对应比例低1/3左右。有效道歉条件下实验范式差异不显著，$\chi^2=0.705$，$p>0.05$。

表 5–15　道歉方式、博弈类型对宽恕程度的影响

| 道歉方式 | 原谅类型 | | 博弈类型 | | $\chi^2$ |
| --- | --- | --- | --- | --- | --- |
| | | | 公共品博弈 | 信任博弈 | |
| 无效道歉 | 绝不原谅 | 计数 | 12 | 43 | |
| | | 占博弈类型的百分比 | 18.2% | 40.6% | |
| | 无条件原谅 | 计数 | 13 | 21 | 10.640** |
| | | 占博弈类型的百分比 | 19.7% | 19.8% | |
| | 有条件原谅 | 计数 | 41 | 42 | |
| | | 占博弈类型的百分比 | 62.1% | 39.6% | |
| 有效道歉 | 绝不原谅 | 计数 | 11 | 12 | |
| | | 占博弈类型的百分比 | 13.6% | 18.8% | |
| | 无条件原谅 | 计数 | 24 | 17 | .705 |
| | | 占博弈类型的百分比 | 29.6% | 26.6% | |
| | 有条件原谅 | 计数 | 46 | 35 | |
| | | 占博弈类型的百分比 | 56.8% | 54.7% | |

　　表5-16中数据显示，正直型违背的无效道歉条件下，公共品博弈中选择绝不原谅的人数所占比例为25.8%，不到信任博弈实验对应比例55.9%的一半。选择有条件原谅的人数比例高达61.3%，是信任博弈对应比例35.6%的1.7倍。$\chi^2=7.467$，$p<0.05$，差异显著。其余条件下实验范式的差异不显著。

表 5-16　宽恕程度 * 博弈类型 * 违背类型 * 道歉方式交叉表

| 道歉方式 | 违背类型 | 宽恕程度 | | 博弈类型 | | $\chi^2$ |
|---|---|---|---|---|---|---|
| | | | | 公共品博弈 | 信任博弈 | |
| 无效道歉 | 能力型违背 | 绝不原谅 | 计数 | 4 | 10 | |
| | | | 占博弈类型的百分比 | 11.4% | 21.3% | |
| | | 无条件原谅 | 计数 | 9 | 16 | 2.860 |
| | | | 占博弈类型的百分比 | 25.7% | 34.0% | |
| | | 有条件原谅 | 计数 | 22 | 21 | |
| | | | 占博弈类型的百分比 | 62.9% | 44.7% | |
| | 正直型违背 | 绝不原谅 | 计数 | 8 | 33 | |
| | | | 占博弈类型的百分比 | 25.8% | 55.9% | |
| | | 无条件原谅 | 计数 | 4 | 5 | 7.467* |
| | | | 占博弈类型百分比 | 12.9% | 8.5% | |
| | | 有条件原谅 | 计数 | 19 | 21 | |
| | | | 占博弈类型的百分比 | 61.3% | 35.6% | |
| 有效道歉 | 能力型违背 | 绝不原谅 | 计数 | 5 | 4 | |
| | | | 占博弈类型的百分比 | 11.6% | 12.9% | |
| | | 无条件原谅 | 计数 | 14 | 9 | .112 |
| | | | 占博弈类型的百分比 | 32.6% | 29.0% | |
| | | 有条件原谅 | 计数 | 24 | 18 | |
| | | | 占博弈类型的百分比 | 55.8% | 58.1% | |
| | 正直型违背 | 绝不原谅 | 计数 | 6 | 8 | |
| | | | 占博弈类型的百分比 | 15.8% | 24.2% | |
| | | 无条件原谅 | 计数 | 10 | 8 | .801 |
| | | | 占博弈类型的百分比 | 26.3% | 24.2% | |
| | | 有条件原谅 | 计数 | 22 | 17 | |
| | | | 占博弈类型的百分比 | 57.9% | 51.5% | |

研究继续对临界值的中位数进行实验范式差异的显著性检验。结果见表 5-17。

表 5-17　　不同实验范式下的临界值中位数的差异显著性检验

| 序号 | 原假设 | 检验 | *p* | 决策 |
|---|---|---|---|---|
| 1 | 在博弈类型的类别中，宽恕程度的中位数相同 | 独立样本中位数检验 | 0.312 | 保留原假设 |
| 2 | 在博弈类型的类别中，宽恕程度的中位数相同 | 独立样本中位数检验 | 0.920 | 保留原假设 |
| 3 | 在博弈类型的类别中，宽恕程度的中位数相同 | 独立样本中位数检验 | 0.097 | 保留原假设 |
| 4 | 在博弈类型的类别中，宽恕程度的中位数相同 | 独立样本中位数检验 | 0.173 | 保留原假设 |
| 5 | 在博弈类型的类别中，宽恕程度的中位数相同 | 独立样本中位数检验 | 0.827 | 保留原假设 |
| 6 | 在博弈类型的类别中，宽恕程度的中位数相同 | 独立样本中位数检验 | 0.882 | 保留原假设 |
| 7 | 在博弈类型的类别中，宽恕程度的中位数相同 | 独立样本中位数检验 | 0.755 | 保留原假设 |
| 8 | 在博弈类型的类别中，宽恕程度的中位数相同 | 独立样本中位数检验 | 0.045 | 拒绝原假设 |
| 9 | 在博弈类型的类别中，宽恕程度的中位数相同 | 独立样本中位数检验 | 0.909 | 保留原假设 |

注：显著了渐进显著性，显著性水平为0.05。

　　由表5-17可知，不同实验范式的临界值中位数不存在显著差异（原假设1），$p=0.312>0.05$。对不同违背类型条件下实验范式的作用进行检验，两种违背类型条件下实验范式对临界值影响均不显著（原假设2和3），分别有$p=0.920>0.05$和$p=0.097>0.05$。不同道歉方式条件下，实验范式对临界值影响不显著（原假设4和5），分别有$p=0.173>0.05$和$p=0.827>0.05$。能力型违背、无效道歉条件下实验范式对临界值无显著影响（原假设6），$p=0.882>0.05$。能力型违背、有效道歉条件下实验范式对临界值影响不显著（原假设7），$p=0.755>0.05$。正直型违背、无效道歉条件下实验范式对临界值的作用显著（原假设8），$p=0.045<0.05$。正直型违背、有效道歉条件下实验范式对临界值

的作用不显著（原假设9），$p=0.909>0.05$。结合前面中位数的描述统计，公共品博弈中，正直型违背的无效道歉临界值的中位数为100，信任博弈中相应的临界值中位数是110，后者较前者高出10个网络币，高出幅度为10%。

### （四）讨论

与实验5一样，实验6的实验数据也存在极端异常数据，极大地影响了数据的分布形态，偏度系数和峰度系数较大。用平均数反映临界值的集中趋势并不恰当，平均数和标准差的价值不大。考虑到中位数能更好地表达数据的中心位置，因此本研究剔除5%的极端数据后，采用中位数来体现临界值的集中趋势。本实验结果表明，公共品博弈实验范式下，违背类型和道歉方式均与宽恕程度无显著关联。违背类型与道歉方式组合所得的四种条件下，宽恕程度的差异均不显著。能力型违背条件下的临界值中位数是94.5，四分位距为40。正直型违背条件下的临界值中位数是100，四分位距是90。无效道歉条件下的临界值中位数是99，四分位距为50。有效道歉的临界值中位数是100，四分位距为81。违背类型、道歉方式及两者组合对临界值的影响均不显著。研究结果说明，在公共品博弈实验范式下，信任违背类型、违背者道歉方式对受害者的宽恕程度均无显著影响。不同情境下，受害者选择有条件原谅所需的最低补偿金额的临界值中位数也无显著差异。

从实验5和实验6的两种实验范式角度来看，两人信任博弈实验和六人公共品博弈实验的实验范式存在显著差异，$\chi^2=12.146$，$p<0.01$。差异最主要体现在两人信任博弈中绝不原谅者的比例是六人公共品博弈对应比例的两倍多。正直型违背条件下实验范式差异显著，$\chi^2=10.331$，$p<0.01$，差异最主要体现在两人信任博弈中绝不原谅的比例是六人公共品博弈对应比例的两倍多。无效道歉条件下实验范式间差异显著，$\chi^2=10.640$，$p<0.01$，差异主要发生在两人信任博弈范式下绝不原谅的比例是六人公共品博弈范式下相应比例的两倍多；有条件原谅的比例比六人公共品博弈范式下的对应比例低1/3左右。正直型违背无效道歉条件下，六人公共品博弈中选择绝不原谅的人数所占比例不到两人信任博弈实

验对应比例的一半。选择有条件原谅的人数比例是两人信任博弈对应比例的1.7倍。$\chi^2=7.467$，$p<0.05$，差异显著。其余条件下实验范式的差异不显著。不同实验范式的临界值中位数不存在显著差异。正直型违背、无效道歉条件下实验范式的作用显著$p=0.045<0.05$。结合前面中位数的描述统计，六人公共品博弈中正直型无效道歉临界值中位数为100，两人信任博弈中相应的中位数是110，后者较前者高出10个网络币，高出幅度为10%。其余违背类型、道歉方式及其组合条件下的实验范式均不显著。

综合以上讨论可知，两种实验范式下的研究结果存在较大差异。这可能与两种不同的实验范式本身有关。信任博弈实验范式在人际信任的经济决策中，是运用得最广的一种实验范式（Evan & Krueger，2009；Krueger，Grafman & Mccabe，2008；Fulmer & Gelfand，2015）。实验通过信任者（受害人）和被信任者（违背者）之间明确的投资、返还金额的行为，来模拟经济决策中的人际信任关系的产生、违背和修复过程。当信任者向被信任者投资了一定金额时，系统会把投资金额翻三番再交给被信任者。如果被信任者返回大于信任者的投资金额，那么良好的人际信任模式就成功地建立起来。如果被信任者要利益最大化，他可以不返回任何金额，这样就产生了信任违背。由于信任博弈范式能把被试内隐的信任水平转变为外部可度量的信任水平，因而在信任和信任修复领域广泛运用（Riedl & Javor，2012；Rousseau et al.，1998）。公共品博弈范式一般是通过"给——游戏"的方式来考察个体在公共物品困境中所表现出的合作水平（Parks et al.，2013）。实验中，被试自愿向公共帐户捐献一定金额，所有进入公共帐户里的金额都会被系统翻三番，再平分给每位（共六位）成员，无论这位成员之前捐献了多少金额。那些不投或少投的成员，他们从这个实验中获取的收益明显比那些贡献更多的人更高。但如果大家都投入较多，则公共帐户增值也越高。如果大家都不投，那公共帐户的利益大家都得不到。因此，参与公共品博弈实验，既需要成员之间的相互信任，也体现了成员之间的合作共赢模式。另外，两种实验范式还有一个较大的区别在于，信任博弈中的博弈对象是明确的、具体的个体；而公共品博弈中的博弈对象不是具体的个体，而是一个群体。当信任违背行为发生时，信任博弈中受害者清楚地了解对方是违背者，而公共品博弈中受害者并不知道究竟是哪位成员产生了损人利己、违背规则的行为。这也能够解释为什么在正直型违背、无效道歉条件下，信任博弈中选择绝不原谅的比例是公共品博弈中的两倍。因为信任博弈中受害者不会轻易原谅一个因为不诚实而导致违背行为的人，即使他后继有类似道歉、经济补偿的修复行为；而在公共品博弈中，由于不清楚究竟谁是肇事者，如果选择绝不原谅对方，可能会伤及无辜。因此公共品博弈中选择绝不原谅的人会大大减少。

此外，正直型违背、无效道歉条件下，信任博弈中选择有条件原谅的比例是公共品博弈中的一半。这可以从道歉与宽恕的关系上进行解释。现有研究者认为，宽恕是信任修复过程中的一个关键环节。因为通过宽恕，受害者认识到发生了某种类型的信任违背行为，违背者自身也表示后悔并承诺不再发生违背行为（Govier，1999）。因而宽恕在信任修复过程中起到了重要的桥梁作用。从实验范式的角度来看，如果信任博弈是一种人际信任博弈，那么公共品博弈则可看成是个体对群体的博弈。因此，在实验5中，道歉方式对宽恕程度有显著影响，而在实验6中，道歉方式对宽恕程度却无显著影响。Hornsey & Wohl（2013）等人的研究也发现，虽然群际道歉对群际宽恕没有显著影响，但人际道歉则有可能产生人际宽恕。Schmidt（2011）也证实了受害者与一个团体而不是个人互动时，增加了道歉的有效性。因为道歉会使受害者减少对报复的渴望（一种由愤怒中介的效果），而且会增加他们对违背者的宽恕行为（一种由尊重中介的效果）。Hornsey等人（2013）提出的基于信任的群体间道歉反应模型（A trust-based model of responses to intergroup apologies），根据个人因素、情境因素和道歉因素，区分了高信任和低信任情景。在高度信任的情况下，道歉被视为具有修复信任的作用。它体现的是一种和解的姿态以及对未来真正意图的声明。这将会对满足受害者的情感需要、责任归因和宽恕方面产生积极的影响。在信任度较低的情况下，道歉更有可能被防御性地处理，在这种情况下，道歉可能表现为受害者启发性地将信息斥为虚假，或者系统地筛选信息是否有不真诚的迹象。从低信任度的角度来看，受害者群体成员可能会对违法者群体的动机进行可疑的假设：违背者发表这些评论是因为他们真的感到抱歉，还是他们有其他一些不可告人的动机（例如，减少拘留的压力；避免惩罚；提高他们在别人眼中的道德形象）？这种怀疑的结果是，道歉在满足受害者的情感需要、责任归因和宽恕方面没有效力。本研究中，相对于公共品博弈而言，信任博弈中的正直型违背行为在情境因素上属于低信任情境，因而受害者会认为违背者的道歉不是真心实意而是虚情假意的。这样的归因会使道歉的效力和作用大大降低，达不到修复信任关系的作用。另外，从修复信任的类型来看，Lewicki和Tomlinson（2014）把信任修复分为基于利益型的信任修复（CBT）和基于情感型的信任修复（IBT）。CBT主要跟受害者的损益有关，它的修复方法主要取决于有效的道歉方式和经济补偿；而IBT的修复方法则更为困难，因为受害者有着更高的情感投入。当违背者的违反行为发生时，强烈的愤怒、失望和背叛情绪会立即被激起。这类违背行为往往会产生更强烈的负面影响，因为受害者开始质疑自己对信任对方的判断。因此，违规者一方面要具体讨论其违规背后的意图，而且必须重申其对重视和修复IBT关系的承诺；另一方面，受害者也必须愿意原谅并致力于重建信任，而不是参与报复、升级或拒绝进一步参与。从博弈范式来看，信任博弈中违背者的指向性明确。受害者除了损失经济利益外，更容易在情感上受到伤害。其修复方法更似于IBT。而公共品博弈中违背者的指向性不清晰，受害者主要表现在经济利益的损失而非情感损害，因此其修复方法类似于CBT。这种理解更容易解释本研究，在信任博弈中有更多的被试（55.9%）会直接选择绝不原谅，而在公共品博弈中更多的被试（61.3%）会选择有条件原谅。由此可推测，相比于公共品博弈，信任博弈的修复效果可能会更差。因为信任博弈损害的可能是受害者的经济利益和情感因素，而公共品博弈只损害了受害者的经济利益。确切的研究结论也有待于今后研究的进一步展开。

## （五）结论

（1）在公共品博弈范式下，信任违背类型的道歉方式对受害者的宽恕程度均无显著影响。在不同违背类型的道歉方式条件下，受害者选择有条件原谅所需的最低补偿金额的临界值也无显著差异。

（2）两人信任博弈实验和六人公共品博弈实验的实验范式存在差异，最主要体现在正直型违背的无效道歉条件下，选择绝不原谅和有条件原谅的人数比例。正直型违背的无效道歉条件下，两人信任博弈范式中，近六成受害者选择不愿宽恕违背者；而在六人公共品博弈范式中，有六成多受害者在弥补了自身损失的前提下选择宽恕违背者。这可能与两种实验范式的责任明确性不同有关，而且在信任博弈中违背者损害的可能是受害者的经济和情感双重权益，而在公共品博弈中违背者只损害了受害者的经济利益。

# 第六章  讨  论

## 一  信任的建立与培养：直接强化与替代强化的影响

社会信任危机问题是党和政府以及社会公众普遍关注的焦点问题，对社会、组织和个人都具有重要影响。从某种意义上说，社会信任危机问题频发，会导致社会信任水平下降。而社会信任又是影响人际信任的社会环境，同时人际信任又是社会信任体系中最重要的一种（彭寅，2014）。有研究者将人际信任分为普遍信任与特殊信任（韦伯，1995；卢曼，2005；胡荣，2011），两者在概念、作用和影响因素等方面存在本质的不同（张建新，2000；埃里克，2006）。如前所述，普遍信任是针对"生人"的信任，而特殊信任是针对"熟人"的信任。一般而言，特殊信任水平显著高于普遍信任水平（王思琦，2013；胡荣、林本，2013；Yu M.，2014）。

研究一的两个实验：实验1和实验2，分别采用行为经济学领域的信任博弈实验范式和公共品博弈实验范式，探索了普遍信任与特殊信任的实验分离问题。两个实验都设置了直接强化组、替代强化组和控制组（对照组）。直接强化和替代强化的实验目的都是为了营造一种与"熟人"进行特殊信任博弈的氛围，唯一的区别在于前者是被试直接与被信任者进行博弈，后者是被试观看别的信任者与被信任者进行博弈。由于普遍信任的对象是陌生人，因而实验1和实验2中控制组的被信任者（由程序虚拟生成）返回的金额由程序随机发送，因而被试对控制组的被信任者的信任水平并不会提升，停留在普遍信任水平。这一结果与现有研究结果是一致的，Brancht等人（2009）和Di Cagno等人（2010）的研究发现，被试通过观察被信任者声誉的信息，能直接提高他们对被信任者的信任水平。而且被信任者回报的金额大小会随着信任者投资金额的增加而增加（Camerer，2007）。投资金额平均为信任者持有金额的一半左右，而被信任者的回报金额略低于投资金额（陈欣、叶浩生，2009）。因此，当对照组的信任者没有受到高回报的正强化时，他们的水平（信任水平）一般不会随博弈次数的增加而增加，仍然停留在对陌生人的普遍信任水平。另外，Chang（2010）和Yu M.（2014）等人的研究也有类似发现，对信任者稳定的直接强化（被信任者的高额返回资金），无论是从认知还是情感角度，都能显著提升信任者对被信任者的信任水平。

研究一结果还显示，直接强化组的信任水平显著高于替代强化组，替代强化组又显著高于控制组。根据人际信任的正向演变过程来分析，随着信任双方良性互动的经验积累，信任一般会经历计算型信任、了解型信任和认同型信任的发展过程（Lewick & Bunker，1996）。因此，信任的发展由对陌生人的普遍信任发展到熟人朋友之间的认同型信任水平，也是信任水平由初始信任水平提高到特殊信任水平的过程。社会规范理论认为，人际信任一般遵循人际互惠的原则，也就是俗语说的"善有善报、恶有恶报"，"滴水之恩当涌泉相报"。互惠的形式主要包括直接互惠、间接互惠和强互惠等三种（张蔚等，2016）。如果说本研究中的直接强化组是一种直接互惠的话，那么替代强化组就是一种间接互惠形式。此外，多数人根据互惠原则认为，人们在一般情况下都会遵守这种互惠原则，以提高在人际交往中的可信度（他人对自己的信任程度），因此相信信任行为一般是能得到回报的（Evans & Krueger，2009；Krueger，Massey & Di Donato，2008）。Bicchieri, C., Xiao, E.和Muldoon, R.（2011）等人的研究也表明，人们认为信任是一种社会规范，会对不遵守信任者的行为实施惩罚。研究认为被信任者的信任度是一种规范。大多数被试相信多数人会惩罚那些没有回报的人，无论是陌生或朋友信任的人。而且代理人返还的金额可作为对信任者给予信任的回报，这是一种被广泛接纳的社会规范。

考虑到以直接强化的方式培养信任者的信任水平存在实验的练习效应、疲劳效应，另外直接强化这种方式容易受时间、空间限制等问题，本研究另辟蹊径，采用观察学习的替代强化方式对信任者的信任水平进行培养。实验1的研究结果支持了本研究的假设：替代强化能建立和提升信任者的信任水平，替代强化条件的信任水平显著高于无强化条件的信任水平，但显著低于直接强化条件下的信任水平。这说明通过观察学习这种间接学习的方式也能培养和提升信任者的信任水平，但其效果差于直接学习的方式。替代强化是由著名的行为主义学派中的代表人物之一班杜拉提出的社会学习理论中的一个重要概念。班杜拉认为，观察学习就是一种间接学习的形式，人类的大多数行为是通过观察而习得的。依靠观察学习可以迅速掌握大量的行为模式（张大均，2015）。实验1和实验2的替代强化组的被试都是作为旁观者，观察了5轮他人之间的信任博弈或公共品博弈并得到稳定的资金收益回报后，把这种替代强化的效果迁移到自己与他人的博弈实验中，并迅速提升了对自己对手（被信任者）的信任水平，这种信任水平是在信任者的投资金额中得到体现。因此，以观察学习的方式建立和培养人际信任，比如通过树立社会的诚信榜样和诚信模范的方式来提升社会的诚信水平、解决社会信任危机等问题，在某种程度上说，更具有可推广的价值和现实意义。正如我国政府采用的治理失信、提升诚信的策略，从短期策略来看，政府采取奖励守信者（正强化）、惩罚失信者（惩罚）的方式就是观察学习理论在政府提升社会诚信水平方面的具体应用。政府在各方面为守信人员"一路开绿灯"，就是树立这种诚信榜样，让全社会学习这种守信的行为，从而提高社会的诚信水平；对于失信人员和各种"老赖"，政府在多方面"处处限制"，就是树立"老赖"难以生存的榜样，让"老赖"们无处可逃，从而降低这种失信行为发生的概率。同时，政府还建立社会诚信的长效监督机制，以防止失信人员抱有侥幸心理，以后有机会卷土重来。可以说，研究一为政府提升社会诚信、解决社会信任危机问题在具体的方式和方法上提供了一定的研究基础。

从经济行为学领域的博弈实验范式来看，传统的信任领域一般采用囚徒困境、信任博弈和蜈蚣博弈等三种实验范式（陈欣、叶浩生，2009），这三种范式的共同特点是博弈中信任者与被信任者之间的关系是不平等的。这种信任关系类似于买卖双方的信任关系，通常是商家占主动地位，而消费者处于被动地位。因此，在这种模式下培养起来的信任关系是单方面的信任，即博弈信任者对被信任者的信任。在实验中，被信任者一般是由实验程序控制的。另外，由于参与博弈的只有两人，当被信任者发生了信任违背行为并损害了信任者的收益，那么这种背叛行为的认定是显而易见的，是由被信任者造成的。因此，本研究认为，有必要选择多人博弈实验范式来进行信任及信任修复的研究，比如公共品博弈范式。基于此，本研究的实验1选择了信任研究领域用得最广的实验范式——信任博弈实验范式来研究信任的建立与培养问题。实验2则采用了六人公共品博弈实验。这种实验范式与传统的信任博弈实验范式除了人数不同以外，还有一个最大的区别就是被试与对手的关系是不同的。六人公共品博弈实验培养的信任类似于大学生六人寝室的关系，他们之间的关系是平等的。在实验室中，被试一般充当一名博弈成员，而其余成员由实验程序控制。在实验2的程序中，当被试及其他成员向公共帐户投的钱越多，系统翻了3倍以后，公共帐户的总金额就越多，大家的平均获利也越大。这就是博弈中的正和博弈，也叫共赢。但从个人来看，如果个人投资的钱减少甚至不投资，而其他成员的投资金额不变，那么个体的获利就是最大的。但是如果所有成员都这么做的话，公共帐户的资金就会越来越少，每个人的收益也会相应越少。所以，公共品博弈需要考虑的是个人与集体的利益存在矛盾的问题。在合作领域，公共品博弈实验中每个人向公共帐户投资的金额一般是作为"合作"的指标。而实验2利用公共品博弈中的人数众多（一般大于三人）的特点，采用六人博弈的范式，把每个人向公共帐户投资的金额作为"信任"他人的指标。另外，由于人数众多，被试并不知道具体是哪个成员向公共帐户里少投资或不投资，这就容易产生搭便车现象。搭便车现象是指利用和享受他人的贡献成果，一般在公共物品困境中比较常见（陈晓萍，2013）。因此，六人公共品博弈中的成员可能会抱着侥幸心理从而更容易产生信任违背行为。研究一同时运用信任博弈实验范式和公共品博弈范式进行研究，主要目的在于增加研究的外部效度。也就是说，如果研究一的结论在两种博弈实验范式中都得到了一致的结果，说明研究一的结果具有稳定性，这种稳定性能为结论的可推广性提供依据（Rietzchel，Wisse & Rupp，2017）。

## 二　信任的违背与修复：道歉与经济补偿的作用机制

信任修复的研究自2000年以来呈指数增长，信任修复的主要研究是从2000年后开始的（Roy J，2017）。著名期刊（Academy of Management Review，2009；Organization Studies）关注信任修复的重点是在道德或法律违规后的个人或组织的重新融入（Business Ethics Quarterly，2014）。研究者们认为，信任修复是一种复杂现象，其作用机制尚未得到一致的结论（Dirks et al.，2009；Lewicki and Bunker，1996；Schoorman et al.，2007）。

### （一）信任违背的类型对修复效果的影响

根据现有的研究结果来看（见表1-5），在纳入的34项信任修复的实验研究中，违背类型主要指正直型违背和能力型违背，除了1项研究未标明违背类型外，其余实验研究都是这两种违背类型，占97%。此外，现有研究认为，被信任者的人格特点，如能力、正直、善心等是影响其是否可信的重要因素（Mayer，Davis，Schoolrman，1995）。因此，关于信任违背类型的研究，研究者普遍认可把信任违背分为能力型违背、正直型违背和善心型违背，而前两种违背类型在经济实验研究中更为常见。本研究采用的也是前两种信任违背类型。研究结果表明，无论是在正直型违背还是能力型违背中，直接强化组的信任水平下降的幅度均显著大于替代强化组，而替代强化组的信任水平下降的幅度又显著大于对照组。而且，正直型违背条件下，三组的信任水平又显著低于能力型违背条件。这是因为本研究直接强化组的信任者在前5轮博弈中均得到1.5倍-2倍投资的返回金额，收益率较高。一旦被信任者发生信任违背事件后，信任者会感到强烈的不平衡感和消极情绪体验，进而会迅速降低下一轮的投资金额。这一结果与前人研究是一致的（Tranfinow et al.，2005；Lockey，2017）。同时，受害者还倾向于将这种经历泛化到他们关系的其他方面（Dirks et al., 2009；Sitkin & Roth，1993）。相比而言，替代强化组的信任者虽然也遭遇了被信任者的背叛，但这种背叛与直接强化组的背叛行为相比，对信任者的冲击会小得多。毕竟直接强化组在信任建立和培养阶段是以高回报收益为前提的，这种客观的行为让信任者深信不疑。而替代强化组的信任者只是目睹了其他被信任者的守信行为，并未直接受益。因此，两者的卷入程度并不相同。这就是为什么直接强化组的信任者对被信任者的信任水平会显著高于替代强化组，其作用机制是一样的。然而，在道德领域存在的坏苹果效应，已被众多研究者所证实（Gino et al.，2009；Mann et al.，2014；Wu et al.，2014），即人们在观察到其他人的不道德行为后，会导致自身的道德水平也跟着下降。替代强化组的信任者在两种信任违背发生后，也产生了类似的现象。他们因观看到第三者的不可信行为，导致对被信任者的信任水平也跟着下降。这一结果与基于信任博弈的传递链研究的发现是一致的，即在人际信任领域也存在坏苹果效应（刘国芳、辛自强、林崇德，2017）。这是因为一个理性的信任者，在差异来源有限的条件下做出决策，可能会采取启发式原则（Tversky & Kahneman，1974），把某个人的可信性当成是社会一般可信性水平的代表。在对照组的信任者由于未受到任何强化刺激，其信任水平在培养阶段低于两个强化组。因而在信任违背阶段，其信任水平下降的程度也低于两个强化组，即所谓"希望越大、失望越大"。

以往研究认为，当与能力相关时，个人倾向于认为积极信息比消极信息更为重要；但当与正直相关时，则消极信息比积极信息的影响力更大（Snyder & Stukas，1999）。Reeder和Brewer（1979）提出的"层次限制性图式"的概念表明，能力不强和正直性不够两个问题所涉及的范围有所不同。在能力型违背行为之后，积极的能力表现将降低被视为不称职的可能性，而那些不称职的人则不能（Kim et al.，2004）。相比之下，正直型违背在本质上是属于道德性质的，往往被视为稳定的性格缺陷，这些缺陷可能会泛化到各个方面（Kim et al.，2004）。因此，相比于能力型违背而言，正直性违背的被信任者更容易让直接强化、替代强化和对照组的信任者对他们的道德和人品产生怀疑，因而信任者的信任水平会显著下降。相反，在正直型或善心型违背之后，那些被认为有诚信和善良的人比没有这些品质的人在一般情况下都能被认可为诚实和关心，而这些品质的积极表现可能会被认为是重新获得信任的信号。另外，根据 Galinsky 和 Schweitzer 的理论，信任违背的核心问题涉及被信任者的声誉问题，而声誉问题又与对个体的虚伪与正直的感知有关。比如，一个伪君子与非伪君子相比，他们犯同样的错误会招来更多的谴责、生气和惩罚（Effron et al.，2015）。由此可知，在正直型违背后，被信任者的声誉、人品和信任度均受到不同程度的损坏，因而其信任修复效果也更难以显现。Lewicki（2017）认为，在正直型或善心型信任违背之后，诚信示范机制将更有效地修复员工对组织诚信的认可，而且这种监管机制将在能力型信任违背之后更有效地修复员工对组织诚信的认可。

社会均衡理论从社会和人际关系的平衡角度来解释信任违背和信任修复的作用机制。Ren 和 Gray（2009）认为，信任违背行为会对信任者在信任关系中的相对地位产生怀疑，导致他们在后期互动过程中的心理不平衡。因此，要想修复这种信任关系，双方及第三方组织应该通过修复各方的相对立场以及通过各种社会仪式来管理各方的规范，实现平衡关系的重建。如，道歉可在情感上修复信任者受损的信任关系，而补偿则可在经济上修复信任者实际的损失。因此，根据社会均衡理论，无论对于直接强化组还是替代强化组，情感和经济上的补偿可能有助于修复受害者的相对地位，从而修复受害者与违背者的信任关系。

## （二）道歉与经济补偿策略的修复效果分析

本研究结果发现，无论是在正直型违背还是能力型违背中，对照组的信任修复效果显著好于替代强化组，而替代强化组的修复效果又显著好于直接强化组。这一结果正好与信任违背条件下的结果相反。双向信任模型（Bi-Lateral Model of Trust Repair，即BTR）认为，在经历信任违背事件后，信任者会重新审视与违背者的关系，并可能导致信任关系的破裂（Kim et al.，2009）。研究

一、二的结果都表明，直接强化组和替代强化组的信任水平在培养阶段都得到了显著的提升，形成了特殊信任，而对照组的信任水平还停留在普遍信任阶段。但是，当特殊信任中的被信任者发生信任违背后，信任者的消极情绪更容易被激发，甚至超过普遍信任中的被信任者。这一现象也许可用一句俗语来解释："爱之深、责之切"，即当对一个人产生很深的感情时，就会对此人有很高的要求。一旦他出现错误或不足时，对他的责怪就会越重。尽管这句俗语与本研究的实验情境不太一致，但从情绪对信任修复的角度解释了这一结果所蕴含的原因。另外，杨中芳、彭泗清（1999）对人际信任的研究发现，中西方对信任的研究视角存在较大的差异。西方学者对信任的研究更关注被信任者的特点，如能力、善心、意图等，而中国本土的研究则更强调信任关系双方的人际关系的影响。这种关系可能是先天的，如亲属。也可能是后天通过"拟亲化"过程形成的。本研究中，对照组由于没有任何"拟亲化"过程，所以它的信任者的信任水平都保持在比较稳定的水平。而直接强化和替代强化组都存在不同程度的"拟亲化"过程，而且前者在程度上超过后者。因此，这两种强化组中的人际关系比对照组更为"亲密"，一旦当这种更"亲密"的人际关系被信任违背行为所损坏，那么他们之间"责之切"的程度也更深。也就是说，特殊信任在遭遇信任违背时，比普遍信任更容易受到损害，修复效果更差。

本研究的信任修复策略的总体修复效果为：不同修复策略在能力型违背条件下的修复效果好于正直型修复条件下。无论在哪种违背条件下，组合型修复策略的效果均好于单个修复策略的效果。除在正直型违背条件下道歉策略无效以外，其他条件下的修复策略均有修复效果。具体而言，在正直型违背条件下，道歉+完全补偿策略的修复效果优于其余四种策略；在能力型违背条件下，道歉+两倍补偿策略的修复效果优于其余四种策略。人们只有充分了解信任修复策略的成效性，才能在人际交往中应对自如、左右逢源。

关于不同修复策略的信任修复效果的具体讨论已在实验3中有详细论述，此处不再重复。对此结果进行解释的相关理论有：双向信任修复模型和归因理论。

双向信任修复模型（Kim et al.，2009）提出了信任修复的三层结构。第一层次是信任违背发生的初期，被信任者应该通过各种方式自证清白；第二层次是，如果被信任者的违背行为属实的话，他可能通过外归因的方式把影响降低；第三层次，如果无法避免内归因的话，可以把失信原因归咎于内在不稳定因素或意图的好坏，如努力程度不够、无利己动机等。研究二中，实验3和实验4关于正直型违背的指导语是这样描述违背者（被信任者）的："导致您的帐户受到损失的原因是该博弈者不想返还任何网络币又不想被发现，企图强制关机并以电脑故障为假象"。根据双向信任修复模型的层次结构来划分，正直型违背的归因属于违背行为属实、内在稳定且意图不善的归因，即违背者的诚信、道德有问题。因此，正直型违背中的信任违背会造成信任者的信任水平显著降低。而实验3和实验4关于能力型违背的指导语是这样描述违背者（被信任者）的："导致您的帐户受到损失的原因是该博弈者电脑操作不熟练，操作不当造成系统关闭。"根据双向信任修复模型的层次结构来划分，能力型违背的归因属于违背行为属实、内在稳定但无恶意的归因，即违背者的只是能力不足而已，没有主观故意的动机。

Fiske & Taylor（1991）认为，归因理论能解释信任发展和变化的过程，如信任是如何建立、增长、损害和修复的。归因理论从控制点、稳定性和可控性三个方面进行归因和解释的。本研究中的信任修复策略，在正直型违背和能力型违背中的不同效果，说明个体对不同违背条件下的违背者的归因和相应的态度是不同的。信任者把正直型违背中的违背者归因于内在的、稳定的、可控的和意图不善的因素，因此容易产生消极情绪。在信任修复策略方面，只有道歉和两倍的经济补偿才能获得信任者的原谅和宽恕，而且纯粹的道歉通常被认为是无效的。信任者把能力型违背中的违背者归因于内在的、稳定的、可控的和无恶意的因素，因此并没有产生消极情绪。在信任修复策略方面，只是纯粹的道歉都有一定的修复效果，虽然不能修复如初，但道歉和完全补偿就能获得信任者的宽恕和共情，从而提高信任者的信任水平。同样，Lewicki & Bunker（1996）提出了受害者在遭受信任违背事件后其信任水平如何动态变化的模型。该模型认为，在遭受了信任违背事件以后，受害方对违背者的认知会发生重新评价。一方面受害方会重新计算信任违背事件带给他们的损失，另一方面他们也会产生如愤怒、伤心、失望等消极情绪。Tomlinson（2004，2009）在借鉴和运用韦纳的动机和情绪归因理论基础上，建立了信任修复的归因机制模型。另外，Tomlinson（2009）根据不同的信任违背类型，主张在信任违背事件发生后，信任者（受害者）对违背者的信任会受到损害，从而产生消极情绪，如恐惧、愤怒、惊讶等。这些消极情绪是导致信任者对违背者进行负性归因的重要影响因素。而且信任者会根据违背事件的原因，从三个方面（违背者的能力、正直和善心）对违背者的可信度进行重新评估。因此，提高信任者对被信任者（违背者）可信度的评估水平成为信任修复策略有效性的一个重要前提条件。前人的研究也有类似结果。Jones & Burdette（1994），Pillutla & Mumighan（1996），Haden & Hojjat（2006），David（2010）等人的研究结果表示，分配结果和分配过程的不公平现象常常引起人们的厌恶并产生一系列的消极情绪（如失望、愤怒、痛苦）和消极行为（如言语攻击和行为攻击）。这种不公平的现象或行为也是信任违背的一种类型，可能导致的最严重的后果就是个体对组织（或分配方）的不信任和信任度下降等问题（De Cremer，2010）。而且，Dirnn等（2005）也认为，消极情绪会影响信任度的评价，哪怕消极情绪与评价对象毫无关系。另外，有研究显示，当违背者在信任违背事件发生后不久做出一些积极的回应（如解释、道歉、承诺等），受害者往往会将其评价为友好的、负责的、有善心等；并且受害者的负面情绪也会随之减少，从而使双方的关系得到缓解和修复（Lockey，2017；Branko，2017）。学者们普遍认可把信任的划分为认知、情感和行为三种成分（严瑜、吴霞，2016）。而且，研究者们将信任分为认知型信任和情感型信任(Weber & Carter，2003；Lewis & Weigert，2012)。但是，现在研究并未阐明认知型信任和情感型信任的相互关系及对信任修复的作用。未来的研究应该关注信任修复过程中认知和情绪的互动作用机制（严瑜、吴霞，2016）。而根据本研究的结果，无论在哪种类型的违背条件下，道歉与补偿联合起作用都会有最好的信任修复效果。本研究认为，从信任者的角度而言，只有当他们的认知型信任和情感型信任所遭受到的损害都同时得到修复时，信任修复策略才有可能发挥最大的功效，而当情感型策略（如道歉）和认知策略（如补偿）单独进行修复时，其修复效果都不甚理想，但是补偿策略的修复效果均好于道歉。这可能说明，一方面认知型信任与情感型信任的关系是相互依存和紧密相联的，一般同时发挥作用来抵御信任违背的损害。另一方面，当违背者表达修复的意愿时，信任者的两种信任会进行较量，认知型信任往往会占上风、优先发挥作用，从而接受违背者的补偿，在一定程度上修复受损的信任关系。但是，情感型信任和认知型信任的较量常常会受到具体情境的影响，并从归因的角度进行重新评估。如，在两种信任违背条件下，两倍补偿的修复效果都与完全补偿没有差异，这说明信任者是否"原谅"违背者并不完全取决于"钱"，而可能是根据违背的原因、违背者的意图、态度和人品等因素综合进行判断和决策的。

值得一提的是，现有研究在信任违背的类型和程度以及进行信任修复的研究范式方面仍存在不少差异。如，有的研究使用经济博弈游戏让受害者产生实质性损失，有的研究则使用更复杂的情境，使双方的经济和人际关系都处于危险之中。和道歉一样的性质，其中"更多的组成部分"可能比"更少的成分"更能有效地修复关系。如将道歉和补偿甚至是惩罚结合起来，可能会增强信任修复的有效性。这都值得未来的研究去探索。

## （三）道歉方式与经济补偿额度的宽恕效应分析

研究一和研究二中系统分配给被试的初始金额均为10个网络币，而研究三的初始金额为100个网络币，这是因为研究三的目的是探索不同违背类型与道歉方式对受害者宽恕程度的影响，以及在有条件原谅的前提下，受害者需要的最低补偿金额的临界值。考虑到当前的物价水平和消费水平，研究者担心10个网络币对被试来说分量太轻，不足以引起被试在信任违背后的认知和情感损害，因而在研究三的两个实验中扩大了初始金额的倍数，以期得到有意义的结果。

道歉有两个功能：第一，道歉本身就表明道歉者明白，当伤害发生后就需要道歉，这是一个"社会要求"；第二，道歉是一种情感的表达，它表达了道歉者对于伤害事件的态度和看法（Scher & Darley，1997）。违背者道歉，是承认对违规行为负有责任，并愿意帮助和补偿受害者的社会准则。在所有道歉"组成部分"的研究中，最常见的是承认责任。Coombs & Holladay（2008）甚至说这是"道歉的中心"。研究表明，当违规者表现出愿意承担更大的责任感时，受害者对违规者的评价更为积极（Hodgins & Liebeskind，2003）。已有研究（Lewicki & Polin，2012）根据道歉方式在修复人际信任中的作用，分为有效道歉与无效道歉。研究显示，道歉成分或表达方式对于信任修复效果的影响是非常重要的，道歉的表达方式和内容都会在一定程度上体现了违背者的态度和情感，因而影响受害者的认知（Laer & Ruyter，2010）。众多研究者（Schlenker & Darby，1981；Scher & Darley，1997；De Cremer，2010；Lee & Chung，2012；Lewicki & Polin，2012；Benoit，2015；Lewicki，Polin & Lount，2016；袁博等人，2017；杨安华，2019）都以不同的方式对道歉中所表达的不同成分和内容对人际信任违背的影响进行探索，但大多数关于道歉的研究并没有使用统一的道歉成分及表达方式。道歉中表达的成分数量及质量缺乏一致是该领域研究中存在的一大问题。当一项研究中使用的"道歉"包含的成分数量和类型与另一项研究中使用的"道歉"不同时，则难以比较研究的结果并确保其有效性。道歉成分中包含的内容会影响道歉的有效性，而道歉缺乏适当的成分"可能被公众认为是表面化的和不真诚的"（Lee & Chung，2012）。因此，本研究综合前人研究的结果，认为有效道歉的成分不仅包括言语表达，用于补偿受损的情感，还包括实质性修复的承诺，用以补偿受害者的实际损失，并进一步提升受害者对违背者的信心和对未来保持亲密关系的希望。本研究的实验5和实验6把道歉方式作为自变量，两个水平分别是有效道歉和无效道歉。研究把有效道歉的成分界定为解释原因、承担责任和提出修复方法，把无效道歉的成分界定为表达后悔、申明悔改和请求宽恕。本研究以众多前人研究为基础，提炼前人研究结果的一致性和共性特点，用以界定本研究中的道歉方式，其做法具有一定的科学性和可行性。

研究者（Lewicki, Polin & Lount, 2016）发现，如果要充分理解道歉的潜在影响，不仅要检查道歉本身的相对有效性，还要检查它们的有效性是否具有跨情境的一致性或是对变量高度敏感。例如，有研究表明，道歉的有效性可以由多种因素决定，包括违背者的责任程度（Bennett & Earwaker, 1994）、受害者和违背者之间已存在的关系（Tomlinson et al., 2004）、实施修复的及时性、（Frantz & Bennigson, 2005）、是否先前已经存在欺骗（Schweitzer, Hershy & Bradlow, 2006）和民族背景等（Han & Cai, 2010）。但这两个情境已被证明对道歉有效性具有很强的影响力：基于能力和基于正直的信任违背。尽管众多研究已经证实了道歉在能力型信任违背情况下能有效修复信任，但也有的研究质疑道歉是否会提供价值，甚至可能在基于正直的信任违背情况下是有副作用的（Kim, Cooper, Dirks & Ferrin, 2013；Kim, Dirks, Cooper & Ferrin, 2006；Kim, Ferrin, Cooper & Dirks, 2004）。为了更深入地了解是否以及为何某些道歉成分比其他成分更重要，道歉的有效性是否会受信任违背类型的影响，研究三进行了两项实验，以两种实验范式探测两种不同违背类型、不同效力的道歉方式对受害者宽恕程度的影响。研究结果表明，在信任博弈中的正直型违背和能力型违背情境下，受害者对违背者的宽恕程度存在显著差异。正直型违背情境下，被试选择绝不原谅的比例最高，选择无条件原谅的比较最低；而能力型违背情境下，被试选择有条件原谅的比例最高，绝不原谅的比例最低。这说明被试的宽恕程度主要受违背者违背行为的原因影响。该研究结果与以往大多数研究结果（江华研，2013；杨柳、吴海铮，2015；Kim et al., 2004；于正东等，2014；韩平，宁吉，2013；袁博，2017；Lewicki, Polin & Lount, 2016；Kim, Cooper, Dirks & Ferrin, 2013；Kim, Dirks, Cooper & Ferrin, 2006；Kim, Ferrin, Cooper & Dirks, 2004）一致，即道歉在基于能力的信任违背中比在基于正直的信任违背中更有效。还有研究探讨了道歉与否认责任的作用及其影响（Ferrin, Kim, Cooper & Dirks, 2007；Kim, Dirks, Cooper & Ferrin, 2006；Kim, Ferrin, Cooper & Dirks, 2004）。在这些研究中，研究者改变了信任违背的类型，重点关注了受害者两种不同成分（能力与正直）的违背。结果表明，当违背者为基于能力的违规行为道歉，而在基于正直型违背行为中否认责任，那么信任更有可能得到修复。这一现象也许可以从本研究中受害者的自信与自我效能感方面来解释。在正直型违背之后，受害者高度敏感，因为违反行为最有可能威胁到他们对自己的判断和个人自我效能感的信心。这种不安感会造成受害者的不确定性和紧张感，因此受害者希望从违规者那里寻求信息，从而恢复他们自己的判断力和效能感。正如Kim等人所述（2004，2006），当受害者误判个体的能力时，这种影响并不像受害者误判个体的正直性那样大。当受害者错误判断了违背者的能力时，受害者会觉得只是自己犯了一个小错误，虽然这个错误可能在他或她的控制之下，也可能不在他或她的控制之下，而对犯这个错误的解释可能足以让我们恢复在犯其他错误时的信心。当受害者错误判断了违背者的正直特性时，受害者可能会认为是错误判断了对方的基本个性和正直性，当对方只是简单的解释或其他口头陈述是不容易恢复对方稳定个性的判断。这也能说明为什么正直型违背中的受害者比能力型违背中的受害者更难以宽恕和原谅违背者，从而降低道歉的效力。

另外，本研究结果还表明，在信任博弈中，道歉方式与宽恕程度存在显著关联。在信任博弈中，违背者的道歉方式会影响被试对违背者的宽恕程度。研究进一步对不同违背类型条件下的道歉方式的效果做了分层卡方检验，结果表明，宽恕程度的差异主要发生在正直型违背、无效道歉和正直型违背、有效道歉这两种组合条件之间。这说明在信任博弈中，违背者的道歉方式主要影响正直型违背中受害者的宽恕程度，而不影响能力型违背中受害者的宽恕程度。在综合现有研究的基础上，本研究认为有效道歉的成分不仅包括言语表达，还包括实质性修复的承诺，用以弥补受害者的情感损害和经济损失。否则，就难以修复并取得受害者的再次信任。对于以上研究结果的解释，可以从以下几方面展开：一是不同违背类型对道歉方式有效性的影响。Ferrin（2007a，b）等人和Kim（2004，2006，2013）等人的一系列研究发现，道歉的有效性很大程度上取决于信任违背的类型。当信任违背为能力型时，道歉更为有效。当信任违背为正直型时，否认更为有效。因为能力错误可以被解释为一个可纠正的"错误"，可以通过后续行动加以纠正和补救，然而承认并为违背诚信行为道歉意味着违背者的品德有问题，任何道歉或保证都不足以修复完全的信任。由此可见，不同修复策略的效果并不是一成不变的，而是因违背类型、修复的策略的不同而不同。本研究中，在正直型违背条件下，违背者的违背原因是想让自己的收益最大化而完全不顾受害者的利益。这种损人利已、为己之利不择手段的正直型违背行为，在人际交往中是很让受害者忌讳和失望的。因为正直型违背行为折射的是违背者稳定的个性和正直性问题，而不像能力型违背者那样，只是暂时的能力不足问题。这与Kim等人（2004，2006）的研究结果一致，当受害者误判个体的能力时，这种影响并不像受害者误判个体的正直性那样大。因为对违背者能力的错误判断可能很快能恢复，而当个体误判了对方的基本个性和正直性时，这种错误判断可能威胁到他们对自己的判断和个人自我效能感的信心。因此，当违背者使用无效道歉方式，用简单的表示遗憾和请求宽恕的言语成分，可能难以改变受害者对对方个性的判断。

　　二是从道歉与宽恕的紧密关系中寻找理由。在信任修复方面，有研究者坚持认为应该探索宽恕的作用。关于宽恕的概念，目前尚存在一些分歧，但宽恕的一个核心特点得到了大多数研究者的认可：宽恕包括情感和态度的改变，从对信任违背者的消极状态转变为更积极的状态（McCullough et al.，2000）。宽恕似乎是信任修复过程中的一个关键环节。因为通过宽恕，双方都承认发生了某种类型的违反行为，而且违背者也会表现出后悔，并承诺不再重复违反行为（Govier，1999）。Leonard，Mackie & Smith（2011）的研究发现，道歉会导致被试减少报仇（一种由愤怒中介的效果）并增加宽恕（一种由尊重中介的效果）。但也有研究（Hornsey & Wohl，2013）发现，仅仅是道歉很难促进群体间的宽恕。研究者设计的基于信任的群体间道歉反应模型显示，在信任度较低的情况下，道歉更有可能被防御性地处理，道歉可能表现为将信息斥为虚假，或者系统地筛选信息是否有不真实的迹象。这种怀疑的结果是，道歉在增加满足感、归因于悔恨和宽恕方面应该相对无效。本研究中正直型违背因为涉及的是违背者的稳定个性和正直性，就受害者而言属于低度信任情境。无论违背者以何种形式的道歉方式和补偿额度来修复信任关系，受害者倾向于把他们的修复行为视为虚假的和不真诚的，因而难以正常恢复受害者的自尊和信心，也无法与违背者进行平等和坦诚的对话交流。这种刻板性的归因在极大程度上降低了受害者对违背者的宽恕程度和信任程度，大大地降低道歉方式的有效性，导致道歉修复策略的失效。正如Lazarea（2004）所述，成功的道歉之所以起作用是因为它们满足了受害者一种或者多种心理需求，比如恢复自尊和尊严，与受害者坦诚对话等等。Cristina（2016）使用广义的康德思想，认为人们犯错时，都会涉及尊重的失败问题。研究者认为，不法行为都可以理解为对受害者表示不尊重，从而造成尊重的缺失。研究认为道歉会给人理由的力量，它使宽恕变得合理。道歉与宽恕有关，因为在违背者道歉时，他认识到他对待受害者的方式是错误的，受害者应该得到更好的对待。道歉在表达层面上恢复了受害者和违背者之间尊重的道德平衡，这样就可以得到宽恕。对于宽恕理论来说，解释道歉与宽恕之间的关系是至关重要的。道歉似乎有能力为受害者提供正确的道德理由来原谅违背者的过错。当然，宽恕也可以以不道歉的方式来实现。因此，有时道歉是可以实现的，但是宽恕可能是无法实现的。

此外，研究三的结果还发现，无论道歉方式是否有效，能力型违背条件下的补偿临界值均低于正直型违背条件下的临界值。补偿临界值会受到违背类型的影响，但不受道歉方式有效性的影响。导致这一结果的原因，第一可以根据归因理论，从违背者的违背原因方面进行解释。具体而言，当违背原因是违背者为了一己之利而不惜损害受害者的利益时，即正直型违背条件下，受害者对其的宽恕程度就低，可能需要的补偿金额就越高，即补偿金额的临界值越高。当违背原因是违背者的能力不足而导致受害者的利益受损，即能力型违背条件下，受害者对其的宽恕程度就高，可能需要的补偿金额的临界值越低。Okimoto和Tyler（2007）研究了除了提供经济补偿之外表达道歉是否比单独提供补偿更有效。Desmet（2011）观察到事实确实如此：在四项研究中，他们发现，如果分配利益受损的受害者伴随着情感上的担忧，他们对赔偿的要求会更多（Okimoto & Tyler，2007）。Kim等人（2004，2006）的研究认为，当受害者误判个体的能力时，这种影响会小于误判违背者的正直性的影响。因为对违背者能力的错误判断可能很快能恢复，而当个体误判了对方的基本个性和正直性时，这种错误判断可能影响到他们对自己的判断和个人自我效能感的信心。因此，当违背者用简单的表示遗憾和请求宽恕的言语成分，可能难以改变受害者对对方个性的判断。只有当违背者用足够高的经济补偿才能够让受害者得到安抚，在一定程度上能恢复他们的自我效能感和对未来交往的信心。第二，众多研究表明，人际信任修复过程的影响因素是多方面的。如有研究者发现，受害者宽恕的前因中有些与受害者自身有关。例如，受害者的宽恕水平（Brown，2004；McCullough，Bellah，Kilpatrick & Johnson，2001）、对违法行为的态度（McCullough et al.，2001；McCullough et al.，1998）、对犯罪者的同情（McCullough，Worthington & Rachal，1997；Wade & Worthington，2005）、关系承诺（Finkel，Rusbult，Kumashiro & Hannon，2002；Karremans，van Lange，Ouwerkerk & Kluwer，2003）；人口统计学特征如宗教信仰（McCullough，Bono & Root，2005）和文化（Suwartono，Prawasti & Mullet，2007）也可能起到一定作用；宽恕的其他前因是情境性的，它们包括犯罪严重性（Zechmeister，Garcia，Romero & Vas，2004）、犯罪近况（Wohl & McGrath，2007）、责任归因（Fincham，Palari & Regalia，2002；McCullough，Fincham & Tsang，2003）、感知累犯（Tomlinson，Dinen & Lewicki，2004）以及犯罪者的解释（Fukuno & Ohbuchi，1998）。本研究中，虽然由正直型违背和能力型违背所造成的结果是一样的，但当受害者的宽恕水平和解释风格不同时，受害者的宽恕水平及所要求的补偿金额可能会大相径庭。正如有的研究者（Van Houwelingen，G.，Van Dijke，M. & De Cremer，D，2017）所说，信任就象探戈，需要两个人。受托人的言行和委托人的理解一样重要。道歉的接受者（委托人）何时根据道歉中包含的信息做出信任或原谅行为人（受托人）的决定？这其中重要的影响因素就是委托人的解释水平和归因风格。解释水平理论（Construal-Level Theory，CLT）认为，人对远心理距离的事物会倾向于用高解释水平表征，即用主要、核心、本质、去背景化的特征来表征事物，而对近心理距离的事物则倾向于用低解释水平表征，即用次要、辅助、非本质、边缘化、细节化、背景化的特征来表征事物。解释水平理论主要应用于认知现象，如选择项目的评价（Ledgerwood, et al., 2010）和个人内部现象，以及自我控制（Fujita & Roberts, 2010）。解释水平理论在人际效应的研究还很少见。研究者（Van Houwelingen, G., Van Dijke, M. & De Cremer, D, 2017）用四个实验研究探索发现，低解释水平的信任者使用道歉中的归因信息来决定他们倾向于信任受托人的程度。相反，在高解释水平者的心目中，信任者不受归因类型的影响。而且，weiner（1986）所确定的三个归因维度，即控制点、可控性和稳定性的影响，都取决于信任者的解释水平。这种解释水平效应在不同的经验背景下是稳定和一致的（Goh, et al., 2016）。由于研究三的两个实验研究中并未涉及委托人的解释水平和归因风格问题。因此，道歉方式对在两种不同的信任违背情境下和两种不同的实验范式下，都不对信任修复策略中的经济补偿临界值产生影响，这可能与这一因素未被控制有关。在今后的研究中，有必要对这一变量进行操纵和实验研究。Desmet（2011）认为，经济交换关系中的信任修复过程不仅是由补偿的特征（大小、自愿、是否也提供道歉）所决定的，而且是由违背者（意图的明确性）、受害者（宽恕的特征倾向）以及违背方（群体或个人）等决定。由于本研究中的被试均来自国内高校的大学生和研究生，他们大多数未完全进入社会，因而多数被试非常注重违背者违背行为产生的原因。当违背行为是正直型时，被试的情感和自信容易受损。这导致近五成被试在面对正直型违背时，宁愿放弃经济补偿而选择绝不原谅对方。但在面对能力型违背时，被试有理由认为这与违背者的人品无关，应该再给对方机会并给予宽恕。因而有五成的被试认为应该在得到基本经济补偿后，选择原谅对方。今后研究可在不同群体中选择被试进行探索，进一步丰富人际信任违背与信任修复策略的相关研究。

第三可能是因为违背者往往高估了在信任修复过程中道歉的实际作用和有效性。比如，有研究者（De Cremer, Pillutla & Folmer, 2011）认为，以往研究结果中关于道歉的积极作用的差异非常大，人们对道歉的判断与道歉的实际作用之间存在差距。在情感和行为的预测方面，人们普遍会高估他们在现实中对道歉的重视程度。研究通过三项实验研究发现，被试在被另一方背叛（或者想象被背叛）之后，往往容易对道歉的有效性做出错误的预测，他们经常会高估道歉的影响力和价值。杨安华（2019）指出，对于修复危机关系，道歉并不是万能的。因为道歉的主要功能在于缓解危机，或通过缓和矛盾为修复恶化的关系提供时间和机会。但危机管理是一个包含了预防、准备、处理和善后的系统管理，而危机处理只是第一步，因此要正确地认识道歉的作用和功能，而不能过分夸大其功效。

最后，研究三通过对比两种实验范式下的研究结果，发现两者存在较大差异，这可能与两种不同的实验范式本身有关。信任博弈实验范式在人际信任的经济决策中，是运用得最广的一种实验范式（Evan & Krueger，2009；Krueger，Grafman & Mccabe，2008；Fulmer & Gelfand，2015）。实验通过信任者（受害人）和被信任者（违背者）之间明确的投资、返还金额的行为，来模拟经济决策中的人际信任关系的产生、违背和修复过程。而公共品博弈范式一般是通过"给——游戏"的方式来考察个体在公共物品困境中所表现出的合作水平（Parks et al.，2013）。如果大家都投入较多，则公共帐户增值也越高。如果大家都不投，那公共帐户的利益大家都得不到。因此，参与公共品博弈实验，既需要成员之间的相互信任，也体现了成员之间的合作共赢模式。另外，两种实验范式还有一个较大的区别：信任博弈中的博弈对象是明确的、具体的个体；而公共品博弈中的博弈对象不是具体的个体，而是一个群体。当信任违背行为发生时，信任博弈中受害者清楚地了解对方是违背者，而公共品博弈中受害者并不知道究竟是哪位成员产生了损人利己、违背规则的行为。这也能够解释为什么在正直型违背、无效道歉条件下，信任博弈中选择绝不原谅的比例是公共品博弈中的两倍。因为信任博弈中受害者不会轻易原谅一个因为不诚实而导致违背行为的人，即使他后继有类似道歉、经济补偿的修复行为；而在公共品博弈中，由于不清楚究竟谁是肇事者，如果选择绝不原谅对方，可能会伤及无辜，因此公共品博弈中选择绝不原谅的人会大大减少。正直型违背、无效道歉条件下，信任博弈中选择有条件原谅的比例是公共品博弈中的一半。这可以从道歉与宽恕的关系上进行解释。现有研究者认为，宽恕是信任修复过程中的一个关键环节。因为通过宽恕，受害者认识到发生了某种类型的信任违背行为，违背者自身也表示后悔并承诺不再发生违背行为（Govier，1999）。因而宽恕在信任修复过程中起到了重要的桥梁作用。从实验范式的角度来看，如果信任博弈是一种人际信任博弈，那么公共品博弈则可看成是个体对群体的博弈。因此，在实验5中，道歉方式对宽恕程度有显著影响，而在实验6中，道歉方式对宽恕程度却无显著影响。Hornsey & Wohl（2013）等人的研究也发现，虽然群际道歉对群际宽恕没有显著影响，但人际道歉则有可能产生人际宽恕。Schmidt（2011）也证实了受害者与一个团体而不是个人互动时，增加了道歉的有效性。因为道歉会使受害者减少对报复的渴望（一种由愤怒中介的效果），而且会增加他们对违背者的宽恕行为（一种由尊重中介的效果）。Hornsey等人（2013）提出的基于信任的群体间道歉反应模型（A trust-based model of responses to intergroup apologies），根据个人因素、情境因素和道歉因素，区分了高信任和低信任情景。本研究中，相对于公共品博弈而言，信任博弈中的正直型违背行为在情境因素上属于低信任情景，因而受害者会认为违背者的道歉不是真心实意而是虚情假意的。这样的归因会使道歉的效力和作用大大降低，达不到修复信任关系的作用。另外，从修复信任的类型来看，Lewicki和Tomlinson（2014）把信任修复分为基于利益型的信任修复（CBT）和基于情感型的信任修复（IBT）。从博弈范式来看，信任博弈中违背者的指向性明确，受害者除了损失经济利益外，更易在情感上受伤害，其修复方法更似于IBT。而公共品博弈中违背者的指向性不清晰，受害者主要表现在经济利益的损失而非情感损害，因此其修复方法类似于CBT。由此可推测，相比于公共品博弈，信任博弈的修复效果可能会更差。因为信任博弈损害的可能是受害者的经济利益和情感因素，而公共品博弈只损害了受害者的经济利益。确切的研究结论也有待于今后研究的进一步展开。

## （四）信任水平在初始、培养、违背和修复阶段的变化

已有研究认为，由于信任的复杂性和动态变化性，孤立地理解和研究信任的建立和破坏是不够准确的（Kim et al.，2009）。Dirks等人（2009）把信任修复的过程分为四个阶段：信任者与被信任者的初始信任水平、信任违背所导致的信任重评阶段、信任者对被信任者迅速做出的信任修复措施的反应、信任关系在一定程度上被修复，虽然被修复的信任水平可能还远远达不到初始信任水平。以往研究虽然都认可在信任违背前存在初始的信任水平，但却鲜有研究对这一水平进行测量（Lewicki，2017）。还有研究认为，在关系的早期阶段，信任几乎更脆弱、更难修复（Lewicki & Bunker，1995），因为信任更可能是基于交易的，在维持关系方面的情感投资较少。

研究首先对直接强化组、替代强化组和对照组被试的初始信任水平进行测量，这是被试群体的信任水平基线，用于与后面三个阶段的信任水平进行对比。跟以往信任修复研究相比，对被试进行初始信任水平的测量是本研究的一大改进之处。其次对两个强化组被试进行信任培养和增强的操纵并测量其信任水平。研究发现，两个强化组被试的信任水平，在经历了五次正强化反馈之后都得到显著增强，说明信任感知受情境的安全性和稳定性等因素的影响是可以得到有效提升的。Blau（2001）等人认为，人们在交换时，一般容易对交换对象产生特定的利益期待，而这种利益期待如果能经常兑现，人们就对他人产生了信任感。也就是说，多次成功互惠的结果就是使信任者的信任感得到了提升。而班杜拉的三元交互作用理论认为，个体（P）、行为（B）和环境（E）三者之间彼此交互而且是双向影响的。个体原有的预期、价值观和情绪等会受环境因素的影响，比如人物、事件以及行为的结果（成功、奖赏等），从而影响最终的行为决策（陈琦、刘儒德，2007）。因此，由于实验组被试受到被信任者诚实守信行为的正强化影响大于个体原有的不信任他人的预期，在行为决策阶段，最终还是选择了相信信任者，因而在培养阶段保持较高的信任水平。韩正华（2010）认为，人际信任受人们的价值观、人格特点、社会交往类型以

及风险知觉等因素的影响，人际信任可以让人们忽略合作时存在的不安全因素而促进合作行为。可见，人们信任感的构成要素当中包含一定的安全感成分，当个体感知到外在环境中具有较低的风险性和较高的安全性时，个体的信任感则可能得到提升和增强。当个体具有较高的信任感时，又可能对环境中存在的不安全因素视而不见，在一定程度上改变其亲自我的社会价值取向和受害敏感性等特征。此外，交换和理性计算理论也将风险引入到信任的研究中，将风险知觉与信任水平联系起来，用假定的理性计算进行量化，为行为经济学的决策研究领域提供了新的研究视角（Paul，1999）。第三，两个强化组和对照组被试的信任水平均在信任违背阶段显著下降，说明信任者的信任水平虽然能因为被信任者的诚信行为和一致性行为得到增强和提升，但也会因为被信任者的失信行为而迅速下降。这可能是因为信任者虽然在信任培养阶段暂时提高了对被信任者的信任，但这种信任是基于被信任者诚信返还的行为事件，而不是对被信任者稳定的人格特质的认可。因此，当被信任者不再像开始那样返还一定数额的金钱时，信任者可能会产生被欺骗甚至不受尊重的感觉，从而迅速降低对被信任者的信任水平。这一现象可以用道德规范理论（moral norm theory）来解释。道德规范理论强调对他人道德品质和道德行为的尊重，认为信任行为是受内化的道德规范所驱动的行为，信任他人则意味着对他人品行的尊重和认可。也就是说，较高水平的信任行为其实是个体自愿服从尊重他人的强制规范准则所做出的行为反应（Dunning et al.，2014）。张蔚等人（2016）认为，人们为了遵守规范准则而做出的信任行为，其实是对他人品格表示尊重的一种体现，表达了他人是值得信赖以及自己是诚实守信的意愿。这种观点与道奇的思想如出一辙："在道德上，不信任他人比轻信他人更具有攻击性"。

"所有国王的马，所有国王的人，都不能再把汉普蒂·邓普蒂放在一起了。"这首熟悉的儿童童谣表明了信任修复中的另外两个经典问题。第一个问题是，正如儿童读物中所描述的那样，汉普蒂·邓普蒂是一个蛋形的生物，他坐在墙上，摔得很惨。一个破成太多碎片的鸡蛋可能根本无法重新组装。在信任修复领域中，某些违背信任的行为可能根本无法修复。严重违反信任或违反基于正直型信任，影响对违背者的信誉或道德标准的评价，可能无法补救。第二，可能是修复后的信任在现象上不同于初始信任。有研究者认为，信任修复并不意味着信任修复（严瑜、吴霞，2016），受损的信任关系只能在一定程度上得到修复，但很难修复到初始信任水平（Schweitzer, Hershey & Bradlow, 2006；姚琦等，2012）。

除此以外，有研究者（Roy J., 2017）认为，在不同类型的关系中，信任违背和信任修复的影响可能是不同的，即在短期交易关系的背景下违背者的谎言可能与在长期友好关系的背景下相同谎言有着不同的影响。因此，如果受害者是一个询问机器的"陌生人"，那么销售一台已知缺陷的二手电脑，并谎报该缺陷，其影响可能不同于把同一台机器卖给一个亲密的私人朋友。在这三种情况下，如果用隐喻来形容的话，可以说尽管可以将鸡蛋粘在一起，但破损线和粘合点始终可见。因此，修复后的信任在现象上可能不同于原始的或未破裂的信任。或者修复的信任水平低于修复前，或者如Lewicki等人所述（1998），修复后的信任可能包含不信任因素，因此可能比原始信任"更健康"，因为被害人已经学会更加谨慎，违背者可能会在未来的互动中更加小心所说的和所做的。许多信任研究者似乎支持一种医学模式，在这种模式中信任修复等同于生理和心理上的"治疗"（Dirks et al., 2009）。

本研究共设计了三个研究、六个实验。研究一、研究二和研究三同时运用信任博弈实验范式（实验1、实验3和实验5）和公共品博弈实验范式（实验2、实验4和实验6）进行探索，主要目的在于增加研究的外部效度。研究结果表明，研究一和研究二的结论在两种博弈实验范式中都得到了基本一致的结果，说明研究一和研究二的结论具有稳定性，这种稳定性能为结论的可推广性提供依据（Rietzchel, Wisse & Rupp, 2017）。但研究三的结论只适用于信任博弈范式情境而无法推广至公共品博弈范式情境，这说明研究三的外部效度和结论的稳定性还有待加强。

# 第七章  研究的创新

## 一  论证了替代强化法是培养信任关系的有效途径

由于以往研究以直接强化的方式培养信任者的信任水平可能存在实验的练习效应、疲劳效果，而且直接强化的方式容易受时间、空间等客观条件的限制，本研究另辟蹊径，采用观察学习的替代强化方法来培养信任者的信任水平。研究结果表明，替代强化和直接强化一样，是可以建立和培养信任关系、提升信任水平的。虽然在有效性的高低方面，替代强化不如直接强化。替代强化是由著名的行为主义学派中的代表人物之一班杜拉提出的，他认为人类的大多数行为是通过观察而习得的。观察学习是班杜拉社会学习理论的一个重要概念，它强调了个体把强化的结果与自身的认知相结合。正是因为个体基于对强化结果的认知，才会引发进一步的动机并表现出相应的行为反应，这可能就是社会行为的获得过程。以观察学习的方式获得社会行为的研究，以往研究主要集中在青少年道德发展和思政教育领域，而在信任及信任修复领域则较为少见。因此，相对于直接强化而言，以观察学习等替代强化的方式建立和培养人际信任的视角，具有较高的创新性和较广的应用范围。

另外，已有研究证实，在道德领域和人际信任领域存在坏苹果效应，即人们在观察到其他人的不道德行为或不信任行为后，会导致自身的道德水平或信任水平也跟着下降。但并没有研究证实，在信任领域是否存在好榜样效应，即个体在观察到其他人的诚信行为后，会导致自身的信任水平提升，并形成稳定的行为模式。本研究则通过信任培养的新方法——替代强化法证实，当人们观察到其他个体在交往或交易的过程中彼此守信用的行为，是可能提高自己的信任水平的。也就是说在人际信任和社会信任领域，树立榜样并进行宣传的方法是十分必要的。比如2019年3月6日，十三届全国人大二次会议负责人就回答记者们提到的社会失信现象等问题时指出："要形成让守信者一路绿灯、失信者处处受限的社会氛围和制度环境。"其中，"守信者一路绿灯、失信者处处受限"就是政府部门树立的社会守信准则——守信就要奖励、失信就要惩罚。而这种社会守信准则起的就是替代强化的作用，但对那些被奖励或惩罚的个体而言，这种社会准则起的就是直接强化的作用。因此，本研究可为相关部门治理社会诚信问题提供研究依据。

## 二　探讨了道歉与经济补偿策略的信任修复效果

现有研究者们认为，信任修复是一种复杂现象，其作用机制尚未得到一致的结论。因此，对于信任修复策略的有效性研究，也是众说纷纭、莫衷一是。现有研究显示，在信任修复领域，对实质性修复策略研究得较少（严瑜、吴霞，2016），对言语性修复策略与实质性修复策略的组合策略则研究得更少。本研究结合以往的研究结果，在言语性修复和实质性修复策略中各选择一种用得最广、也是最有效的策略——道歉和经济补偿，作为本研究的修复策略。另外，现有研究结果还发现，道歉和补偿的联合作用比任何一个的单独作用都大。部分补偿不能完全修复信任，但并未指出补偿的额度是多少时才能完全弥补受害者。因此，本研究在设置补偿金额时只设置了完全补偿和两倍补偿，其他补偿额度，如部分补偿、3倍补偿等，有待于今后进一步的研究探索。

本研究的信任修复策略的总体修复效果为：不同修复策略在能力型违背条件下的修复效果好于正直型修复条件下的修复效果。除在正直型违背条件下道歉策略无效以外，其他条件下的修复策略均有修复效果。在正直型违背条件下，道歉+两倍补偿策略的修复效果最好；在能力型违背条件下，道歉+两倍补偿的修复效果最好。综合本研究的结果表明，无论在哪种类型的违背条件下，道歉与补偿的联合作用都是最好的信任修复策略。也就是说，在涉及信任修复时，只有道歉（情感的）策略与补偿（认知的）策略同时发挥作用才能弥补受害者的损失，从而提高信任水平、修复信任关系。学者们普遍认可把信任的划分为认知、情感和行为三种成分（严瑜、吴霞，2016）。根据这一理论，研究者进一步将信任分为认知型信任和情感型信任（Weber & Carter，2003；Lewis & Weigert，2012）。但是，现在研究并未阐明认知型信任和情感型信任的相互关系及对信任修复的作用。同时，有研究者认为，未来的研究应该关注信任修复过程中认知和情绪的互动作用机制（严瑜、吴霞，2016）。而根据本研究的结果，无论在哪种类型的违背条件下，道歉与补偿联合起作用都会有最好的信任修复效果。本研究认为，从信任者的角度而言，只有当他们的认知型信任和情感型信任所遭受到的损害都同时得到修复时，信任修复策略才有可能发挥最大的功效。而当情感型策略（如道歉）和认知策略（如补偿）单独进行修复时，其修复效果都不甚理想，但是补偿的修复效果均好于道歉。这可能说明，一方面认知型信任与情感型信任的关系是相互依存和紧密相联的，一般同时发挥作用来抵御信任违背的损害。另一方面，当违背者表达修复的意愿时，信任者的两种信任会进行较量，认知型信任往往会占上风、优先发挥作用，从而接受违背者的补偿，在一定程度上修复受损的信任关系。但是，情感型信任和认知型信任的较量常常会受到具体情境的影响，并从归因的角度进行重新评估。如，在两种信任违背条件下，两倍补偿的修复效果都与完全补偿没有差异，这说明信任者是否"原谅"违背者并不完全取决于"钱"，而可能是根据违背的原因、违背者的意图、态度和人品等因素综合进行判断和决策的。

## 三　探索了道歉方式与经济补偿额度的宽恕效应

除经济补偿等实质性修复策略以外，以往研究还重点关注了道歉等言语修复策略的成分是如何组合或顺序地协同工作以增强信任修复的有效性的（Kramer & Lewicki，2010）。但现有研究（Lewicki & Polin，2012；Benoit，2015；Lewicki & Lount，2016）着重对道歉特定成分的有效性进行评估，没有试图进一步探讨修复策略是否直接或间接影响违背者和受害人之间的信任关系。正如Dirks、Lewicki和Zaheer（2009）的文献评论所述，许多和信任和关系修复的研究未能测量信任修复前后的信任水平、测量违背信任的损害程度以及修复策略（如道歉等）对信任关系的影响。因此，现有研究没有全面地了解道歉成分如何影响信任修复效果，没有侧重检验道歉的成分及其组合策略如何影响信任修复效果。本研究综合前人研究的结果，认为有效道歉的成分不仅包括言语表达，用于补偿受损的情感，还包括实质性修复的承诺，用以补偿受害者的实际损失，并进一步提升受害者对违背者的信心和对未来保持亲密关系的希望。本研究三的实验5和实验6把道歉方式作为自变量，分为有效道歉和无效道歉两个水平。研究把有效道歉的成分界定为解释原因、承担责任和提出修复方法，把无效道歉的成分界定为表达后悔、申明悔改和请求宽恕。本研究以众多前人研究为基础，提炼前人研究结果的一致性和共性特点，用以界定本研究中的道歉方式，保证了研究的科学性。

　　另外，现有对道歉和经济补偿的组合策略进行的研究，多数是把经济补偿策略定为受害者损失的一半、一倍、两倍或三倍等，且这种补偿额度是研究者赋予受害者的，受害者只能被动接受，没有自由选择的机会。这种实验操作在一定程度上限制了受害者主张和维护自身权益的真实想法。研究三以研究二的结果为基础，均采用道歉+补偿策略的组合修复策略，把研究二的道歉方式改为有效和无效两种道歉方式，把原来的补偿金额由一倍、两倍额度改为被试自由输入补偿金额额度。这种开放式的问题能较为真实地体现被试内心的想法。研究发现，除了5%左右的被试把索赔的金额定在自身损失的10倍以上（即要求补偿1000个网络币以上），大多数被试要求的补偿金额只在自身损失的1倍左右。而在能力型有效道歉条件下，受害者甚至只要求补偿自身损失的70%即可。说明道歉在修复受害者的人际信任过程中，起到了30%左右的效力。这一方面说明多数受害者衡量宽恕违背者所需的经济补偿金额是以自身损失为参照的，能弥补自身损失的经济利益即可。另一方面，真诚而有效地道歉方式在能力型违背中能起到修复作用，在一定程度上替代了赔偿金的作用。这一结果与早期的研究结果（Haesevoets et al.，2013，2015）一致。同时，这一结果也说明过高的经济补偿金额（如2倍以上甚至更多）并不会增加信任修复的效果。研究结果提示，在人际信任的短期修复策略上，完全经济补偿（即1倍补偿）+有效的道歉方式将是能力型违背条件下最有效的修复策略。而正直型违背条件下，1倍-1.5倍的经济补偿+有效的道歉方式可能是最佳的修复策略，但还需综合考虑受害者的人格特点、解释水平和违背行为的严重性等多种影响因素。

　　研究三把宽恕程度（无条件原谅、有条件原谅和绝不原谅）作为因变量，进而把不同的道歉方式放到正直型违背和能力型违背情境下，进一步考察道歉方式对受害者宽恕程度的影响，以及在有条件原谅前提下受害者所需的最低补偿金额的临界值问题。本研究弥补了以往研究没有深入探索道歉方式及与补偿策略相结合的组合策略如何影响信任修复效果问题，并针对选择有条件原谅的被试，具体探讨了影响他们宽恕违背者所需的最低补偿金额的问题。本研究结果进一步补充和丰富了道歉+补偿修复策略在修复人际信任关系中的作用机制研究。在人际信任领域和工作组织领域，关于宽恕的研究并不多，而且很少有研究将宽恕视为一个持续的过程（Hui，Lau，Tsang & Pak，2011）。本研究通过研究宽恕与人际信任违背和修复的关系，探讨了经典的言语修复策略和实质性修复策略的组合策略在修复信任关系中的作用机制，为人际信任修复领域的研究做出了一定的贡献。研究认为，人际信任和宽恕不是静态的，而是可以通过在人际环境中获得的额外信息而得以改变的。它扩展了我们对道歉如何增进信任和宽恕的理解，并反过来有助于修复因人际冒犯而受损的信任关系。具体来说，研究表明道歉是有作用和价值的，但必须有相应的一系列行为（如经济补偿）来跟进，没有这些行为，道歉可能是空洞和无效的。本研究和前人的研究都表明，宽恕会受到不同情境和受害者的个性特点等因素的影响。因此，即使当双方的信任关系处在较为紧张和不利的状况，违背者仍然可以通过采取一些有效的信任修复手段，如采取道歉和随后的补偿策略来缓解和修复受损的信任关系，达到人际合作和共赢的目标。

# 第八章　研究不足与研究展望

## 一　本研究不足之处

第一，本研究只探索了言语修复策略和实质性修复策略中最典型的策略——道歉与经济补偿策略的修复效果，并未研究其他信任修复策略的修复效果，如其他言语性修复中的否定、承诺策略，和其他实质性策略中的惩罚、监管等策略及各种策略的组合效果。因此，多样化的修复策略的效果研究应该是信任修复领域未来研究的重点。

第二，本研究的被试只限于大学生，也在一定程度上使研究的外部效度受限。在真实的人际交往情境中，大学生只是其中一种特殊的群体，他们整体素质较高，但社会阅历并不深。因此，大学生的人际交往特点和人际信任水平可能与其他成人不同。这使得本研究结论的可推广性在一定程度上受限。

第三，已有研究发现，影响人际信任修复的因素，除了违背事件的重要性、违背行为发生的情境、双方早期的亲密关系以及信任修复的及时性等因素，还会受到信任者与被信任者的个人因素影响。已有研究对被信任者的影响因素展开大量的探讨，基本形成定论，即不同违背类型会对信任修复效果产生重要影响。但信任者的影响因素，比如信任者的解释水平、对信息的构建风格以及个人的社会价值取向等特点的影响尚未形成共识。未来研究应该充分考虑信任者的个人特点特别是人格特点对信任修复效果的影响。

第四，在已有的实证研究中，以实验研究为主，另一部分是田野调查。实验研究有助于研究人员控制外部条件或变量，以控制的方式检查一个或多个独立变量，从而探索预测因素和结果之间的因果关系（约翰，2010）。然而，实验通常缺乏田野调查的真实性和深度，这些品质对于建立更完整的信任修复过程也很重要。但是与实验研究相比，田野调查的一个主要挑战是很难接触到处于危机之中或最近经历过危机的组织（Gillespie & Dietz，2009）。因为高层管理层不太可能允许外部人员调查内部的问题以及该如何解决这一问题。因此，许多田野研究采用回顾性案例研究方法（Gillespie & Dietz，2009）。但是，基于问卷的自我报告测量和定性访谈都是回顾性认知评估，可能会受到自我报告偏见的影响（Donaldson & Grant-Vallone，2002）。因而，在今后的信任修复研究领域，可以把实验研究与田野调查相结合，更有利于探索信任及信任修复的本质问题。

## 二　研究展望

### （一）信任修复研究中的方法与测量问题

信任修复的研究中有许多待解决的方法和测量问题：第一，构建清晰性（什么是信任，要测量什么）；第二，测量清晰性（如何测量和重新测量信任是什么或者不是什么）；第三，在不同情景下和信任违背周期情景下的测量时间（见图1-1）；第四，从违背者和受害者双方的角度理解信任修复过程。

#### 1. 构建清晰性

现有的研究对信任的定义都不尽相同。这些不同定义的清晰性显然对信任违背前、后及信任修复后测量的内容有影响。这个问题部分涉及到信任的多种性质。信任本身通常被定义为自信的期望和/或脆弱的意愿（Rousseau et al.，1998）。但即便是这种相对简单的概念也可能包括认知、情感和行为成分（Lewicki et al.，2006），更不用说对信任度的感知，它可以基于不同的因素（例如，善心、正直和能力；Mayer et al.，1995）。这些与其他因素都可能或多或少依赖信任违背行为产生的情境和人际关系。

## 2. 测量清晰性

信任不能直接观察，但必须从间接的测量中推测出来，即个人信任水平的自我报告或暗示信任倾向的个人行为。由于信任水平的变化和信任修复的影响，无论是通过态度还是行为测量，在大多数研究中都是因变量，因此第一个挑战是在研究人员测量因变量的内容和方式上实现一致性。

评估将增强信任修复工作的有效性，并将增强对组织信任度的感知。如果跳过评估阶段，就很难知道修复工作的有效性。与诊断类似，有效的评估需要准确、系统、多层次、及时和透明。有了这些品质，结合反馈结果，未来的评估需要以能力（即尽职调查）、善心（即寻求投入并加强对重建关系的关注）和正直（即开放、诚实，并确保履行承诺）为基础进行改革。从这个角度而言，评价也起到了诚信示范机制的作用。

## 3. 测量的时间问题

正如研究者在信任违背和修复的四阶段模型（图1-1）的描述中所指出的，有一个初始信任期，接着是信任违背，然后是短期信任修复期，最后是（在某些情况下）长期信任修复的行为。全面研究这四个阶段的信任水平需要某种形式的信任重复测量设计。然而，实际使用这种设计存在重大危险，因为在不同的时间间隔内重复使用同一种测量仪器的问题（Lewicki & Brinsfield，2012），以及能够判断同一时间段内不同受访者对给定信任水平的一致性。（即，在时间1时，被调查者1的信任等级为4，是否意味着与在时间1时被调查者2的信任等级相同？）最后，这种测量可能在受控的实验室环境中进行，但在自然野外环境中往往很难实现。

## 4. 信任修复是一个需要衡量双方观点的双边过程

信任修复不是由个人发起和执行的孤立活动。相反，这一过程取决于委托人是否愿意接受不信任者的修复工作（Lewicki & Bunker，1996），以及委托人自己为影响这一过程而采取的行动。信任修复是一个动态的关系过程（Kim et al.，2009）。因此，要真正评估信任修复工作是否成功，信任修复研究应衡量受害人的观点（更为传统的方法）和违背者的观点。这些测量应包括信任修复测量和变化的信任度测量。双重测量将允许研究人员探索在这些测量中存在不一致的情况，即违背者认为他已经"解决"了问题，而受害者认为问题根本没有解决。

## （二）道歉方式的影响因素探索

已有研究侧重于道歉表达方式有效性的探讨，得出了较为一致的结论。如，多数研究者认为有效道歉一般包括解释原因、承诺悔改以及主动提出修复策略等，对道歉在信任修复中的作用进行了有益的探索。但未来的工作应着眼于检查道歉成分的数量（以及特定的成分）是否有赖于其他潜在的调节者。例如，违规行为的严重性、道歉的及时性以及违规行为发生的文化背景等都是未来研究中值得探讨的重要方面。如果道歉确实是一种有价值的人际沟通工具，那么道歉可以被视为和解进程中的第一个必要步骤，这一步骤可能需要与其他形式的补救措施结合起来，才能被评价为有价值（De Cremer，Pillutla & Folmer，2011）。因此，今后的研究应进一步探讨在亲密关系中道歉是否足够（注意，目前的研究涉及陌生人之间的互动）。在亲密关系中，人们可能对了解违规者的好恶意图特别感兴趣，而对获得实质性赔偿的兴趣较小。而且，研究者还应该考虑在未来的研究中包含一个不道歉的条件，以测试人们是否可能过度估计道歉的价值，从而忽略了其他修复策略的效果。

## （三）跨文化背景下的信任修复

到目前为止，我们认为信任的本质及其修复都是在一定的文化背景下进行研究的。虽然大多数研究结果讨论的原则和过程适用于所有文化。然而，Saunders等人（2010）强调在不同文化中，信任动态的演变和变化的方式不同。例如，Dietz、Gillespie和Chao通过展示"文化如何广泛地影响关系中信任线索的形成，并作为与另一种文化中接触的线索的过滤器。当线索的传递和阐述都不明晰时，这会阻碍跨文化接触中最初信任的产生。"（Branzei et al.，2007；cited in Dietz et al.，2010）

　　这些线索可能来自于宗教、国籍、年龄、性别、教育和工作地点等方面的差异，这些差异是造成不同文化背景差异的原因。另一方面，这些线索可能还来自于导致信任动态变化的社会/组织背景中的某些因素。同样，Ren & Gray（2009）也广泛地描述了两种不同的信任修复周期模型：一种模型是建立在个人主义（如西方）或集体主义（如亚洲）文化中是否对信任违背进行文化解释，以及具体违规行为是否被解释为对个人目标实现的威胁，而不是对个人身份和"面子"的威胁。从客观上讲，跨文化差异应该是存在的，而且应该使用实证研究来验证主导模式在多元文化环境中对不同类型违背的适用性。另一个信任修复周期模型是戈夫曼（Goffman）的过程模型，该模型把信任修复划分为四个阶段：具有挑战性的阶段—违背者为了修复而努力阶段—受害者接受修复阶段—违背者感激阶段。在第二阶段中，违背者可以通过解释、道歉、表示关心和表达忏悔等有效方法为修复受害者的信任而努力。戈夫曼的四阶段理论模型不仅清晰地展示了信任修复的过程，还强调了人与人的关系在此过程中的重要性。

# 第九章 结 论

　　本研究运用经济行为学的博弈实验法和问卷调查法等研究方法，探索了不同信任培养方法的效果，以及在不同情境下的信任修复策略的效果及作用机制。研究一的实验1和实验2采用两人信任博弈和六人公共品博弈实验范式，探讨了替代强化、直接强化和无强化等方法对建立和培养信任关系的影响，探索了替代强化建立信任关系的可能性；研究二的实验3和实验4同样采用两人信任博弈和六人公共品博弈实验范式，探索了道歉、完全补偿、两倍补偿、道歉+完全补偿和道歉+两倍补偿这五种信任修复策略在正直型违背和能力型违背条件下的修复效果，并进一步形成道歉与补偿的最佳修复策略；研究三的实验5和实验6也采用了两种不同的博弈范式，研究在不同的违背类型和道歉方式的条件下受害者对违背者违背行为的宽恕程度，以及在有条件原谅的前提下受害者所需的最低补偿金额的临界值。研究最后探讨了不同违背类型下道歉与补偿的作用机制问题。

　　研究主要形成以下结论：

　　1、探索了信任培养的新方法——替代强化法。研究发现，直接强化组的培养效果好于替代强化组，替代强化组的培养效果又好于对照组。另外，在信任培养阶段，两人信任博弈和六人公共品博弈两种实验范式存在实验范式效应，即两人信任博弈范式下的信任培养效果优于六人公共品博弈。而且，替代强化组的信任培养效果具有跨实验情境的一致性，不受实验范式的影响。但直接强化组的信任培养效果会因实验情境不同而改变，不如替代强化组的信任效果稳定。因此根据班杜拉的社会学习理论，在信任的培养中，相比于直接强化的培养模式容易受到时空的限制和实验效应的影响，观察学习等替代强化的模式是一种更简洁、经济、长效的信任培养模式。

2、不同修复策略在不同实验范式、不同信任违背条件下的修复效果不尽相同。第一，不同修复策略在正直型违背条件下的修复效果比能力型违背条件下更差。根据韦纳的归因理论，受害者会根据信任违背产生的原因，从控制点、可控性和稳定性三个方面进行归因。在正直型违背条件下，信任者把违背者的违背原因归咎于诚实、道德等与个人人品有关的稳定原因时，会降低修复策略的有效性和对违背者的信任水平。在能力型违背条件下，信任者把违背者的原因归咎于能力、经验等与个人人品无关的原因时，则可能会产生宽恕行为，从而促进信任的修复。第二，在正直型违背条件和能力型违背条件下，经济补偿和道歉的组合策略都优于单独策略的修复效果。在两人信任博弈范式的正直型违背条件下，最佳修复策略是道歉+完全补偿和道歉+两倍补偿；在能力型违背条件下，最佳修复策略是道歉+两倍补偿。在六人公共品博弈范式的正直型违背条件下，最佳修复策略是道歉+两倍补偿；在能力型违背条件下，最佳修复策略是道歉+完全补偿。信任博弈可能同时损害了受害者的认知信任和情感信任，而公共品博弈可能只损害了受害者的认知信任。因此，人际信任修复要充分考虑认知信任和情感信任两种因素对信任修复效果的影响。只有当受害者的认知信任和情感信任同时得到了修复，违背者的信任修复策略才有可能发挥最大的功效。第三，即便采取了多种信任修复策略，受害者在信任违背后的信任水平只能得到部分修复，不能完全恢复到初始信任水平。这说明信任修复问题的复杂性和艰巨性。

3、受害者的宽恕程度和补偿金额临界值会因违背者的违背类型、道歉方式和实验范式的不同而不同。第一，在信任博弈范式下，受害者的宽恕程度主要受违背类型影响，正直型违背的宽恕程度低于能力型违背。因为正直型违背行为折射的是违背者稳定的个性和正直性可能存在问题，这可能威胁到受害者对自己的判断和对个体自我效能感的信心。而能力型违背行为只表明违背者完成此次任务的能力与经验不足，但这种不足可以通过学习和训练加以弥补。第二，道歉方式的有效性主要体现在正直型违背的无效道歉的宽恕程度低于正直型违背的有效道歉方面。根据广义的康德思想，正直型违背是对受害者的不尊重和冒犯，而有效道歉则是对这种不当行为进行弥补与平衡，因而能导致宽恕，但无效道歉则没有这种功能。第三，无论何种道歉方式，能力型违背条件下的补偿金额临界值均低于正直型违背条件下的临界值。补偿金额临界值会受到违背类型的影响，但不受道歉方式的影响。受害者可能会因为违背者的违背类型而改变所需的补偿金额临界值，但不会因为道歉方式的不同而改变所需的补偿金额临界值。在有条件原谅的前提下，能力型违背条件下的有效道歉临界值中位数为70，无效道歉临界值中位数为100；正直型违背条件下的有效道歉临界值中位数为100，无效道歉临界值中位数为110。由于所有临界值都在100左右，说明受害者对违背者经济补偿的要求一般以自身损失为参照，弥补了所受的损失即可。

4、在信任的建立、违背与修复阶段均存在不同的实验范式效应。在信任培养和信任修复阶段，六人公共品博弈范式下的信任水平均低于两人信任博弈范式下的信任水平。这种实验范式效应主要是因为在两人博弈中，双方责权利较为明确；而在六人博弈中，参与者众多且责权利不明晰，容易产生搭便车的现象，因而其信任水平普遍偏低。在两种实验范式中，道歉方式与违背类型对宽恕程度的影响也不同。在两人信任博弈范式中，近六成受害者选择不宽恕违背者；而在六人公共品博弈范式中，有六成多受害者在弥补了自身损失的前提下选择宽恕违背者。这可能与两种实验范式的责任明确性不同有关。另一方面，信任博弈损害的可能是受害者的经济和情感双重权益，而公共品博弈只损害了受害者的经济利益。

研究意义：

理论意义：（1）拓展了信任修复领域中信任建立和培养方式的研究，探讨了以替代强化的方式建立和培养信任的有效性及可推广性；（2）丰富了信任修复领域中道歉与补偿的组合策略在不同信任违背条件下的效果研究，探讨了道歉与补偿策略在不同情境下的作用机制；（3）探明了在信任的培养与修复阶段，两人信任博弈和六人公共品博弈实验存在不同的实验范式效应。

　　实践意义：（1）为组织和部门在治理社会信任危机和提高社会信任水平提供治理策略的研究依据。组织和部门可以通过树立社会的诚信榜样和道德模范的方式来提升社会的诚信水平。（2）为组织和部门改善员工人际关系、提高管理效率提供研究依据。从管理效率角度而言，组织和部门要使员工分工合理、责权利明确，否则容易导致员工的信任水平和生产效率低下。（3）为人际交往领域人际关系的建立及修复策略提供研究依据。在人际信任违背条件下，违背者应该根据不同情境调整修复策略，充分利用言语性修复策略（如道歉）和实质性修复策略（如经济补偿），从情感和认知两方面去修复受害者受损的信任关系。人们只有掌握最优的信任修复策略和方法，才能在人际交往中应对自如、有的放矢。

# 参 考 文 献

［1］边燕杰、张文宏:《经济体制、社会网络与职业流动》,载《中国社会科学》,2001年第2期,第77页。

［2］陈欣、叶浩生:《行为博弈视野下信任研究的回顾》,载《心理科学》,2009年第32期,第636页。

［3］陈欣、赵国祥、叶浩生:《公共物品困境中惩罚的形式与作用》,载《心理科学进展》,2014年第22期,第160页。

［4］窦凯:《感知社会正念:有效促进合作的心理机制》,博士学位论文,暨南大学。

［5］冯寰宇:《在人际流言背景下经济补偿对信任修复的影响》,硕士学位论文.西南大学。

［6］郭钟泽:《破镜能否重圆:组织信任修复能挽回员工对组织的信任吗?》,载《中国人力资源开发》,2019年第36期,第18页。

［7］韩平、宁吉:《基于两种信任违背类型的信任修复策略研究》,载《管理学报》,2013年第10期,第390页。

［8］韩铮:《道歉及否认对大学生人际信任修复的影响》,硕士学位论文,河南大学。

［9］韩正华:《人际信任的影响因素及其作用机制》,博士学位论文,南开大学。

［10］黄雅君:《不同信任违背类型下经济补偿及承诺对于信任修复的影响》,硕士学位论文,安徽师范大学。

［11］何振芬:《道歉对信任修复的影响:来自成人与儿童的研究》,硕士学位论文,浙江理工大学。

［12］胡荣、胡康、温莹莹:《社会资本、政府绩效与城市居民对政府的信任》,载《社会学研究》,2011年第25期,第96页。

［13］姜华:《第三方对违背方可信度积极评价的人际信任修复效果研究》,硕士学位论文,苏州大学。

［14］刘国芳、辛自强、林崇德：《人际信任中的坏苹果效应及其传递》，载《心理与行为研究》，2017年第15期，第691页。

［15］刘建勋：《不同心理距离下的道歉对信任修复的影响》，硕士学位论文，河南大学。

［16］李辉、李想：《涉警负面事件后警民合作机理研究—基于双中介因素的实证分析》，载《中国人民公安大学学报（社会科学版）》，2018年第34期，第55页。

［17］王小予：《经济补偿对信任修复效应的影响》，硕士学位论文，西南大学。

［18］夏纪军、张来武、雷鸣：《利他、互利与信任》，载《经济科学》，2004年第11期，第95页。

［19］王霄、吴伟炯：《情绪机制与公共物品供给决策——一项基于社会主义资本的实验研究》，载《经济研究》，2012年第47期，第142页。

［20］吴玉洁：《违背类型、修复策略及结果反馈对信任修复效果的中外比较研究》，硕士学位论文，暨南大学。

［21］谢庆红：《渠道冲突后第三方介入对关系修复的影响》，载《科研管理》，2018年第39期，第162页。

［22］严瑜、吴霞：《从信任违背到信任修复：道德情绪的作用机制》，载《心理科学进展》，2016年第24期，第633页。

［23］杨安华：《如何让道歉成为危机处理的利器——基于克利费尔道歉4R模式的分析》，载《吉首大学学报：社会科学版》，2019年第40期，第143页。

［24］杨中芳、彭泗清：《中国人人际信任的概念化：一个人际关系的观点》，载《社会学研究》，1999年第1期，第1页。

［25］姚琦、乐国安、赖凯声、张涔、薛婷：《信任修复：研究现状及挑战》，载《心理科学进展》，2012年第20期，第902页。

［26］袁博、董悦、李伟强：《道歉在信任修复中的作用：来自元分析的证据》，载《心理科学进展》，2017年第25期，第1103页。

［27］张建新：《殊化信任与泛化信任在人际信任行为路径模型中的作用》，载《心理学报》，2017年第32期，第311页。

［28］张睿琪：《经济补偿策略对信任修复的影响及其补偿机制》，硕士学位论文，苏州大学。

［29］张蔚、张振、高宇、段华平、吴兴南:《经济决策中人际信任博弈的理论模型与脑机制》，载《心理科学进展》，2016年第24期，第1780页。

［30］赵永婧、范红霞、刘丽:《亲子依恋与初中留守儿童心理韧性的关系》，载《中国特殊教育》，2014年第169期，第59页。

［31］周悦:《群体身份对初一年级和大学学生信任破裂和修复的影响》，硕士学位论文，天津师范大学。

［32］Aimone,J. A. & Houser,D. (2012). What you don't know won't hurt you: a laboratory analysis of betrayal aversion. *Experimental Economics*, 15(4), 571-588.

［33］Alge. & Bradley, J. (2001). Effects of computer surveillance on perceptions of privacy and procedural justice. *Journal of Applied Psychology*, 86(4), 797-804.

［34］Bandura, A.(1977). Social learning theory. *Scotts Valley, California,* ReCAPP, 1(1), 33-52.

［35］Baumgartner, T., Heinrichs, M., Vonlanthen, A., Fischbacher, U. & Fehr, E. (2008). Oxytocin shapes the neural circuitry of trust and trust adaptation in humans. *Neuron*, 58(4), 639-650.

［36］Bazerman, N. M. H. (1985). The effects of framing and negotiator overconfidence on bargaining behaviors and outcomes. *The Academy of Management Journal*, 28(1), 34-49.

［37］Bell,G.G.,Oppenheimer,R.J.&Bastien,A.(2002).Trust deterioration in an international buyer-supplier relationship. *Journal of Business Ethics,* 36(1/2), 65-78.

［38］Ben-Ner, A. & Halldorsson, F. (2010). Trusting and trustworthiness: what are they, how to measure them, and what affects them. *Journal of Economic Psychology*, 1(1), 64-79.

［39］Ben-Ner, A., Putterman, L. & Ren, T. (2011). Lavish returns on cheap talk: Two-way communication in trust games. *The Journal of Socio-Economics*, 40(1), 1-13.

［40］Bennett, M. &Earwaker, D. (1994). Victims' responses to apologies: the effects of offender responsibility and offense severity. *The Journal of Social Psychology,* 14(4), 457-44.

［41］Yu,Y.,Yang, Y. & Jing, F.(2017). The role of the third party in trust repair process. *Journal of Business Research*, 78 (7), 221-241

［42］Bies, R. J. & Shapiro, D. L. (1987). Interactional fairness judgments: the influence of causal accounts. *Social Justice Research*, 1(2), 199-218.

［43］Bies, R. J. & Tripp, T. M. (1996). Beyond distrust: "getting even" and the need for revenge. *R.kramer & T.tyler Trust & Organizations,* 246-260.

［44］Bicchieri, C., Xiao, E. & Muldoon, R. (2011). Trustworthiness is a social norm, but trusting is not. *Politics, Philosophy & Economics,* 10(2), 170-187.

［45］Blois, K. J. (1999). Trust in business to business relationships: an evaluation of its status. *Journal of Management Studies,* 36(2), 197-215.

［46］Boero, R., Bravo, G., Castellani, M. & Squazzoni, F. (2009). Reputational cues in repeated trust games. *The Journal of Socio-Economics*, 38(6), 871-877.

［47］Bohnet,I.&Zeckhauser,R.(2004). Trust, risk and betrayal. *Journal of Economic Behavior & Organization*, 55(4), 47-484.

［48］Bombay, A. , Matheson, K. & Anisman, H. (2013). Expectations among aboriginal peoples in canada regarding the potential impacts of a government apology. *Political Psychology,* 34, 443-452.

［49］Borkowski,S.C.&Ugras,Y.J.(1998).Business students and ethics: a meta-analysis. *Journal of Business Ethics*, 17(11), 1117-1127.

［50］Bottom, W., Gibson, K, Daniels, S. & Murnighan, J. (2002). When talk is not cheap: Substantive penance and expressions of intent in rebuilding cooperation. *Organization Science*, 13(5), 497-513.

［51］Bracht, J. & Feltovich, N. (2009). Whatever you say, your reputation precedes you: Observation and cheap talk in the trust game. *Journal of Public Economics*, 93(9-10), 1036–1044.

［52］Branko Bozic. (2017). Consumer trust repair: A critical literature review. *European Management Journal*, 5, 58-547.

［53］Branzei, O., Vertinsky, I. & Ii, R. D. C. (2007). Culture-contingent signs of trust in emergent relationships. *Organizational Behavior and Human Decision Processes*, 104(1), 61-82.

［54］Buchan, N. R. , Croson, R. T. A. & Solnick, S. (2008). Trust and gender: an examination of behavior and beliefs in the investment game. *Journal of Economic Behavior and Organization,* 68(3-4), 0-476.

[ 55 ] Budworth, Marie-Hélène. & Mann, S. L.(2010). Becoming a leader: the challenge of modesty for women. *Journal of Management Development*, 29(2), 177-186.

[ 56 ] Butler, M. H. , Dahlin, S. K. & Fife, S. T. (2010). "languaging" factors affecting clients' acceptance of forgiveness intervention in marital therapy. *Journal of Marital & Family Therapy*, 28(3), 285-298.

[ 57 ] Caldwell, C. & Hayes, L. A. (2007). Leadership, trustworthiness, and the mediating lens. *Journal of Management Development,* 26(3), 261-281.

[ 58 ] Cejka,M.A.&Eagly,A.H.(1999).Gender-stereotypic images of occupations correspond to the sex segregation of employment.*Personality and Social Psychology Bulletin*, 25(4), 41-42.

[ 59 ] Cels. & Sanderijn. (2015). Interpreting political apologies: the neglected role of performance. *Political Psychology*, 36(3), 351-360.

[ 60 ] Chang, L. J. , Doll, B. B. , Mascha van't Wout, Frank, M. J. & Sanfey, A. G. (2010). Seeing is believing: trustworthiness as a dynamic belief. *Cogn Psychol,* 61(2), 87-105.

[ 61 ] Chaudhuri, A. & Gangadharan, L. (2007). An experimental analysis of trust and trustworthiness. *Southern Economic Journal*, 73(4), 959-985.

[ 62 ] Chen, C., Saparito, P. & Belkin, L. (2011). Responding to trust breaches: The domain specificity of trust and the role of affect. *Journal of Trust Research*, 1(1), 85-106.

[ 63 ] Chen, Y., Wu, J. & Chang, H. (2013). Examining the mediating effect of positive moods on trust repair in e-commerce. *Internet Research*, 25(3),55-71.

[ 64 ] Conchie, S.M.,Taylor, P.J. &Charlton,A.(2011), Trust and distrust in safety leadership: mirror reflections?.*Safety Science*, 49(8),1208-1214.

[ 65 ] Cook, J.&Wall,T. (1980). New work attitude measures of trust, organizational commitment and personal need non-fulfilment. *Journal of Occupational Psychology,* 53(1), 39-52.

[ 66 ] Coombs, W. T. & Holladay, S. J. (2008). Comparing apology to equivalent crisis response strategies: clarifying apology\"s role and value in crisis communication.

*Public Relations Review,* 34(3), 252-257.

［67］Crant,J.M. &Bateman,T.S. (1993). Assignment of credit and blame for performance outcomes. *Academy of Management Journal*, 36(1), 7-27.

［68］Crisp, C. B. & Jarvenpaa, S. L. (2013). Swift trust in global virtual teams. *Journal of Personnel Psychology*, 12(1), 45-53.

［69］Croson, R. &Gneezy, U.(2009). Gender differences in preferences. *Journal of Economic Literature*, 47(2), 448-474

［70］Croson,R., Boles, T. &Murnighan, J. K.(2003). Cheap talk in bargaining experiments: lying and threats in ultimatum games. *Journal of Economic Behavior and Organization*, 51(2), 0-159.

［71］Croson, R. & Buchan, N. (1999). Gender and Culture: international experimental evidence from trust games. *American Economic Review*, 89(2), 386-391.

［72］Cross, S. E. & Madson, L. (1997). Models of the self: self-construals and gender. *Psychological Bulletin*, 122(1), 5-37.

［73］Daft, R. L.&Lengel,R.H.(1984). Information richness: a new approach to managerial behavior and organizational design. *Research in Organizational Behavior*, 6, 191-233.

［74］De Cremer, D. (2010). To pay or to apologize? On the psychology of dealing with unfair offers in a dictator game. *Journal of Economic Psychology*, 31(5),843-848.

［75］De Cremer, D. ,Pillutla, M. M. & Folmer, C. R. (2011). How important is an apology to you?: forecasting errors in evaluating the value of apologies. *Psychological Science*, 22(1), 45-48.

［76］De Cremer, D. & Schouten, B. C. (2008). When apologies for injustice matter: the role of respect. *European Psychologist*, 13(4), 239-247.

［77］De Houwer, J. (2001). A structural and process analysis of the implicit association test. *Journal of Experimental Social Psychology*, 37(6), 443-451.

［78］De Houwer,J.,Teige-Mocigemba,S. ,Spruyt, A. & Moors, A.(2009).Implicit measures: a normative analysis and review. *Psychological Bulletin*,135(3), 347-368.

［79］Derks, J. , Lee, N. C.& Krabbendam, L. (2014). Adolescent trust and trustworthiness: role of gender and social value orientation. *Journal of Adolescence,* 37(8), 1379-1386.

［ 80 ］ Desmet, P. T. M. , Cremer, D. D. & Dijk, E. V. (2011). In money we trust? the use of financial compensations to repair trust in the aftermath of distributive harm. *Organizational Behavior & Human Decision Processes*, 114(2), 75-86.

［ 81 ］ Desmet,P.,Cremer,D.& Dijk,E.(2010). On the psychology of financial compensations to restore fairness transgressions: when intentions determine value. *Journal of Business Ethics*, 95(1), 105-115.

［ 82 ］ Dewulf A, Gray B, Putnam LL, Lewicki RJ, Aarts N, et al. (2009). Disentangling approaches to framing in conflict and negotiation research: a meta-paradigmatic perspective. *Human Relations*, 62(2), 155-193.

［ 83 ］ Di Cagno, D. & Sciubba,E. (2010). Trust, trustworthiness and social networks: Playing a trust game when networks are formed in the lab. *Journal of Economic Behavior & Organization*, 75(2), 156-167.

［ 84 ］ Dietz, G. &den Hartog, D. (2006). Measuring trust inside organisations. *Personnel Review*, 35(5),557-588.

［ 85 ］ Dimoka, A. (2010). What does the brain tell us about trust and distrust? evidence from a functional neuroimaging study. *Mis Quarterly*, 34(2), 373-396.

［ 86 ］ Dirks, K., Kim, P., Ferrin, D. & Cooper, C. (2011). Understanding the effects of substantive responses on trust following a transgression. *Organizational Behavior and Human Decision Processes*, 114(2),87-103.

［ 87 ］ Dirks, K.T. , Lewicki, R. J. & Zaheer, A. (2009). Reparing relationships within and between organizations: building a conceptual foundation.*Academy of Management Review*, 34(1), 68-84.

［ 88 ］ Dunning,D., Anderson, J. E., Schlösser, T., Ehlebracht, D. & Fetchenhauer, D. (2014). Trust at zero acquaintance: More a matter of respect than expectation of reward. *Journal of Personality and Social Psychology*, 107(1), 122-141.

［ 89 ］ Eagly, A. H. &Karau, S. J. (2002). Role congruity theory of prejudice toward female leaders. *Psychological Review,* 109(3), 573-598.

［ 90 ］ EffronDA,LucasBJ,O'ConnorK.(2015).Hypocrisy by association:when organizational membership increases condemnation for wrongdoing. *Organizational Behavior and*

*Human Decision Processes,* 130, 147-159.

[91] Elangovan, A. R.,Auer-Rizzi, W. & Szabo, E. (2015). It's the act that counts: minimizing post-violation erosion of trust.*Leadership&Organization Development Journal,* 36(1), 81-96.

[92] Evans, A. M. & Krueger, J. I. (2009). The psychology (and economics) of trust. *Social and Personality Psychology Compass,*3 (6), 1003-1017.

[93] Ewin, D. M. (2000). Helping clients forgive: an empirical guide for resolving anger and restoring hope. *American Journal of Clinical Hypnosis,* 46(4), 361-363.

[94] Farrell, J. & Rabin, M. (1996). Cheap talk. *Journal of Economic Perspectives,* 10(3), 103-118.

[95] Fazio, O. R. H. (2001). Implicit attitude formation through classical conditioning. *Psychological Science,* 12(5), 413-417.

[96] Fehr, R. & Gelfand, M. J. (2010). When apologies work: how matching apology components to victims' self-construals facilitates forgiveness. *Organizational Behavior & Human Decision Processes,* 113(1), 37-50.

[97] Fehr, R.,Gelfand, M. J.& Nag, M.(2010). The road to forgiveness: a meta-analytic synthesis of its situational and dispositional correlates.*Psychological Bulletin,* 136(5), 894-914.

[98] Ferguson, A. J. & Peterson, R.S. (2015). Sinking slowly: diversity in propensity to trust predicts downward trust spirals in small groups. *Journal of Applied Psychology,* 100(4), 1012-1024.

[99] Ferrin, D. L. , Kim, P. H. , Cooper, C. D. & Dirks, K. T. (2007). Silence speaks volumes: the effectiveness of reticence in comparison to apology and denial for responding to integrity- and competence-based trust violations. *Journal of Applied Psychology,* 92(4), 893-908.

[100] Fitness, J.(2001). Betrayal, rejection, revenge and forgiveness : an interpersonal script approach. *New York Oxford University Press,* 73-103.

[101] Franke, G. R. , Crown, D. F. & Spake, D. F. (1997). Gender differences in ethical perceptions of business practices: a social role theory perspective. *Journal of Applied*

*Psychology,* 82(6), 920-934.

[ 102 ] Frawley, S.& Harrison, J. A. (2016). A social role perspective on trust repair. *Journal of Management Development,* 35(8), 1045-1055.

[ 103 ] Fuoli, M., van de Weijer, J. & Paradis, C. (2017). Denial outperforms apology in repairing organizational trust despite strong evidence of guilt. *Public Relations Review,* 43(4), 645-660.

[ 104 ] Garbarino, E. & Slonim, R. (2009). The robustness of trust and reciprocity across a heterogeneous u.s. population. *Journal of Economic Behavior and Organization,* 69(3), 0-240.

[ 105 ] Gilbert, J. A. & Tang, L. P. (1998). An examination of organizational trust antecedents. *Public Personnel Management,* 27(3), 321-338.

[ 106 ] Gillespie,N.&Dietz,G.(2009).Trust repair after an organization-level failure. *Academy of Management Review,*34(1), 127-145.

[ 107 ] Gillespie, N., Dietz, G. & Lockey, S. (2014). Organizational Reintegration and Trust Repair after an Integrity Violation: A Case Study. *Business Ethics Quarterly,* 24(3), 371-410.

[ 108 ] Gilligan, C.(1986). In a different voice: psychological theory and women's development. *Journal of Midwifery & Women's Health,* 28(6), 39-40.

[ 109 ] Giner-Sorolla, R. (1999). Affect in attitude: immediate and deliberative perspectives. *Dual-Process Theories in Social Psychology,*441–461.

[ 110 ] J.&Weiner, B.(2000).Remorse, confession, group identity, and expectancies about repeating a transgression. *Basic and Applied Social Psychology,* 22(4), 291-300.

[ 111 ] Golesorkhi. & Banu. (2006). Gender differences and similarities in judgments of trustworthiness. *Women in Management Review,* 21(3), 195-210.

[ 112 ] Gollwitzer, M. , Rothmund, T. , Pfeiffer, A. & Ensenbach, C. (2009). Why and when justice sensitivity leads to pro- and antisocial behavior. *Journal of Research in Personality,* 43(6), 999-1005.

[ 113 ] Gonos,G.(1977). "situation" versus "frame": the "interactionist" and the "structuralist" analyses of everyday life. *American Sociological Review,* 42(6), 854-867.

［114］Grant-Vallone,D.E.J.(2002).Understanding self-report bias in organizational behavior research. *Journal of Business and Psychology,* 17(2), 245-260.

［115］Grosse. & C., U. (2002). Managing communication within virtual intercultural teams. *Business Communication Quarterly,*65(4), 22-38.

［116］Grover, S. L. , Hasel, M. C. , Manville, C. & Serrano-Archimi, C. (2014). Follower reactions to leader trust violations: a grounded theory of violation types, likelihood of recovery, and recovery process. *European Management Journal,*32(5), 689-702.

［117］Guido, G. & Peluso, A. M. (2009). When are baby-faced endorsers appropriate? testing effects on credibility and purchase intention. *Journal of Current Issues & Research in Advertising,* 31(2), 67-74.

［118］Gunderson, P. R. & Ferrari, J. R. (2008). Forgiveness of sexual cheating in romantic relationships: effects of discovery method, frequency of offense, and presence of apology. *North American Journal of Psychology,* 10(1), 1–14

［119］Haesevoets, T., Folmer, C. & Van Hiel, A. (2015). Is trust for sale? The effectiveness of financial compensation for repairing competence- versus integrity-based trust violations. *PLoS ONE,* 10(12), 1-14.

［120］Haesevoets, T. , Reinders Folmer, C. , De Cremer, D. & Van Hiel, A. (2013). Money isn't all that matters: the use of financial compensation and apologies to preserve relationships in the aftermath of distributive harm. *Journal of Economic Psychology,* 35, 95-107.

［121］Hann, I. H. , Hui, K. L. , Lee, S. Y. & Png, I. (2007). Overcoming online information privacy concerns: an information-processing theory approach. *Journal of Management Information Systems,* 24(2), 1-42.

［122］Hareli, S. & Eisikovits, Z. (2006). The role of communicating social emotions accompanying apologies in forgiveness. *Motivation & Emotion,* 30(3), 189-197.

［123］Haruno, M. & Frith,C. D. (2010). Activity in the amygdala elicited by unfair divisions predicts social value orientation. *Nature Neuroscience,*13(2), 160-161.

［124］Heilman, M. E. & Wallen, A. S. (2010). Wimpy and undeserving of respect: penalties for men's gender-inconsistent success. *Journal of Experimental Social Psychology,*

46(4), 0-667.

[ 125 ] Heilman, M. E. & Okimoto, T. G. (2007). Why are women penalized for success at male tasks?:the implied communality deficit. *Journal of Applied Psychology,* 92(1), 81-92.

[ 126 ] Heilman, M. E. , Wallen, A. S. , Fuchs, D. & Tamkins, M. M. (2004). Penalties for success: reactions to women who succeed at male gender-typed tasks. *Journal of Applied Psychology,*89(3), 416-427.

[ 127 ] Hornsey, M. J. & Wohl, M. J. A. (2013). We are sorry: intergroup apologies and their tenuous link with intergroup forgiveness. *European Review of Social Psychology,* 24(1), 1-31.

[ 128 ] Hui, C. H. , Lau, F. L. Y. , Tsang, K. L. C. & Pak, S. T. (2011). The impact of post-apology behavioral consistency on victim"s forgiveness intention: a study of trust violation among coworkers. *Journal of Applied Social Psychology,* 41(5), 1214-1236.

[ 129 ] Jarvenpaa, S. L. & Leidner, D. E. (1999). Communication and trust in global virtual teams. *Organization Science,* 10(6), 791-815.

[ 130 ] Joireman, J. A., Van Lange, P. A. M., Kuhlman, D. M., Van Vugt, M. & Shelley, G. P. (1997). An interdependence analysis of commuting decisions. *European Journal of Social psychology,* 27(4),441-467.

[ 131 ] Kanagaretnam, K. , Mestelman, S. , Nainar, K. & Shehata, M. (2009). The impact of social value orientation and risk attitudes on trust and reciprocity. *Journal of Economic Psychology,*30(3), 368-380.

[ 132 ] Karakowsky, L. , Mcbey,K.& Chuang,Y. T. (2004). Perceptions of team performance: the impact of group composition and task-based cues. *Journal of Managerial Psychology,* 19(5), 506-525.

[ 133 ] Kacmar, R. G. M. (1991). Laboratory research in management: misconceptions and missed opportunities. *Journal of Organizational Behavior,* 12(4), 301-311.

[ 134 ] Kiesler,S.(1992).Group decision making and communication technology. *Organizational Behavior & Human Decision Processes,* 52(1), 9-12.

[ 135 ] Kim, P., Cooper, C., Dirks, K. & Ferrin, D. (2013). Repairing trust with individuals vs.

groups. *Organizational Behavior & Human Decision Processes*, 120(1), 1-14.

[ 136 ] Kim, P. H. , Dirks, K. T. & Cooper, C. D. (2009). The repair of trust: a dynamic bilateral perspective and multilevel conceptualization. *Academy of Management Review*, 4(12), 401-422.

[ 137 ] Kim, P. H. , Dirks, K. T. , Cooper, C. D. & Ferrin, D. L. (2009). When more blame is better than less: the implications of internal vs. external attributions for the repair of trust after a competence- vs. integrity-based trust violation. *Organizational Behavior and Human Decision Processes*, 99(1), 49-58.

[ 138 ] Kim, P. H. , Ferrin, D. L. , Cooper, C. D. & Dirks, K. T. (2004). Removing the shadow of suspicion: the effects of apology versus denial for repairing competence- versus integrity-based trust violations. *Journal of Applied Psychology*, 89(1), 104-181.

[ 139 ] King-Casas, B. , Sharp, C. , Lomax-Bream, L. , Lohrenz, T. , Fonagy, P. & Montague, P. R. (2008). The rupture and repair of cooperation in borderline personality disorder. *Science,*321(5890), 806-810.

[ 140 ] Kirsch, P., Esslinger, C., Chen, Q., Mier, D., Lis, S., Siddhanti, S.,Meyer-Lindenberg, A. (2005). Oxytocin modulates neural circuitry for social cognition and fear in humans. *The Journal of Neuroscience*, 25(49), 1148-1149.

[ 141 ] Klackl, J., Pfundmair, M., Agroskin, D. & Jonas, E.(2013). Who is to blame? oxytocin promotes nonpersonalistic attributions in response to a trust betrayal. *Biological Psychology,* 92(2), 387-394.

[ 142 ] Koscik, T. R. & Tranel, D.(2011). The human amygdala is necessary for developing and expressing normal interpersonal trust. *Neuropsychologia,* 49(4), 602-611.

[ 143 ] Kosfeld, M. , Heinrichs, M. , Zak, P. J. , Fischbacher, U. & Fehr, E.(2005). Oxytocin increases trust in humans. *Nature (London),* 435(7042), 673-676.

[ 144 ] Kramer, R. & Lewicki, R. (2010). Repairing and enhancing trust: approaches to reducing organizational trust deficits. *Academy of Management Annals,* 4(1), 245-277.

[ 145 ] Krosgaard, M. A.,Brodt, S. E. &Whitener, E. M. (2002). Trust in the face of conflict: the role of managerial trustworthy behavior and organizational context. *Journal of Applied Psychology,* 87(2), 312-319.

［146］Krueger, J. I., Massey, A. L. & Didonato, T. E. (2008). A matter of trust: from social preferences to the strategic adherence to social norms. *Negotiation and Conflict Management Research,*1(1), 31-52.

［147］Lee, J. D. & See, K. A. (2004). Trust in automation: designing for appropriate reliance. *Human Factors,* 46(1), 50-80.

［148］Lewicki, R. J. & Bunker, B. B. (1995). Trust in relationships: A model of development and decline. *B B Bunker & J Z Rubin, Conflict, Cooperation & Justice.*133-173

［149］Lewicki, R. J. , Mcallister, D. J. & Bies, R. J. (1998). Trust and distrust: new relationships and realities. *Academy of Management Review*, 23(3), 438-458.

［150］Lewicki, R. J.& Polin, B. (2012). The art of the apology: The structure and effectiveness of apologies in trust repair. *Restoring trust: Challenges and prospects*, 95-128.

［151］Lewicki, R. J. , Polin, B. & Lount, R. B. (2016). An exploration of the structure of effective apologies. *Negotiation and Conflict Management Research,* 9(2),177-196

［152］Lewicki, R. J. , Tomlinson, E. C. & Gillespie, N. (2006). Models of interpersonal trust development: theoretical approaches, empirical evidence, and future directions. *Journal of Management,* 32(6), 991-1022.

［153］Lind, E. A. (1995). Justice and authority relations in organizations. *Organizational politics, justice, and support: Managing the social climate of the workplace*, 83-96.

［154］Lind, E. A. , Kray, L. & Thompson, L. (2001). Primacy effects in justice judgments: testing predictions from fairness heuristic theory. *Organizational Behavior & Human Decision Processes*, 85(2), 189-210.

［155］Lind. & Allan, E. (1989). The social psychology of procedural justice. *Critical Issues in Social Justice,* 57(5), 830-838.

［156］Lis, S., Baer, N., Franzen, N., Hagenhoff, M., Gerlach, M., Koppe, G. & Kirsch, P. (2016). Social interaction behavior in ADHD in adults in a virtual trust game. *Journal of attention disorders*, 20(4), 335-345.

［157］Lis, S., Schönwetter, T., Mier, D., Gallhofer, B. & Kirsch, P. (2011). Gestörte Integration sozial-emotionaler Hinweisreize bei schizophrenen Patienten.

*Nervenheilkunde*, 30(6), 385-393.

[158] Lount Jr, R. B., Zhong, C. B., Sivanathan, N. & Murnighan, J. K. (2008). Getting off on the wrong foot: The timing of a breach and the restoration of trust. *Personality and Social Psychology Bulletin*, 34(12), 1601-1612.

[159] Lumineau, F. (2014). How contracts influence trust and distrust. *Social Science Electronic Publishing*, 43(5),1553-1577.

[160] Maio, G. R. , Thomas, G. , Fincham, F. D. & Carnelley, K. B. (2008). Unraveling the role of forgiveness in family relationships. *Journal of Personality and Social Psychology*,94(2), 307-319.

[161] Malhotra, D. & Lumineau, F. (2011). Trust and collaboration in the aftermath of conflict: the effects of contract structure. *Academy of Management Journal*, 54(5), 981-998.

[162] Malhotra, D. & Murnighan, J. K. (2002). The effects of contracts on interpersonal trust. *Administrative Science Quarterly*, 47(3), 534-559.

[163] Matzat, U. & Snijders, C. (2012). Rebuilding trust in online shops on consumer review sites: Sellers' responses to user-generated complaints. *Journal of Computer-Mediated Communication*, 18(1), 62-79.

[164] Mayer, R. C., Davis, J. H. & Schoorman, F. D. (1995). An integrative model of organizational trust. *Academy of management review*, 20(3), 709-734.

[165] Mcallister, D. J. (1995). Affect- and cognition-based trust as foundations for interpersonal cooperation in organizations. *Academy of Management Journal*,3 8(1), 24-59.

[166] Mccullough, M. E., Worthington, E. L.&Rachal, K.C.(1997). Interpersonal forgiving in close relationships. *Journal of Personality and Social Psychology*, 73(2), 321-336.

[167] McKnight, D. H., Cummings, L. L. & Chervany, N. L. (1998). Initial trust formation in new organizational relationships. *Academy of Management review*,23(3), 473-490.

[168] Merritt, S. M. , Heimbaugh, H. , Lachapell, J. & Lee, D. (2013). I trust it, but i don\"t know why: effects of implicit attitudes toward automation on trust in an automated system. *Human Factors: The Journal of the Human Factors and Ergonomics Society*,

55(3), 520-534.

[ 169 ] Meyerson, D., Weick, K. E. & Kramer, R. M. (1996). Swift trust and temporary groups. *Raj.rajaditi.com*, 166-195.

[ 170 ] Minsky, M. (1988). A framework for representing knowledge. *Readings in Cognitive Science,* 20(3), 156-189.

[ 171 ] Mishra, A. K. (1996). Organizational responses to crisis. Trust in organizations. *Frontiers of theory and research*, (5), 21-287.

[ 172 ] Mislin, A., Williams, L. V. & Shaughnessy, B. A. (2015). Motivating trust: Can mood and incentives increase interpersonal trust?.*Journal of Behavioral and Experimental Economics*, 58, 11-19.

[ 173 ] Moss-Racusin, C. A. , Phelan, J. E. & Rudman, L. A. (2010). When men break the gender rules: status incongruity and backlash against modest men. *Psychology of Men & Masculinity,* 11(2), 140-151.

[ 174 ] Nakayachi, K. & Watabe, M. (2005). Restoring trustworthiness after adverse events: the signaling effects of voluntary "hostage posting" on trust. *Organizational Behavior and Human Decision Processes*, 97(1), 1-17.

[ 175 ] Nguyen, N. T. , Basuray, M. T. , Smith, W. P. , Kopka, D. & Mcculloh, D. (2008). Moral issues and gender differences in ethical judgment using reidenbach and robin's (1990) multidimensional ethics scale: implications in teaching of business ethics. *Journal of Business Ethics,* 77(4), 417-430.

[ 176 ] Ones, D. S. & Viswesvaran, C. (1998). Gender, age, and race differences on overt integrity tests: results across four large-scale job applicant datasets. *Journal of Applied Psychology,*83(1), 35-42.

[ 177 ] Ones, D. S. & Viswesvaran, C. (2001). Integrity tests and other criterion - focused occupational personality scales (COPS) used in personnel selection. *International Journal of selection and assessment*, 9(1-2), 31-39.

[ 178 ] Appleby, P. R. , Miller, L. C. & Rothspan, S. (1999). The paradox of trust for male couples: when risking is a part of loving. *Personal Relationships,* 6(1), 81-93.

[ 179 ] Parks, C. D., Joireman, J. & Van Lange, P. A. (2013). Cooperation, trust, and

antagonism: How public goods are promoted. *Psychological Science in the Public Interest*, 14(3), 119-165.

[ 180 ] Peters, E. & Slovic, P. (2007). Affective asynchrony and the measurement of the affective attitude component. *Cognition & Emotion,* 21(2), 300-329.

[ 181 ] Petriglieri, J. L. (2015). Co-creating relationship repair: Pathways to reconstructing destabilized organizational identification. *Administrative Science Quarterly*, 60(3), 518-557.

[ 182 ] Reeder, G. D. & Brewer, M. B. (1979). A schematic model of dispositional attribution in interpersonal perception. *Psychological Review,* 86(1), 61-79.

[ 183 ] Ren, H. & Gray, B. (2009). Repairing relationship conflict: how violation types and culture influence the effectiveness of restoration rituals. *The Academy of Management Review,*34(1), 105-126.

[ 184 ] Robinette, P., Howard, A. M. & Wagner, A. R. (2015). Timing is key for robot trust repair. *Lecture Notes in Computer Science*, 988, 574-583.

[ 185 ] Robinson, S.L. (1996). Trust and breach of the psychological contract. *Administrative Science Quarterly,* 41(4), 574-599.

[ 186 ] Rousseau, D. M., Sitkin, S. B., Burt, R. S. & Camerer, C. (1998). Not so different after all: A cross-discipline view of trust. *Academy of management review*, 23(3), 393-404.

[ 187 ] Rudman. & Laurie, A. (1998). Self-promotion as a risk factor for women: the costs and benefits of counterstereotypical impression management. *Journal of Personality and Social Psychology,* 74(3), 629-645.

[ 188 ] Rudman, L. A. & Fairchild, K. (2004). Reactions to counterstereotypic behavior: the role of backlash in cultural stereotype maintenance. *Journal of Personality and Social Psychology,* 87(2), 157-176.

[ 189 ] Rudman, L. A. & Glick, P. (1999). Feminized management and backlash toward agentic women: the hidden costs to women of a kinder, gentler image of middle managers. *Journal of Personality and Social Psychology,* 77(5), 1004-1010.

[ 190 ] Rudman, L. A. & Glick, P. (2002). Prescriptive gender stereotypes and backlash toward agentic women. *Journal of Social Issues,* 57(4), 743-762.

[ 191 ] Rudman, L. A. & Phelan, J. E. (2008). Backlash effects for disconfirming gender stereotypes in organizations. *Research in Organizational Behavior,* 28, 61-79.

[ 192 ] Ruggs, E.N., Hebl, M.R., Walker, S.S. and Fa-Kaji, N. (2014) . Selection biases that emerge when age meets gender. *Journal of Managerial Psychology,* 29(8), 1028-1043.

[ 193 ] Rusbult, C. E. ,Verette, J.,Whitney,G.A., Slovik,L.F.&Al, E. (1991). Accommodation processes in close relationships: theory and preliminary empirical evidence. *Journal of Personality and Social Psychology,* 60(1), 53-78.

[ 194 ] Scher, S. J. & Darley, J. M. (1997). How effective are the things people say to apologize? effects of the realization of the apology speech act. *Journal of Psycholinguistic Research*, 26(1), 127-140.

[ 195 ] Schindler, P. L. & Thomas, C. C. (1993). The structure of interpersonal trust in the workplace. *Psychological Reports,*73(2), 563-573.

[ 196 ] Schlenker, B. R.& Darby, B. W.(1981).The use of apologies in social predicaments. *Social Psychology Quarterly,* 44(3), 271-278.

[ 197 ] Schoorman, F.D., Mayer, R.C. and Davis, J.H. (2007).An integrative model of organizational trust: past, present, and future. *Academy of Management Review*, 2 (2), 44-54.

[ 198 ] Schmitt, M. , Gollwitzer, M. , Jürgen Maes. & Arbach, D. (2005). Justice sensitivity: assessment and location in the personality space. *European Journal of Psychological Assessment,* 21(3), 202-211.

[ 199 ] Schniter, E. , Sheremeta, R. M. & Sznycer, D. (2012). Building and rebuilding trust with promises and apologies. *Working Papers,* 94(2), 242-256.

[ 200 ] Schweitzer, M. E. , Hershey, J. C. & Bradlow, E. T. (2006). Promises and lies: restoring violated trust. *Organizational Behavior and Human Decision Processes,* 101(1), 1-19.

[ 201 ] Shapiro, D. L. (1991). The effects of explanations on negative reactions to deceit. *Administrative Science Quarterly*, 36(4).

[ 202 ] Shapiro, D. L. ,Buttner, E. H. & Barry, B. (1994). Explanations: what factors enhance their perceived adequacy?. *Organizational Behavior & Human Decision Processes,*

58(3), 346-368.

[ 203 ] Shaw, J. C., Wild, E. & Colquitt, J. A. (2003). To justify or excuse?: a meta-analytic review of the effects of explanations. *Journal of Applied Psychology,* 88(3), 444-458.

[ 204 ] Sheremeta, R. M. & Zhang, J. (2014). Three-player trust game with insider communication. *Economic Inquiry,* 52(2), 576-591.

[ 205 ] Silvester, J. and Chapman, A.J. (1996).Unfair discrimination in the selection interview: an attributional account. *International Journal of Selection and Assessment,* 4 (2), 63-70.

[ 206 ] Simons, T. (2002). Behavioral integrity: the perceived alignment between managers words and deeds as a research focus. *Organization Science,* 13(1), 18-35.

[ 207 ] Sitkin, S. B. & Roth, N. L. (1993). Explaining the limited effectiveness of legalistic "remedies" for trust/distrust. *Organization Science,* 4(3), 367-392.

[ 208 ] Snyder, M. & Jr, A. A. S. (1999). Interpersonal processes: the interplay of cognitive, motivational, and behavioral activities in social interaction. *Annual Review of Psychology,* 50(1), 273-303.

[ 209 ] Spicer, A. & Okhmatovskiy,I.(2015).Multiple paths to institutional-based trust production and repair: Lessons from the Russian bank deposit market. *Organization Studies,* 36(9), 1143-1170.

[ 210 ] Stanley, D. A. & Phelps, E. A. (2011). Implicit race attitudes predict trustworthiness judgments and economic trust decisions. *Proceedings of the National Academy of Sciences of the United States of America,* 108(19), 7710-7715.

[ 211 ] Stouten, J. , Cremer, D. D. & Dijk, E. V. (2005). All is well that ends well, at least for proselfs: emotional reactions to equality violation as a function of social value orientation. *European Journal of Social Psychology,* 35(6), 767-783.

[ 212 ] Tobias Rothmund, Mario Gollwitzer, Christoph Klimmt. (2011). Of Virtual Victims and Victimized Virtues: Differential Effects of Experienced Aggression in Video Games on Social Cooperation. *Personality and Social Psychology Bulletin,* 37(1), 107–119.

[ 213 ] Tomlinson, E. C., Dineen, B. R. & Lewicki, R. J. (2004). The road to reconciliation:

antecedents of victim willingness to reconcile following a broken promise. *Journal of Management,* 30(2), 165-187.

［214］ Tomlinson, E. C. & Mryer, R. C. (2009). The role of causal attribution dimensions in trust repair. *Academy of Management Review,* 34(1), 85-104.

［215］ Trafimow. & D. (2005). The role of affect in determining the attributional weight of immoral behaviors. *Personality and Social Psychology Bulletin,* 31(7), 935-948.

［216］ Utz, S. , Matzat, U. & Snijders, C. (2009). On-line reputation systems: the effects of feedback comments and reactions on building and rebuilding trust in on-line auctions. *International Journal of Electronic Commerce,* 13(3), 95-118.

［217］ Van Laer, T. & De Ruyter, K. (2010). In stories we trust: How narrative apologies provide cover for competitive vulnerability after integrity-violating blog posts. *International Journal of Research in Marketing,* 27(2), 164-174.

［218］ Van Houwelingen, G., van Dijke, M. & De Cremer, D. (2017). Trust maintenance as a function of construal level and attributions: the case of apologies. *European Journal of Social Psychology,* 48(1), 33-46.

［219］ Van't Wout, M & Sanfey, A.G.(2008). Friend or foe: the effect of implicit trustworthiness judgments in social decision-making. *Cognition,* 108(3), 796-803.

［220］ Walfisch, T. , Dijk, D. V. & Kark, R. (2013). Do you really expect me to apologize? the impact of status and gender on the effectiveness of an apology in the workplace. *Journal of Applied Social Psychology,* 43(7), 1446-1458.

［221］ Weiner, B. , Amirkhan, J. , Folkes, V. S. & Verette, J. A. (1987). An attributional analysis of excuse giving: studies of a naive theory of emotion. *Journal of Personality and Social Psychology,* 52(2), 316-324.

［222］ Xie, Y. & Peng, S. (2009). How to repair customer trust after negative publicity: the roles of competence, integrity, benevolence, and forgiveness. *Psychology and Marketing,*26(7), 572-589.

［223］ Yamagishi, T., Kanazawa, S., Mashima, R. & Terai, S. (2005). Separating trust from cooperation in a dynamic relationship: prisoner's dilemma with variable dependence. *Rationality & Society,* 17(3), 275-308.

# 附　录

（1）积极和消极情绪量表（PANAS）

指导语：请回忆过去两周的情绪状态，并从根本没有（1分）到非常强烈（7分）进行评定。

| 题目：在过去的两周里，我通常是 | 根本没有→1→2→3→4→5→6→7 非常强烈 | | | | | | |
|---|---|---|---|---|---|---|---|
| 1. 快乐的 | 1 | 2 | 3 | 4 | 5 | 6 | 7 |
| 2. 易怒的 | 1 | 2 | 3 | 4 | 5 | 6 | 7 |
| 3. 感激的 | 1 | 2 | 3 | 4 | 5 | 6 | 7 |
| 4. 难过的 | 1 | 2 | 3 | 4 | 5 | 6 | 7 |
| 5. 充满热情的 | 1 | 2 | 3 | 4 | 5 | 6 | 7 |
| 6. 兴奋的 | 1 | 2 | 3 | 4 | 5 | 6 | 7 |
| 7. 惊恐的 | 1 | 2 | 3 | 4 | 5 | 6 | 7 |
| 8. 害怕的 | 1 | 2 | 3 | 4 | 5 | 6 | 7 |

## （2）实验程序及被试参加实验截图

---

**第一场：双人博弈**

博弈规则：博弈双方都将获得系统分配的网络货币。例如，你俩各得10个网络币，你俩将会被系统随机指定为投资人或代理人。博弈过程分两个步骤：先由投资人决定将投资多少（假设为x个网络币）。当投资人完成决策后，系统将投资额乘上一个倍数，例如3倍，然后交到代理人手中，代表代理人的投资获利。第二步，代理人决定返还给投资人多少个网络币（假设返还y个）。此时一轮博弈结束，投资人获得（10-x+y）个网络币，而代理人获得（10+3x-y）个网络币。

例子：假设投人获得20个网络币，代理人获得15个网络币，若投资人投资10个网络币，则代理人获利后拥有15+10*3=45个网络币。若代理人返还给投资人12个网络币，则投资人最终将获得20-10+12=22个网络币，代理人最终获得15+30-12=33个网络币。此时一轮博弈就结束了。

你被系统抽中作为投资者，另一位博弈者为代理人。博弈对象是系统根据无重复抽样原理从网络上抽取的陌生人，你将不会与对方再次接触。系统分配给你和代理人各10个网络币，你将投资 _____ 个网络币。

确定　●

---

**第一场：双人博弈**

博弈规则：博弈双方都将获得系统分配的网络货币。例如，你俩各得10个网络币，你俩将会被系统随机指定为投资人或代理人。博弈过程分两个步骤：先由投资人决定将投资多少（假设为x个网络币）。当投资人完成决策后，系统将投资额乘上一个倍数，例如3倍，然后交到代理人手中，代表代理人的投资获利。第二步，代理人决定返还给投资人多少个网络币（假设返还y个）。此时一轮博弈结束，投资人获得（10-x+y）个网络币，而代理人获得（10+3x-y）个网络币。

例子：假设投人获得20个网络币，代理人获得15个网络币，若投资人投资10个网络币，则代理人获利后拥有15+10*3=45个网络币。若代理人返还给投资人12个网络币，则投资人最终将获得20-10+12=22个网络币，代理人最终获得15+30-12=33个网络币。此时一轮博弈就结束了。

你被系统抽中作为代理人，另一位博弈者为投资者。博弈对象是系统根据无重复抽样原理从网络上抽取的陌生人，你不会再有机会与对方接触。

你和投资者各获得10个网络币，投资者投入5个网络币，你获得了3倍收益共15个网络币。你准备返还给投资者

2 _____ 个网络币

确定　●

## 第二场：六人博弈

现在你将参加多人博弈，在该博弈场景中共有包括你在内的六名参与者，系统在每轮博弈开始时分配给每个博弈者各10个网络币，参与者可以将这10个网络币全部或部分作为公共投资资金，系统会将所有公共资金变成三倍后平均分配给所有的参与者。请注意无论是否参与投资，都有同样的机会获得公共资金收益的返还。

例如，六个投资者分别投入了8,2,2,5,0，4个网络币，则公共投资资金为8+2+2+5+0+4=21。公共投资之后，系统返还的公共投资资金为21的3倍，即63个网络币。每位博弈者获得63/6=10.5个网络币作为投资回报，加上他们原来剩下的数字（分别为2,8,8,5,10,6），此时六位投资者持有的网络币现金分别是12.5,18.5,18.5, 15.5,20.5,16.5。

### 第1轮

系统给每个参与者各分配10个网络币，每个参与者可以投资0至10个网络币作为公共投资资金，系统会将所有人的公共资金变成3倍后平均分给所有的博弈者。请输入你的投资额：

确定 ●

## 第二场：六人博弈

现在你将参加多人博弈，在该博弈场景中共有包括你在内的六名参与者，系统在每轮博弈开始时分配给每个博弈者各10个网络币，参与者可以将这10个网络币全部或部分作为公共投资资金，系统会将所有公共资金变成三倍后平均分配给所有的参与者。请注意无论是否参与投资，都有同样的机会获得公共资金收益的返还。

例如，六个投资者分别投入了8,2,2,5,0，4个网络币，则公共投资资金为8+2+2+5+0+4=21。公共投资之后，系统返还的公共投资资金为21的3倍，即63个网络币。每位博弈者获得63/6=10.5个网络币作为投资回报，加上他们原来剩下的数字（分别为2,8,8,5,10,6），此时六位投资者持有的网络币现金分别是12.5,18.5,18.5, 15.5,20.5,16.5。

### 第3轮

系统给每个参与者各分配10个网络币，每个参与者可以投资0至10个网络币作为公共投资资金，系统会将所有人的公共资金变成三倍后平均分给所有的博弈者。已知其他五个投资者平均每人投资5个网络币，目前公共资金已经有25个网络币。

请输入你的投资额：___ 个网络币。

确定 ●

收到系统通知后，对方发来了道歉信。道歉信内容如下：

## 道　歉　信

我在收到系统通知后，对这一结果感到非常抱歉！我会吸取教训，提高自己的电脑操作水平。在后期的博弈过程中，不会出现这样的不良后果。我真诚地希望能得到你的原谅！

祝您万事如意！　（系统隐去真实姓名）

看了道歉信，你能原谅对方吗？能原谅请选择第1项，有条件的原谅请选择第2项并在相应的文本框中填写你认为合适的数字，不能原谅请选择第3项。

- ⊙ 能原谅
- ⊙ 至少给我 _____ 个网络币，才能原谅。　⊙ 确定
- ⊙ 不能原谅

收到系统通知后，对方发来了道歉信。道歉信内容如下：

## 道　歉　信

我在收到系统通知后，对这一结果感到非常抱歉！但我会对自己的行为负责。同时，我认为应该向你解释原因，是因为我的电脑操作水平高，想通过钻系统漏洞的方式达到非法获利的目的。因此，我想通过这种书面道歉和经济补偿的方式来弥补对你造成的损害，而且我会接受由于我之前的行为所造成的所有问题。

祝您万事如意！　（系统隐去真实姓名）

看了道歉信，你能原谅对方吗？能原谅请选择第1项，有条件的原谅请选择第2项并在相应的文本框中填写你认为合适的数字，不能原谅请选择第3项。

- ⊙ 能原谅
- ⊙ 至少给我 _____ 个网络币，才能原谅。　⊙ 确定
- ⊙ 不能原谅

# 致　谢

从我2014年重新踏入江西师大心理学院求学以来，五个春夏秋冬匆匆一晃而过。作为一名身兼数职的职业女性，重新进入母校跟随恩师刘建平教授，继续在神秘莫测的心理学领域探索、思考，甚至要做出具有一定份量的科研成果，难度可想而知。非常感谢恩师长年以来如父亲、如兄长般的关心和爱护，让我这个没有太大学术潜能的学生顺利地走到了今天。刘老师治学严谨、为人豁达，在我们需要帮助的时候鼎力相助，在我们迷茫无助的时候又指点迷津。回想起写毕业论文的初期与二宝小吉不期而遇。艰苦的毕业论文撰写与高龄孕妇的严重妊娠反应相结合，导致我在那一段时间存在较为严重的焦虑和烦躁情绪。刘老师总是不断地安慰和提醒我要注意休息、养好身体，而不是询问毕业论文的进展情况。每当我的论文撰写遇到困难的时候，刘老师又想出各种办法，竭尽所能给予指导和帮助。在这样温暖和宽松的环境下，我才能有条不紊地完成我的学业，让我在专业领域有了一次重要的提升和突破。刘老师无论是在学业上还是生活上，都是我学习的榜样和楷模！

由衷感谢心理学院的胡竹菁教授、董圣鸿教授、罗照盛教授、刘明矾教授、涂冬坡教授、李富洪教授、蔡艳教授、俞宗火博士、李小山博士、王鑫强博士、王宝玺博士、朱丽芳老师、廖华老师等人的关心和帮助，以及在论文开题及预答辩时提出的宝贵意见！

非常感谢陈水平博士、刘雁伶博士、杨立峰老师、郑治国博士、方小平博士、杨铖博士、周云博士、梅云博士、雷万胜博士、杨晓娟博士、武厚博士、申寻兵博士、陈振彩博士、吴寒斌博士等人对我论文的指导和帮助！非常感谢我的研究生丁雅净、杨艳、徐宏和本科生晏晓曼、陈冰、钟逸雯等人对我论文的帮助。更要谢谢参与我实验、为我提供数据的江西中医药大学、江西师范大学等高校的同学们，你们自愿充当我的实验被试，为我的研究打下了坚实的基础！

最后要感谢的是我的家人！公公、婆婆长期任劳任怨地帮我照顾大宝和二宝，爱人一如继往地充当坚强的后盾，母亲在生活上也尽量帮助我们，哥哥姐姐不断提供有力的支持！这一切的一切，让我能顺利地完成学业，让孩子能茁壮成长！

读博期间，最大的遗憾莫过于父亲的突然离世。希望父亲能泉下有知，为我的顺利毕业感到高兴和欣慰！

何志芳

2019年12月4日